大腦的鏡像學習法

MIRROR THINKING

How Role Models Make Us Human

大腦的鏡像學習法

MIRROR THINKING

How Role Models Make Us Human

MIRROR THINKING

How Role Models Make Us Human

大腦的鏡像學習法

鏡像模仿決定我們的為人與命運

Fiona Murden
菲歐娜・默登 著
游綉雯 譯

推薦文

鏡子在哪裡？

白明奇

身處一個背離自然法則的生態、隨時隨地可發表個人觀點的社群網絡中，各領域的專家逐漸失去引導非專業民眾正確知識的地位，其影響力受到挑戰，甚至遠遜於網紅的一張照片或一句話。人們學習聖賢、典範長久以來的行徑有時也受到質疑，其中，最需要同理他人、犧牲奉獻的醫療人員，也因為負面媒體報導及暴力事件頻傳，加上扭曲的價值觀與是非不分，而逐漸改變態度。具有心理師的背景的本書作者菲歐娜・默登（Fiona Murden），為受過專業訓練的心理師們叫屈，面臨越來越多心理不健全、或多或少有些問題的人們，以及逐漸遠離真實社交情境的大眾，此時，本書提供一個讓讀者反省與人互動的機會。

二十幾年前，義大利神經生理學家 Giacomo Rizzolatti 和團隊同仁在猴子研究中發現了鏡像神經元（mirror neurons），後來經由功能性腦造影術，證明人類也有相同的情形，開啟了一個了解模仿、同理及記憶機制的新管道。舉例來說，當我們看到別人用刀叉享用牛排，我們腦中涉及這個程序的運動皮質區也會被活化；進一步引申，當我們看到拳擊賽中有選手被對手痛擊、齒落血流，我們也能感受到傷者的痛苦，這個理論也被廣泛應用於心理學、社會學及相關學門，近來，學者也開始研究腦退化病人腦中此等神經元現象的變化，以期改善復健或延緩疾病進展的計劃。

十八世紀英國浪漫派詩人華茲華斯（William Wordsworth）在其作品 My Heart Leaps Up 中提到 Child is father of the man 的字句，對這句話的詮釋相當多樣，最能被大家接受的就是指成人是一個小孩過去的習慣與經驗的產物。在這本《大腦的鏡像學習法》（*Mirror Thinking: How Role Models Make Us Human*）書中，菲歐娜・默登描述許多孩童時期的行為影響到未來，而孩童在早年的許多行為最常模仿的對象就是周遭的家人、朋友，支持的例子多如牛毛，對這樣的說法弗洛依德（Sigmund Freud）應該不會反對，心理學大師海伯（Donald O. Hebb）也會稱許支持。

然而，學習模仿需有樣板或典範（role models），所謂仿同對象的好與壞取決於社會規範與當地人民的習慣，生物本能難以定義或辨認。同時，眼見的親身互動體驗，具有較直接的學習效應，這也是本書所強調的，相對於當下日愈興盛的虛擬社交，有別於網路時代以前的生活環境，大大影響發展鏡像學習或思考的機會，也不利孩童或大人培養韌性所需的技能。

書中提到，鏡像神經元的存在，代表我們並不孤單，這是生理上的設定以及進化上的設計，讓我們彼此深深連結；同樣地，鏡像神經元的存在也代表人類的本能是採取合作的行動，而非自私的行徑，讀者們得好好思考。

回想當年到戲院看完李小龍或古龍小說改編的電影，散場踏出戲院時，總覺得自己就像戲中的男主角一樣神勇、功夫了得，甚至站穩馬步迅速出拳，有模有樣，這大概也是鏡像細胞的即時作用吧！

又想起曾經在飛機上看過一部日本電影，雖是改編自懸疑偵探小說，劇情卻很感人，描寫發生於北海道某個小島上的故事，川島老師的真情感動了二十年前教過的學生，終於出面投案。我深深被劇中的一句話感動：在河上的月光下，金絲雀自然就會唱起歌來。

這就是自然，祖先留給我們的。

MIRROR THINKING

How Role Models Make Us Human

目次 Contents

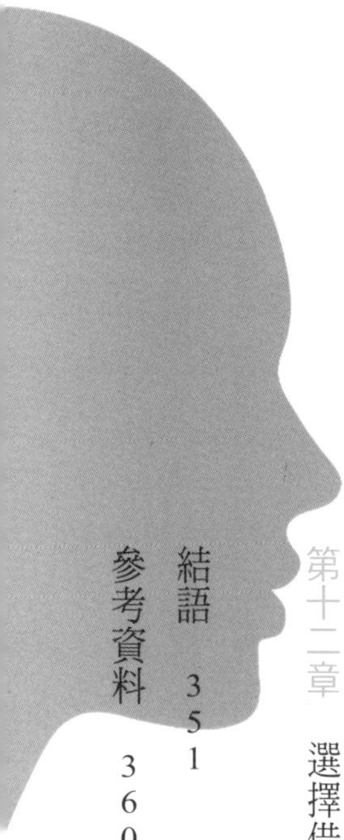

孩子是依照父母的樣子長大的

洪蘭

自從一九九二年，義大利的神經學家在猴子的大腦裡，發現了鏡像神經元後，它就成為心理學家的最愛，因為它幾乎可以被用來解釋發展心理學、社會心理學、教育心理學，甚至犯罪心理學上的種種現象。比如說，當初會發現這個鏡像神經元，是因為有個神經學家在實驗室拿東西起來吃，他發現安靜坐在椅子上，等待做實驗彌猴的大腦前運動皮質區，專門負責做動作的計劃和執行的神經細胞突然活化起來了。他大為驚奇，這不就是「見人吃飯喉嚨癢」這個現象背後的原因嗎？這個過去知其然，不知其所以然的現象，現在找到神經學上的解釋了。

於是各領域的學者紛紛開始研究鏡像神經元，來尋找他們研究現象背後的神經機制，例如把鋼琴家放進核磁共振中，請他想像他在彈貝多芬的奏鳴曲，然後給他電子琴鍵，請他真的彈，結果發現，想像時大腦所活化的地方跟實際彈時是同一個地方。這就難怪「沙盤演練」有效了，因為它們活化同樣的神經細胞，這些迴路被一再活化後，會變得臨界點比較低、連接比較緊密，甚至多次後，可以變成自動化。

教育學家更在大腦中看到「殺雞儆猴」的神經機制：當實驗者電擊一個人的手給另外一個人看時，觀察者大腦的恐懼中心跟被電者恐懼中心活化的程度一樣。在中國歷史上，春秋戰國時，孫子替吳王闔閭練兵，那些妃子宮女們嬉笑不聽軍令，但是當孫子把作為隊長的吳王寵妃斬首後，宮女們立刻服從指令接受操練了，因為她們大腦中的鏡像神經元讓她們感同身受，不敢拿自己的生命開玩笑。

當然，影響最大的是發展心理學家，一九七七年，西雅圖華盛頓大學的研究者對出生四十一分鐘，還未抱回家的嬰兒吐舌頭、作鬼臉，這麼小的嬰兒就馬上模仿了。研究者找到了最原始的學習——模仿，它背後的機制就是鏡像神經元。這個發現在當時可以說是石破驚天，因為嬰兒沒有人教（因為才出生四十一分鐘）就會做出某個行為，在當時是不可思議的事情。

曾有個哈佛大學心理系的研究生在電梯中，不小心（他說是不幸）遇見了行為主義的大師史金鈉（B. F. Skinner），他在緊張之際，按錯了電梯樓層，便慌亂的向史金鈉道歉說：「我改變了我的心意（I changed my mind）」，史金鈉立刻糾正他說「你不是改變了你的心意，你是改變了你的行為（You did not change your mind, you changed your behavior.）」，可見當時學術界是如何的排斥大腦和心智（這個研究生後來成為非常有名的神經心理學家，Richard Davidson，在威斯康辛大學麥迪森校區專門研究禪坐和情緒的大腦機制）。

這個鏡像神經元甚至為文化的演進提供了生活的基礎，透過社群共享、模仿與觀察來教導下一代。普林斯頓大學的紀爾茲（C. Geertz）認為文化是潛在的控制機制，它不只是服飾、習俗、生活型態而已，它還是計劃、策略等無形思考的規範。人們透過觀察與模仿，不自覺的做出他族群所允許的行為。李鴻章在維多利亞女王的地毯上吐痰，別人側目，他卻沒有覺得失禮，因為在當時的中國，這是一個可以接受的行為。文化使你以為你在執行你的自由意志，其實你在做傳統加諸你身上的規範，你根本沒有去想你為什麼會這樣做。

我在美國念書時，去指導教授家過感恩節。我看到他太太把火雞腹內塞好香料後，倒扣在洗碗籃下，我就問她為什麼要這樣做？她想了一下說，不知道，她媽媽一向都是這樣做的。經過查詢，才知道她小時候，家裡有隻會偷吃的大黃貓，所以火雞要加蓋。但是現在她並沒有養貓，火雞不蓋是安全的，她不假思索的蓋了二十年，反而變成了她家的傳統，因為她女兒烤火雞也是這樣做。

本書提到一些青少年行為的大腦機制，這對學校的輔導老師有很大的幫助。教學改變大腦的功效比任何腦外科醫生的手術刀還要有效的多。作者所舉的芬蘭教育很有說服力，相信可以改變老師和家長的觀念。我們都知道同儕對青少年的影響，這個「物以類聚」背後的神經機制就是鏡像神經元。俗話說「槍打出頭鳥」其實就是當我們發現自己跟別人不一樣時，大腦中的「錯誤訊號」立刻告訴我們快快模仿周邊的人，免得鶴立雞群遭到殺身之禍。同樣的，當我們的行為跟別人一樣時，大腦中的報酬迴路就活化起來，產生多巴胺，讓我們感到安心。很像現代人藏身在網路中時，就敢隨便罵人因為「隱藏」讓他感到安心，就敢胡作非為。這個感覺就是鏡像神經元提供給他的。

鏡像神經元的作用和影響力可以說無所不在，它解釋了「孩子不會按照父母想的那樣長大，他會依照父母的樣子長大」。發現鏡像神經元的神經學家之一，Marco Iacoboni 曾經寫過一本書叫 *Mirroring People*（中文名《天生愛學樣》，遠流出版），書中就告訴家長要「以身作則」，因為孩子是依照父母的樣子長大的。

鏡像系統的重要性

我一直很珍惜一張兒時的照片。那是一個明亮的初夏早晨，我坐在一張野餐用的毯子上，爺爺的軟呢帽垂覆在兩歲大的我的小腦袋上，他的厚框眼鏡歪歪斜斜地掛在我的鼻樑上。爺爺側著頭看我，他頭上戴著我那頂繡著櫻花圖案的小黃帽。據說我是為了逗爺爺開心才把帽子放到他的頭頂上，那是自從奶奶去世後，爺爺的臉上第一次有了笑容。把這種說法當真，著實令人感到欣慰；想像自己在小小年紀就那麼關心別人，並且聰慧有加，懂得如何讓爺爺在悲傷中獲得片刻舒緩。然而，那其實很可能只是每個小孩子常有的行徑，模仿自己雙眼所見。我不假思索地模仿了爺爺的動作，而這種舉動讓爺爺笑了。

這類模仿不是人類獨具的能力。觀察而後模仿「族群」中其他人的行為舉止，是一切學習的基礎。你是否曾經注意過，小貓會觀察貓媽媽如何清理自己的身軀，然後才嘗試照做呢？或者，你可能看過海獺用石頭敲打貝類的影片。子代只有在親眼目睹，並且親自嘗試數次以後，才有能力執行這類行為。這就是哺乳動物學習如何因應各種不同情境的本質，我們觀察、模仿、內化，一再重複這個過程，有時是在自己有自覺的狀況下，然而更常是在自己根本完全不自覺的情況下。

雖然從表面上來看，這種行為模式或許顯得簡單容易，而且是在孩提時代才會做的事。然而如果缺少這個模式，人類的生存，無論是個人或是物種，都將困難重重。事實上，正是鏡像模式的力量，使人類得以進化到今天的境界，有意識的鏡像思考可能是解析人類未來的關鍵；我們只需要學習如何提升隱藏於大腦深處的鏡像神經元系統的不可思議功用就好了。

大腦與進化

逐漸有證據指向，人類大腦會進化到如今的容量，是為了能達成更有效的社會互動，這種互動在遠古的人類祖先時代有助於人類的生存機會。能夠加入一個較大的社群，人類就能夠獵捕更大型的獵物、從更大範圍的異性伴侶中做選擇、有更多雙眼睛能夠共同警戒獅子或是敵人、能一起分擔撫養孩子與保護孩子安全的責任；較大的腦容量能儲存更多有關部落成員的資訊、在腦子裡牢記人際關係的網絡、釐清不同的人之間的互動，哪些人應該敬而遠之，哪些人適合結交。這一切對於與他人和睦相處，分工合作都很重要[1]，正如我們接下來所要探索的，這些完全取決於鏡像神經元系統。

人類大腦的這種進化，除了讓我們更加圓融之外，還讓我們比其他物種更能廣為分享我們的學習成果。這種知識傳承起初乃藉由觀察、操作、傳述、以及在腦中揣想這種代代相傳的社會機制而產生，實有其道理。缺乏這種知識傳承，我們根本無法進化到現今的樣貌。我們不會有蘋果手機或自來水，不會有治療傳染疾病的抗生素，也不會有可翱遊世界的飛機。這一切都是從歷經數千年的集體學習中累積而來，而這種學習則是從最基礎的事情開始的。如果拿蓋房子來比擬，在快要能搭建屋頂以前，我們必須先打好地基；如果沒有房子的框架，卻想要架設支撐房頂與屋瓦的樑木，那根本是不可能的。

最初我們運用大腦來分享最基本事物的相關知識，例如學習如何擊出火花，能夠利用火力使得人類迅速領先其他動物。人類因為能夠煮食以前無法食用的食物，可取用的食物來源因而增加了；藉由清除茂密的叢林，因而能夠控管以前不適人居的地域，並且隔絕野獸侵擾；製造亮光，保持溫暖。如果單一個體在某處學會點火，卻沒有旁人效法，那麼這個偶然的發現或許在後續的數個世紀中都無法再現。取火的經驗若未經傳承，並加以發揚光大，那就真的不過是如微光乍現。今天我們仍在進行著相同的互動式知識傳承。雖然我們不再需要知道如何在野外求生，但我們不斷學習著社會規範與群體互動，並將所知傳遞給周遭的人。

有鑑於是我們的大腦讓這類教導成為可能，因此瞭解大腦結構自有其必要。我一直認為最有助於解釋大腦的模型，仍然是早在一九六〇年代後期所提出的一個模型。已故的醫生保羅．麥克萊恩（Paul MacLean）建立了「三重腦理論」（triune brain theory），來描述大腦結構，如何從演化之初，進展到大約五萬年前演化停止。麥克萊恩假設，大腦進化到目前的容積與功能，但同時保留了兩個更為原始形態的特徵，而這兩者的位置確實就是上下交疊。這三重腦有著迥異的結構與化學反應，即使彼此間相互連結，但是對外來刺激的反應卻大異其趣。[2]

第一重腦稱為**腦幹**（brain stem），功能類似於爬蟲類的腦，演化於大約 3.2 億年前。我們大腦的這個區塊調節例如心律、呼吸、與體溫等基本功能。

第二重腦是眾所週知的**邊緣系統**（limbic system），這是爬蟲類於大約 1.6 億年前進化為早期哺乳動物時所發展而成的。這個腦部區塊負責我們的基本驅動力：飲食、睡眠、安全考量與生殖，可以簡略地描述為大腦的情緒區。

第三重稱為**新皮質**（neocortex），是大腦在五萬年前進化的最後一個區塊。正是位於外部的這層腦組織，使得人類獨具為人的特色，並且從一出生就可以接收來自周遭世界的各樣經驗。在生命早期，我們快速地以所屬社會與文化特有的洞察，餵養我們的神經網絡，使我們能夠遊走人際世界，並「融入」周遭人群的習俗、價值觀與信念。

人類以及其他動物在前兩重腦的主要目的是相同的：它們驅動生殖力和自我生存。在本書中，我們把這稱為「反射型大腦」（reacting brain）。這部分大腦的功能大多是無意識的，是對環境中的線索做出快速回應。例如，如果有人向我們投擲東西，我們會在實際思考究竟發生什麼事情之前，就先閃避；因此我們就免於被物體擊中。反射型大腦在日常生活中的其他面向，也出人意料地居於主導地位，影響廣及飲食與睡眠等各項事務，然而最重要的是，我們對歸屬感的需求，為求生存而成為某群體的一員，也是根源於此。因此，我們有著強烈的動機，驅使我們關注且服從我們的社會情緒環境，而這或許並非是我們所樂於承認的。儘管西方文化提倡個人主義，但我們其實是高度依存，緊密聯結的。我們的本能是不斷檢視與觀察社會環境中所發生的事情，以便瞭解其中的各種細節，因以形塑我們的本質與行為舉止。

較複雜的生活領域，則是運作較為緩慢，卻更為深思熟慮的新皮層的任務。本書將其稱為「觀察型大腦」（observing brain）。它所關照的領域包括更進化的行為，像是為自己個人尋找生存的意義，對和諧社會有所貢獻。新皮質層也解析來自反射型大腦的訊息，讓我們能尋思各種情緒背後的原因，回答問題以及形成語言。

我們或許可以說，用深思熟慮的觀察型大腦來思考，好處甚多。然而由於我們的整體大腦結構從遠古人類先祖時代以來，大體上仍然沒什麼改變，所以我們求生存的驅動力仍然十分強大，甚且會在我們期待觀察型大腦以更「合乎邏輯」的方式來回應的諸多情境中，越俎代庖。一個簡單的例子就是，在嘗試減肥時，我們仍然吃下超出身體所需的食物份量。我們的核心驅力壓倒我們最終期待維持體態的理性想法。儘管我們有了令人難以置信的進步，但時至今日，一切仍然適用。

這意味著，我們不僅要理解觀察型大腦與反射型大腦之間的相互作用，同時也要理解，反射型大腦在不被察覺的情況下，常常左右著我們，這種理解極為重要。例如，想像自己走進一個每個人都低聲交談的環境。你會以自己平常的音量說話，還是會發現自己說話更為輕聲細語？有多少次你望向坐在對面與自己隔桌交談的人，然後發現他們的手臂、頭、和手的姿勢與自己完全相同？你是否曾經在看到某人腳趾踢到東西時，皺起眉頭，或是聽到某人說起一個悲慘的故事時哭了，即使這些事件對你絲毫無礙？你是否曾經在和朋友聊天時，對兩位朋友彼此互望的神情感到不安？這些是我們在和別人互動過程中所做的不自覺且持續的觀察與模仿。你也許認為自己已經意識到這一點，但極可能你並未注意到。這些微不足道的行為累積成為習慣與不變的行為模式，這些習慣與行為模式就成為你的一部分，在不知不覺中，改變了你的性格與信念，調整了你的價值觀。實際上，現代世界的複雜性與五光十色使我們更不容易對此有所察覺，而這會使得後續後果變得更加難以預料。日常生活中各種細微的影響能左右我們的穿著、購物地點、汽車的選擇、在 Instagram 上所關注的人、觀看的電視節目、運動量的多寡和飲食習慣。這一切都取決於我們對別人的觀察，以及我們和別人的互動。而這就是我所說的鏡像思考。

樹立榜樣

榜樣的定義是：「一個被他人視為可供效法為典範的人」。[3] 這個詞彙是頗具影響力的美國社會學家羅伯特．莫頓（Robert K. Merton）在一九五〇年代所創造的。這個詞語如此盛行，已經成為全球通用的日常用語。我們再來會探索樹立榜樣與鏡像思考之間的相互關係。我們也會探討關於榜樣的一些常見的誤解；以為榜樣就是英雄人物，是遙不可及、毫無瑕疵的人物。事實上，我們周遭有著好榜樣，也有壞榜樣。我們自己本身也是朝夕影響著他人的榜樣。

在莫頓的年代，我們從外表所見的行為——觀察與模仿的行為——現在我們可以從大腦內部看到，讓我們獲得不可思議的瞭解，洞悉行為背後的機制。從內部機制看，我們可以看到樹立榜樣不僅僅是靠觀察與模仿，同時也得仰賴我們以想像、同理心、敘事和反省等樣貌所呈現的內在世界。這些都是鏡像思考的環節，也是神經傳導產生的原因，這些過程淬煉並提升我們對這個世界的社會情緒經驗。

有樣學樣

雖然我們對鏡像系統的理解仍然處於起步階段，然而，從鏡像神經元最初純屬偶然的發現，至今已經有了相當的發展。一九九二年，義大利神經生理學家賈科莫・里佐拉蒂（Giacomo Rizzolatti）及其在帕爾馬大學（Parma University）的團隊試圖瞭解更多有關大腦如何協調手部肌肉的知識，就是，手如何抓取東西並握住東西。他們利用植入獼猴大腦中的電極，就能夠監看大腦的最小組成單元——神經元。他們對於這些神經元何時會「被激發」，以傳遞訊息到大腦其他區塊及身體其他部位，特別感興趣。有一天，研究團隊吃午餐時和猴子同在一個房間裡，並且注意到猴子的神經元被激發了，即使猴子當時並沒有表現任何動作。那隻猴子當時正看著一位科學家把食物送進自己的口中，而正是那個當猴子把食物送進自己嘴裡時所相關的神經元被激發了。科學家們很快意識到，這正是猴子「**有樣學樣**」的寫照。里佐拉蒂和他的同僚發表了他們的發現，將這些細胞命名為「鏡像神經元」（mirror neurons）。然而直到二〇〇〇年，一位名為維萊亞努爾・蘇布拉亞尼安・拉馬錢德蘭（Vilayanur Subramanian Ramachandran）的神經科學家暨作家開始宣揚這些發現，鏡像神經元才開始成為人們大感興趣的主題。他非常重視這項功能，甚至主張「鏡像神經元將來對心理學的貢獻，將如ＤＮＡ對生物學所做出的貢獻一般」，它能提供一種統合的架構，「幫助解釋迄今仍然未解，以及無法以實驗方法解釋的許多心智能力」。[4] 對這些能力與行為，他列舉出：人為什麼要模仿他人的行為，文化規範如何在人群中傳遞，人如何理解他人行動的意圖，以及孩子如何學習音樂；甚至對後續事件的預測——對他人行動的預測，或是其下一步計劃的預測——都有賴於鏡像神經元。[5]

正如任何廣為人知的事情一樣，負評很快就出現了。其他神經科學家聲稱，這些特定的神經元無法完全解釋人類學習所涉及的奧妙，因為人類的神經元系統比獼猴更為廣布與複雜。或許這種說法是真的：我們尚未確知，而這仍有待神經科學家加以探究。與其他科學相比，神經科學還處於起步階段，然而我們目前所知的，以及可用來幫助理解日常生活的知識，的確為我們提供了絕佳的機會。本書不是為了證明或反駁神經科學的理論，而是要利用目前所擁有的資訊做為基本概念，來理解行為更廣泛的本質。而這個概念就是鏡像思考。

鏡像思考為何是人際關係的成敗關鍵

我13歲的時候，舉家搬到另一個地區，也就是說我必須轉學。要離開一個相對友善安全的環境，在那裡，同學們都認真向學。在我原來就讀的學校，成績優異是一件值得驕傲的事，勤奮向學也會贏得讚許。或許是和一個處於青春期的孩子整個夏天都不必上學的變化有關，總之那年秋天我到新學校報到時，進入了一個和以前截然不同的世界。有堂生物課讓我畢生難忘，那應該是開學後的第二週，老師訓斥全班同學沒有努力做功課，除了「菲歐娜，她的作業十分出色」。所有人的目光都轉向我所坐的位置，一種驟然天旋地轉的失控感油然而生，讓我很不舒服。這種稱讚真是令人尷尬，卻又無法輕易擺脫——畢竟第一印象經久不變。這絕對不是一個想要融入基本上就像是帶有保護主義的小圈圈（由於青春期賀爾蒙作祟）新來乍到的女孩想被貼上的標籤——「乖寶寶」、「書呆子」、「非我族類」。我意識到，如果我想成為圈內人，我必須改變現況，而且要快。

為了生存，我重新定義自己。我的重心從獲得好成績轉變成做最起碼的功課以求過關就好。因為我以前很擅長運動，所以我費盡心思避免被選入校隊，並且精於以未足齡的身分混入酒吧和夜店。很快的我就覺得自己不再像個局外人了。那不是一個可怕的環境，但是可以說那是一個難以打入的環境。多虧了鏡像思考，我才能夠為了獲得歸屬感而做調整，並且被接納。

透過鏡像思考來觀察與模仿，通常是學習人類行為與情感中的各種細膩之處的唯一方法。想想看：你記得自己如何學會繫鞋帶、游泳、或是騎腳踏車嗎？你知道自己的價值系統從何而來嗎？你還記得誰傳授你現職的技能？你或許能夠指出你學會某些特定技能的場合，或是某些傳授知識給你的人。然而，你、我、我們大家，常常完全無視於我們人生中最巨大的影響來源——我們周圍的人的行為。正如我們需要觀察別人在網球場上發球——沒有看過別人發球，而僅只是遵照口頭指示，就能正確發球是幾乎不可能做到的——社會情緒面向的學習必須由別人示範，我們看見了，才能吸收、內化。但因為這對我們是再自然不過的事了，所以我們就毫無自覺。

當我們理解這些機制，並且主動努力「觀察」周圍所發生的事情時，我們可以選擇要採取何種行為，選擇應對的方式。對我而言，是那場震撼讓我有所察覺，是那個自主的決定讓我採取行動，是一系列的努力讓我有所改變。雖然那不見得是個正確的決定，但青少年經常會做出錯誤的決定，因為他們的大腦尚未發展到足以讓他們做出最佳判斷。然而重點是，察覺到這個問題，讓我對事情有了某種程度的掌控；這就把我們帶回**自覺**是核心的這個觀念上。

可怕的是，當我們對某些事情毫不自覺時，就無法憑理性做出判斷，也因此，我們就無法決定是否接受或是拒絕這項學習。而只能將這個行為納入自身的體系當中。例如，二〇〇七年發表在《新英格蘭醫學期刊》（*New England Journal of Medicine*）上的一項研究，研究者對12,000多名參與者進行三十年的觀察，結果發現，如果與他們互動的人體重增加，那麼他們自己就更有可能增加體重。而如果他們的密友體重增加的話，那他們自己增加體重的機率會提高到驚人的171％。耳濡目染之下，我們對周遭的人的行為幾乎是全盤接受，特別是那些我們所親近的人。而且不僅止於體重增加一事；而是涵蓋了幾乎我們所做的每一件事。如果我們能對此更有警覺，那麼我們就可以對之做出理性判斷，然後決定是否採納這種行為。這可能會對我們的日常生活造成重大的改變。

我們注意力的導向，以及我們所接收到的資訊，對我們人生的結局能造成巨大的影響，其差距可以是：學業成績優異或是啷噹入獄；身強體健或是經常就醫；工作獲得晉升或是卡在升遷管道的底層；嫻熟於人際關係或是被人忽視、沒人搭理。

它能影響我們的經濟收入、社會地位、平均壽命、生活品質、生養幾個孩子以及婚姻幸福與否。就社會層面上看，差別可以顯示在：投票選出優秀或拙劣的領導人、持續代代相傳的家暴循環或是打破這個循環，助長或遏制恐怖主義、為身心健康做出正面或是負面的影響，諸如此類的例子不勝枚舉。而這都是效法榜樣的結果。

成年後，我在工作上為別人做過許多深入的心理分析，聽過許多不同人生的轉折變化。看過別人在人生故事中所經歷的悲喜。見證過成功與失敗的例證，目睹他們人生的高潮、低谷、和轉折的關鍵。我見過人們的所作所為如何影響他們周遭的人，以及影響他們自己，從童年到青春期，以至現在，如何受到在他們生活中的人們的塑造影響。而這些個人軼事的證據加上已知的科學證明，兩者描繪出相同的景象——每個人都受到許多出現在自己生命中的人行為的影響。不管我們是否察覺，每個人在生命中都有其**榜樣**，優劣並存。我們在行為上先必須先有眼見。觀察使我們能夠理解某一行為，並將其轉換為我們自己的行為。這些榜樣充斥在我們四周，並且持續烙印在我們大腦的神經網絡上。每個人一生中平均會遇到八萬個人，每個你所相遇的人都會影響你，而你也會影響他們。在傳承文化規範與各樣小節上，你有其角色，教導身旁的人何為合宜的舉止，何為不當的言行。你是塑造人類傳承的一環。

在本書中，我們將會看到，對我們有最大影響力的人，就是那些和我們有交誼、我們所信任的人、以及我們接觸到的人物。這些是組成我們學習或仿效對象的三項基本元素。[6] 這些人際關係可以透過許多方式建立——透過家庭、友誼、學校、或工作，甚至透過敘述故事、所聽的音樂以及使用的文字。我們會探討上述的每一項關係，以及它們對我們的大腦所造成的不可思議的影響，在我們的生活中每個時刻，形塑我們。

想要充分善用鏡像系統，現在還言之過早——無論是就個人做為一種學習模式，還是以社會整體層面來看。鏡像系統有時也會在無意間，或多或少，利用了我們。這個觀念很簡單，而決定操之在己。如果我們想借助鏡像思考，有意識地利用鏡像思考來大幅改善自己與他人的生活，那我們必須理解鏡像思考，並且做出自主決定來運用它。

如果我們更加明白我們日常的人際互動如何影響大腦的運作，那麼我們就可以加深對如何從鏡像思考中受益與如何運用鏡像思考的理解。這種更深刻的理解將使我們超越自己對個人成就的期望，並推動我們邁向夢寐以求的未來。

第一部

人生借鏡

第一章 天生的鏡像模仿家

你的生日——無論你是否慶祝生日，這個日子都會無可磨滅地烙印在你的腦中。政府想知道你出生的日子，為了護照、駕照、貸款、掛號就醫等緣故。我們知道自己的生日，並且期待身邊親近的人，每一年都會記住我們的生日。在每個人的生命中，這個日期記載著一個重大事件，不只是因為這是家人歡迎我們來到這個世界的日子，也不是因為各類政府機關登載了我們的年齡資料，而是為了一個更重大的原因。在你出生的那一瞬間，你的大腦就開始接收資訊，接受周遭人的塑造。

你的基本大腦結構開始映照出每一個人、每一個動作以及每一次的互動。就在接生護士把你放入媽媽的懷抱中、爸爸望著你的第一眼的那個瞬間，因為周遭的人而形成的神經通路電流就開始激發。事實上，在生命的前三分鐘，1.8億個驚人數量的新的神經連結[1]就已然形成，而其中大部分的連結，則有賴於能夠映照出他人的行為，特別是父母親的行為。

大腦中的神經連結是人之所以為人的基礎。這些連結負責大腦的傳訊，互相傳送電子訊號與化學訊號，以使我們能夠理解周遭世界，予以應對。這種結構為學習，以及為建構學習所奠基的記憶，提供基礎。我們的神經網絡早在我們誕生之前就已經開始建構，而且直到成年期，都持續在塑造中。事實上，我們現在得知，經由**大腦可塑性**（plasticity），我們的大腦能夠終其一生都在改變與調整——儘管一旦過了幼年時期的發展，可塑性會變得較為不易。

我們的大腦是由下而上建構的[2]，由較簡單的結構形成基礎，在這個基礎上，假以時日，就會形成日益複雜的網絡。反應型大腦——我們大腦的一部分，是我們與哺乳系近親皆有的大腦結構——具有能當成基礎架構，來支援形成其他更複雜屬性的神經網絡，這也包括在鏡像系統內，像是藉由觀察以及與環境互動，所學習到的行為中的某些面向。

比較原始的情感驅力包括進食、痛感、形成社會連結、面對危險時的恐懼感等。我們的個體差異，就是讓你之為獨特的你，我之為獨特的我的事物，乃受到先天，例如基因遺傳與環境的影響。這些特質就位於大腦中最具人性特質的區塊，也就是新皮質層（neocortex），或是所謂的觀察型大腦（observing brain）中。當我們觀察周遭人事並開始學習時，這些特質就會被擴充。每個人都具有核心驅力（core driver），對於核心驅力例如恐懼的反應，可能會因個人的特殊經驗，而形成獨一無二的反應，因此在細節上會因人而異，也就使它們成為「個體差異」。例如，某人可能害怕蜘蛛（反應型大腦——原始驅力），而他的反應又因為受到母親的恐懼（觀察型大腦——受經驗影響）的強化；另一個人可能害怕黃蜂（反應型大腦——原始驅力），他的反應因為小時候被黃蜂叮過而受到強化，再加上受驚嚇的父母也鼓勵他遠離黃蜂（觀察型大腦——受經驗影響）。

不令人訝異地，一般認為這也反映出鏡像思考如何發生，從最簡單的鏡射開始，然後再由此建構。[3] 我們首先觀察並鏡射某個動作、行為或情緒，然後藉著同步化我們腦中的影像，來複製動作、行為、情緒。使之得以被實踐、完善與發展，並且使我們能藉此磨練鏡像思考。嬰兒觀察媽媽或爸爸的臉部，可能會看見爸媽微笑，這會誘發大腦中與臉部動作相關的鏡像神經元，特別是在嘴部的位置：這名嬰兒可能會自己試著微笑。而當爸媽也以微笑回應時，嬰兒的腦子映現了這一幕，而這就產生正向的效果。然後，他們又試了一次，以此類推。**每一次這類的互動都提供了一點一滴的學習，幫助嬰兒理解，在他們的人際世界中，那個微笑的意涵，而每一次的事例，都會建構起更強固的神經通路。**

當某個動作或互動得到鼓勵，或得以重複時，那些神經聯結就會被強化，而且變得更堅固。這有點像是水滴持續滴落在某條泥徑上：如果水持續沿著某個特定路線潺流而下，就會慢慢刻畫出一道槽溝，形成一個「最小力阻」的通路，有利於經常使用。親子間的互動在腦部發育與這些神經網絡的形成中，扮演著重要的角色。據估計，在西方國家的嬰兒，有高達65％的清醒時間，不僅是在父母的陪伴下度過，而且還是與父母有著面對面的親密接觸。[4]

有趣的是，這種近距離的接觸型態，存在著文化差異。例如，在美國文化中，母親傾向於在嬰兒的表情後略做停頓，然後用臉部表情並發出聲音來回應；日本母親也會在寶寶的表情後稍事停頓，然後有所回應，而且她們會將身體往前靠近，撫摸寶寶。這些互動被認為是造成文化差異的原因，美國母親比較鼓勵寶寶獨立，而日本母親恰好相反，鼓勵親子間多一點互相依存。[5]

學習為人

人誕生到這個世界時，並沒有攜帶「既定」的神經網絡。你也可以這麼說，我們擁有的軟體比其他動物少，這意味著，我們很無助，完全仰賴於負責照顧我們的人。因此，我們需要迅速認識這個世界，學習如何在這個世界中生存，以求存活。

在生命的頭幾年，每秒鐘有超過一百萬個新的神經連結形成。[6]這些學習主要是在於如何減輕無助，而不是在於減少依賴。我們仰賴強而有力的社會聯結，使我們得以生存與興盛。在我們遠古祖先時代是這樣子，時至今日仍然如此。我們多數的學習都聚焦在如何與人相互依存，有社交能力，而這一切都始於藉由與父母互動所形成的鏡像系統。我們如何知道父母對我們有偌大的影響呢？這種試驗無比困難，我們總不能把孩子從父母那裡帶走，然後觀察他們如何成長。但是，我們仍然可以在野孩子（feral children）身上觀察到，在沒有父母撫養的情況下長大的某些發人深省的現象。

「野性」（feral）一詞是由一位名為卡爾．林奈（Carl Linnaeus）的人所創，他是瑞典的植物學家、醫師暨動物學家，他在一七五八年區分了在社會中活動的人，稱為**智人**（*Homo sapiens*）；以及那些一個人孤獨成長的人，並稱之為**野人**（*Homo ferus*）。在人類歷史上，哲學家、心理學家以及科學家對「野孩子」特別感興趣，因為這些孩子保有許多社會化奧祕的關鍵。人類是否因其所生活的社會而受到孕育，抑或社會與人類養成並無關係呢？人類透過人際互動學習到多少？人們藉由與他人合作學到些什麼？我們能鏡像模仿周遭人的行為到什麼程度？[7] 雖然想到竟然有孩子被拋棄，自尋生路，令人憎惡，但這種情況的確發生過，而這些案例也被拿來研究，試圖釐清上述問題的答案。

歐珊娜．瑪拉雅（Oxana Malaya）就是這樣的一個例子。她於一九八三年出生在烏克蘭（Ukraine）一個破敗的小村莊，她的雙親都酗酒，某個晚上，他們「醉得不省人事」，把三歲大的歐珊娜留在戶外。大概是為了尋找溫暖與安全的地方，她找到在她住處附近出沒的流浪狗。據說沒有人注意到她不見了，也沒有人去尋找她，在接下來五年的時間裡，她成了那群流浪狗中的一員，直到有天有位鄰居報案說，看見她的蹤跡，直到她被當局找到為止。

在八歲大時，歐珊娜成了所謂的「野孩子」——她不會說話，用四肢走路，吃生肉，在垃圾堆裡覓食，也像狗一樣吠叫。在那些年裡，她成長的方式是鏡像模仿狗的行為。缺乏父母的榜樣，她沒有發展出我們所預期的能力來社交、互動、溝通、說話、走路、甚至進食。這提供了一個很好的寫照，說明我們腦中的系統如何運作，特別是社交系統。環境中需要有一個榜樣來刺激發展。在「正常」情境下，這個系統會依循鏡像模仿的反覆過程，而這個過程，會在家長或照料者以面對面接觸的方式回應寶寶時開始啟動。

在你出生後不久，某位手足、堂兄弟姊妹、或是過分熱情的親戚，很可能對你吐過舌頭。這是我們常常會對嬰兒做的動作——這是一個好玩的舉動，以及跟無法說話、聽不懂我們話語的小寶寶互動的方式。而還在襁褓中的你，很可能不免伸出舌頭以為回應。研究顯示，才剛出生41分鐘的嬰兒，就可以做出這種鏡像模仿行為。[8] 這種戲謔的小動作是鏡像神經元操作的最早期例子之一。小寶寶觀察到有人吐舌頭，激發了寶寶的鏡像神經元，寶寶在腦中演練吐舌頭的動作，然後複製這個動作。科學家們還不能確定，這些鏡像神經元是天生就具有鏡像模仿功能，或是在合宜的條件下，它們會在出生後不久開始「鏡像模仿」行為。[9] 然而，最重要的一點是，我們幾乎可以確定，鏡像神經元有其功能[10]，還有，反覆使用鏡像神經元的行為，使它們的功能愈趨完善。[11]

在我們的幼兒時期，當我們與看護者在一起時，鏡像反應大約每分鐘發生一次。[12] 這些花在透過觀察與鏡像模仿來學習的時間很多，這也是鏡像神經元被塑造與精煉的大好機會。在十週大以前，我們的鏡像功能已經從吐舌頭等這類簡單的動作，升級到自動鏡像模仿父母親所表現的快樂與憤怒的表情。[13] 在人生的第一年，在獲得語言能力以前，親子間只能藉由觀察來進行溝通，這也使得鏡像功能對幼兒的發展顯得不可或缺。

加州大學洛杉磯分校（UCLA）大衛・格芬醫學院（David Geffen School of Medicine）的精神病學與生物行為科學系（Psychiatry and Biobehavioral Sciences）教授馬可・亞科波尼（Marco Iacoboni）對此進行研究，以顯示這類互動如何誘發嬰兒與母親雙方的鏡像神經元，提供雙向鏡像模仿，以利嬰兒的持續成長。亞科波尼和他的團隊發現，母親會協調自己的行為，使之與她所看到的嬰兒臉部表情兩者一致，之後嬰兒會有所回應。研究人員在這個互動過程中，掃描了母親的大腦，並能確認所涉及的大腦位置，掃描影像顯示，鏡像神經元被啟動，然後（反應型）大腦中主理情緒的邊緣系統（limbic system）隨之啟動。鏡像神經元與大腦中和該動作（在此為臉部表情）相關之區塊中的反應有連結，這讓母親得以複製該動作，而邊緣系統則可以提供該動作背後的意涵，因而使母親能夠解讀，並且回應寶寶的意向。[14]

這會建立正向的依附關係（attachment）以及鏡像作用的良善循環，因而帶來嬰兒鏡像系統的發展，並且最終形成親子相互理解，建立人際關係的基礎。十分有趣的是，母親對自己孩子情緒狀況的鏡像模仿與理解的能力，比對別人的孩子要大。這表示我們的父母，無論是親生還是領養的，在提供鏡像模仿方面，扮演著比旁人更重要的角色。父母能「同感」自己孩子情緒感受的能力，對孩子健全的人際關係與社會情緒發展，被認為極其重要。15

久而久之，每個動作都被鏡像化，每個步驟都被看見、演練、重複數千次，直到看似簡單的事情，像是行走，成為腦中制式的神經通路。而這一切都是從吐舌頭、微笑鼓勵、拍手叫好、開心說著「看這裡」，這類簡單不過的動作開始的。大多數的家長並不是打一開始就計劃把時間花在教導孩子這件事情上。雖然學習可藉著有目的的遊戲來達成——例如投球、接球——然而大多數的情況下，教導都是在不經意的情況下發生的。在無需特別教導的情形下，我們的照護者無意間示範了如何說話、穿衣服、清潔牙齒、自己吃飯、說「請」和「謝謝」、對周遭的人友好、甚至使用馬桶。

儘管每位熱切的新手父母努力想加快孩子的學習速度，但是這可能行不通。無論多麼努力想讓孩子成為同儕中最早——或是至少不是最晚——翻身、說第一句話、或踏出第一步，這根本無法強求。這些尋常的發展，與社交和情緒智商有關的這些因素，是在孩子夠成熟，或者說當孩子的大腦夠成熟時，透過觀察、聆聽、與借鏡父母的行為舉止所學到的。特別是由鏡像映照與鏡像神經元所形成的關鍵連結，使得絕大多數的早期發展成為可能。

牙牙學語

為了使大腦「準備好」從某一階段進展到另一階段，一般認為必須先建構好基礎鏡像神經元，並且在進階鏡像神經元發育以前調適好。先從視覺的基礎鏡像神經元開始，要先觀察父母的行為才能鏡像模仿，接著是更為複雜的行為面向——最受人矚目的是增進語言技能的鏡像神經元。學習喃喃兒語、終於會說話了、學習豐富的辭藻、一場抑揚頓挫的演說、說話帶有家鄉的口音，一切彷彿自然天成，毫不費力。然而，這些也是我們生活中需要花費相當可觀的時間與持續練習的層面。一名大約兩歲大的幼兒，藉著鏡像模仿從父母那裡聽到的語音來學習說話，每天可以學會多達十個新單字。[16] 如果沒有照護者，就如在歐珊娜那個極端的案例中所見，語言根本無法進步。研究也顯示，在雙語環境中養成的孩子，他們學習每一種語言的速度，會隨著接觸程度的不同而有所差異，接觸愈多，進步速度愈快。因此，如果孩子有個說西班牙語的媽媽和說英語的爸爸，但是孩子和爸爸相處的時間較多，那麼孩子學會英語的速度，會比學習西班牙語的速度更快。[17] 鏡像作用就是那麼直接。

語言因而成為我們在人際與認知上多數學習的先鋒，為我們架構基礎，從而增長諸多為人的特質。從神經學的層面來看，語言是一種極其複雜的現象，涉及大腦多重的區塊與機制。例如，聲音本身就有「內容」與「位置」可供語言辨識。再進一步細分，在聲音的「內容」中，有一種能力是能夠區分多樣音律：音節、音高、口語與各種不同的語言，以及聲音與背景噪音，讓我們能夠辨識分明某人的聲音。如果你的朋友用不同的電話號碼打電話給你，當你接了電話，他們一開口說話，只要聽了兩個字，你就知道對方是誰了。[18] 即使是學步期的孩子，也能在電話中分辨出自己媽媽的聲音。[19] 生活在一個人際世界裡，當身處人群中時，你需要能夠分辨出哪些話是出自哪些人。正如其他許多元素一樣，這是始於嬰兒在一出生時就能辨認出媽媽的聲音：這是一個基礎，要用一輩子的時間在這個基礎上成長，如果我們想維持自己在社交上與情感上的能力，即使在成年後，這類學習也需要加以培養。

學習說話和理解語言的唯一方法，就是透過鏡像模仿話語的聲音，這種功能是由額葉（frontal lobe）中稱為布洛卡區（Broca's area）中的鏡像神經元所賦予的[20]，額葉是（觀察型）大腦中具有獨特人類特質的部分，主司語言的生成。[21] 當父母是話匣子時，這不僅提升了孩子的語言能力，也和更優的認知能力相關。約克大學（University of York）的索菲・馮・斯圖姆（Sophie von Stumm）教授於二〇一九年領導的一項研究，她在107名二至四歲幼童的衣服上別上小型錄音器，每天錄16小時。研究發現，「孩童聽取的成人口語數量與他們的認知能力有正向關連」，同時「能回應並鼓勵孩子探索行為與自我表達的正向教養，與孩子表現出較少焦躁不安、侵略性、與不服從行為的跡象有關」。這有力地說明了透過鏡像神經元的學習，即使看起來並不直接與鏡像模仿有關，可以迅速導入其他更複雜的行為反應中。相反地，當這些基礎闕如時，比如在被忽略兒童的案例中，當孩童不具語言能力，或是語言能力有限時，這些社交與認知技能的基礎，就無法如預期地建立。這就會導致在生活中、求學時、以及成年後在社會和職場中，能否有效運作的一些問題。[22] 借鏡父母和童年的照護者，為我們的人生奠定成功的基礎。

塑造我們的為人

我們無法選擇父母或照顧我們的人，也無法選擇我們從他們那裡學習和鏡像模仿而來的價值觀、信念與行為。我們無法決定哪種語言會成為我們的母語，會在哪些文化規範中成長，或是堅守何種宗教信仰。沒錯，我們可以在後來的生活中學習他種語言，或者從某個宗教歸依另一個宗教，然而我們在童年就學習的那些基本原則，永遠是我們神經網絡的基礎。對你而言，那些基本原則為何？哪些是你的養成信念和價值觀，而你或許從未質疑過這些信念與價值觀？

當我們再長大一些，我們不再只是花時間和父母在一起。我們會和老師、朋友、親戚、以及社區裡的其他人員接觸——我們以後會談到這些因素。小時候，我們可能會開始好奇，為什麼我們和朋友有所不同。一個在多數學生是基督徒的學校裡，戴著頭巾的穆斯林小女孩，或多或少會知道她與其他學生不盡相同。她可能會質問為什麼自己要戴頭巾，可能會因此感到驕傲，或不滿，她或許會質疑這是否是自己這一生的選擇，但到頭來，如果這是她父母的期待，她還是會照做，因為孩子通常會按照父母的期望行事。儘管我們會和背景不同、飲食喜好不同、或奉行不同習俗的朋友互動，但最關鍵的影響力來源，仍然是我們的父母。

赫特福德大學（University of Hertfordshire）的瑪麗・桑頓（Mary Thornton）博士和劍橋大學（University of Cambridge）的派翠西亞・布萊徹農（Patricia Bricheno）博士於二〇〇七年對四所位處不同社經地域的英語學校裡十至十六歲的學生進行研究，發現大多數學生選擇雙親或是其中一位，做為他們最重要的榜樣。桑頓和布萊徹農還引用了美國和英國的研究，「普遍的共識是，最常獲選為榜樣人物的是父母」。二〇〇七年《讀者調查研究週刊》（*Weekly Reader Research*）受美國聖經公會（American Bible Society）委任，在美國進行了一項問卷調查，有1100名十二至十八歲的青少年參加這項研究，研究發現，67.7％受訪的青少年表示，父母是他們一生中最具影響力的榜樣。[23] 二〇一四年對南非農村地區的黑人孩童進行的一項研究也發現，父母，特別是母親，是孩童強而有力的榜樣。母親被形容為「堅定不移的支持與教導的來源」，讓全家人凝聚在一起。[24] 這在全球大多數，即使不是全部的文化中都為真——父母是我們童年及往後日子的主要榜樣。

我們從父母那裡領受了多少影響的例證，可以從被領養的孩子身上看見。以一位名為凱蒂的美國女孩為例，她在二〇一七年，二十二歲那年，首度與她的中國親生父母見面。這個故事引起我的共鳴——當我在比凱蒂稍長些的年紀，在中國西南的農村各地旅行時，我住在一對曾經拋棄他們第二個孩子的夫婦家中，那位母親因為中國的一胎化政策，害怕被罰款或蒙受牢獄之災，因而隱瞞了自己懷孕的事實。這就是凱蒂親生父母所遭遇的事情：她是第二胎，也就是不合法的孩子，因此被拋棄了，但她身邊留有一張紙條，而這最終使她得以找到親生父母。

凱蒂的養父母布樂斯（Pohlers）夫婦是虔誠的基督徒，她在美國密西根州（Michigan）長大成人。某份報紙將凱蒂描述為一名十分獨立、熱愛戶外活動、篤信基督的美國女孩，並有著豐富的旅遊經歷；相反地，她的親生姊姊則被撫養成較為依賴家庭，她從未旅行過，並且中國官方提倡國家無神論，這意味著她的原生家庭不信奉任何宗教。僅僅從和親生父母會面一事，就凸顯了行為上的對照，誠如她的父親對記者所說的：「外國女孩和中國女孩的想法不同。一個被拋棄的中國女孩，永遠不會原諒她的親生父母。這是文化所致。」[25] 除了這些不同以外，還有語言差異。凱蒂的親生父母不會說英語，而凱蒂不會說中文，此外還有不同的傳統習俗、飲食習慣以及日常的生活方式。雖然社會化來自社會與社區，但是這些事務最主要還是由父母所傳授。這再次說明，為人與社會化首先還是受父母教養，以及藉由鏡像模仿父母，無論是從親生父母還是領養父母而來。

父母與孩子之間存在互信、親子關係與相處。這些條件，不幸的話，有可能導致對兒童的巨大負面影響，但也可能提供正向發展的基礎。孩子的照護者如果童年有被虐待和被忽略的過往，那他們的下一代遭受性虐待和被疏忽的可能性也會增加[26]，因為子代會鏡像模仿他們被撫養的方法。和會抽菸的父母同住，青少年開始吸菸的機會，也會大幅增加。[27]

同樣的，重複性世代循環對於犯罪、濫用毒品、酗酒、離婚也是事實。雖然我們或許可以推論說，這些現象來自於人們所生長的更全面的社會環境，然而這些研究為了檢視父母對孩子的直接影響，已經剔除並且控制了諸多其他因素。鏡像功能強大，而其作用最大的地方，就是在我們生活關係緊密的童年家庭中。在那裡，我們和最愛也最需要為他們所愛的人——我們的父母——一起生活。這所有的例子，正面或負面，對我們社會運作的方式，有著重大的影響——從如何打破肥胖症的循環，到建立社會經濟實力。

父母的影響力甚至對於成年人在中年以後的人生，仍然十分重要。想想你自己的父母，你可能到現在若有重大的人生抉擇時，仍會徵求他們的認可。照看我們的人對塑造我們是誰以及我們未來成長樣貌的影響是如此關鍵，所以像我這類的人——提供企業領導人諮商的心理學家——必須加以探討，以便理解成年人如何行事的模式與原因。

在把遺傳因素加入考量後，我們每個人有35％到驚人的77％是受到周遭環境的影響[28]，是藉由鏡像模仿來學習應對進退。有鑑於我們大腦可塑性最強的時候，正是我們的成長階段，因此照顧我們的人，透過鏡像作用，塑造我們成為未來的模樣。即使在我們對抗鏡像模仿時——對我們所見反其道而行——我們通常還是以父母為參考標準。

在探討童年，特別是童年對多年來找過我諮商的數百位人士的影響時，看到他們對於被問及他們父母的反應，總是很有意思。有些人反思父母對自己的影響，特別是父母與他們之間的相似與相異之處，而有些人則從未認真看待過這個問題。然而無論何者，以成年人更為客觀的角度回顧過去，幾乎總會帶來某些令人訝異的洞見。除非經過審視，否則我們很容易一輩子都會有著一成不變的說法，但是當我們習慣每天對各樣大小事情發問，例如，為什麼某人不喜歡我，或是我如何能夠把某件事做得更好，我們會發現自己忽略了許多事情。除非有人遇到困難，或是出於某種原因，而被鼓勵去檢視童年的某些面向對他們所造成的影響，否則他們不會撥冗尋索。他們何苦呢？光是過好今天的日子，煩惱明天的生活，就已經有夠多可以傷腦筋的事了。但是這可以是一項很有效的練習，我在協助人們檢視自己的人格評量時，經常見識到。這樣做的目的不是為了翻舊帳或歸罪，而是為了瞭解你之成為你的原因；你如何借鏡於父母，或是沒有取法於他們。

其他受到父母影響的要素也包括我們自我控制（self-control）的能耐，而這是自小就可用來預測成年後成就的有力指標。情緒管理與克制短期需求的能力，是在童年時期就開始發展的一項重要生活技能。儘管其中無可避免地有遺傳的成分，但同時也深受鏡像模仿或反鏡像模仿父母的影響，你只需從手足間就能看到明顯的差異。研究顯示，在童年或青少年時期被賦予責任——例如必須協助做家事或兼職——有助於培養自律。這一部分是出於父母的期待或意圖，但是看母親或父親努力工作，通常會灌輸孩子同等的敬業精神，而這只需透過孩子的觀察與和父母共同生活的經驗。為人熟知的例子中就包括前第一夫人蜜雪兒・歐巴馬（Michelle Obama），她把自己高度的敬業精神歸功於父母。儘管出身藍領階級的背景，蜜雪兒從普林斯頓大學（Princeton）獲得了法律學位。或是泰勒絲（Taylor Swift），歷來最暢銷的音樂家之一，她曾說過：「我父母的教養讓我從來不覺得自己可以不勞而獲，你必須為成功付出努力。你必須全力以赴。而有時候，你甚至無法達到既定的目標。」[29]

無論一個人的成長背景與收入多寡，父母的期許以及父母對子女的心意，對子女職業走向以及成就，具有很大的影響。研究發現，青少年通常一開始都會計劃仿效父母的足蹤，無論是企業家、店員、公務人員、中小企業家、或是醫生，而父母位居「高階」職業的人，更可能從事高階職務。[30] 已經有相當多的研究對此進行探討，特別是討論企業家精神方面。

由斯德哥爾摩大學（Stockholm University）的約翰・林德奎斯特（Johan Lindquist）教授所領導的一項研究，於二〇一二年在德國勞動經濟學研究所（IZA Institute of Labor Economics）發表，他的研究方法清楚指出鏡像思考的影響。他們研究瑞典的被領養人，並檢視其養父母與親生父母的就業狀態。他們發現，出生後因素（養父母的各項特質）的影響，約是出生前因素（親生父母的各項特質）影響的兩倍。[31] 換言之，養父母與他們的榜樣示範，在行為預測上，比基因遺傳扮演著更重要的環節。

各行各業中都可以找到許多克紹箕裘、子承父業的著名例子。以戲劇表演為例，女演員達珂塔・強生（Dakota Johnson）是演員唐・強生（Don Johnson）和梅拉妮・格里菲思（Melanie Griffith）的女兒，別人曾引述她的話說：「我從小到大一直以為我沒有能力從事其他行業。」[32] 其他例子還有歌蒂・韓（Goldie Hawn）的女兒凱特・哈德森（Kate Hudson），和唐納・蘇德蘭（Donald Sutherland）的兒子基佛・蘇德蘭（Kiefer Sutherland）。喬治・布希（George Bush）一九八九年至一九九三年擔任美國總統，其子喬治・沃克・布希（George W. Bush，編註：臺灣為區隔兩位布希總統，通常稱之為老布希及小布希）隨後於二〇〇一年當選總統；唐納・川普（Donald Trump）的女兒伊凡卡・川普（Ivanka Trump）則是做為父親——美國總統的高級顧問。在許多情況下，步父母後塵的孩子是因為接觸到相仿的環境，這表示他們近似鏡像模仿了父母。有些人可能是因為裙帶關係才獲得機會，只是憑藉他們的父母已經在某個行業中紮根，所以才獲得機會從事這些行業。

而有些孩子則刻意「反其道而行」，決定不要和父母一樣。但即使如此，這也是來自觀察父母的工作，然後決定不走那條路，而這在某些方面是鏡像思考更有力的應用，因為這是有自覺的決定。

父母的影響力在檢視女性通常未獲充分代表的科學、科技、工程和數學（STEM）領域時特別重要。[33] 專注於性別角色發展的理論認為，人對某些角色與個人性別的切合程度，在不同的人生階段會有不同的認知。[34] 正如一項在二〇一八年發表於《心理學前線》（*Frontiers in Psychology*）的研究指出：「**兒童最常接觸的榜樣就是父母。**」[35] 這表示父母的職業深深影響孩子對職業的嚮往，也影響他們對角色的性別刻板印象。這篇評論特別指出多項研究現「父母的榜樣效應」的證據，特別是母親的職業職務對女兒志向的影響。如果接觸到母親所擔任的職務是領導階層、政治或理工等反刻板印象的職務，女兒也會受到鼓舞而有志於反刻板印象的職業。前微軟（Microsoft）總經理梅琳達．蓋茲（Melinda Gates）就是父母影響力的好例子，雖然她本身並沒有追隨母親的腳步。梅琳達的父親是一位航空工程師，她在二〇一九年接受訪談時說道：

在我對父親最珍貴的回憶中，其中一段一九六〇年代末期他讓我們熬夜在電視上觀看阿波羅（Apollo）發射的夜晚。對許多家庭來說，那是令人興奮的夜晚——但是當你爸爸是美國國家航空暨太空總署（NASA）的特約工程師時，那更是令人興奮。[36]

即使我不認識太多在外工作的職業婦女，但是我一直都明白自己想要擁有像爸爸的工作一樣令人興奮的職業……

爸爸……是我第一個聽到談論理工領域多元化重要性的人。他在能力所及時，都會盡可能僱用女性，他的論點是他認為自己合作過的最好團隊裡，都有女性數學家。這件事我一直牢記在心。[37]

我們不難明白梅琳達最終的職業選擇。雖然她的科學思維可能有先天的傾向，但是仿效她的父親、聽聞父親對女性從事理工領域的態度、並獲得雙親的鼓勵，使她得以蓬勃發展。有趣的是，紐約州立大學（State University of New York）心理學教授葛倫．葛海爾（Glenn Geher）於二〇〇〇年進行的一項研究顯示，我們受到與異性父母相似的伴侶所吸引。[38] 這可以用來解釋梅琳達為什麼選擇比爾．蓋茨做為配偶嗎？

即使我們不常見到父母，例如雙親都有全職工作，且工作時間很長，我們仍然傾向於對父母的工作意義，給予高於他人的評價。父母是我們的主要照護者；我們仰賴他們的指導與保護，年幼的我們相信父母知道自己在做什麼，我們全然信任他們是睿智的，永遠是對的。當然，你後來可能會改觀，但是在這段學習和發展都十分旺盛的階段中，大腦會遵循父母的理念、行為舉止和他們所做的決定，來設定連結。

來找我諮商的領導階層人士常會因為他們至今仍然受到父母期望深深的牽制，仍然需要尋求父母認同的事實，而感到沮喪，或甚至感到訝異。只因為我們已經長大成人，並不表示我們就不再在乎父母的想法。那些基礎神經網絡將會永遠與我們同在。

成長時期鏡像模仿父母也影響了我們社交技巧的發展。這些特質普及到例如同理心、友善和合群的能力，證實都來自於父母的影響。這些代表我們人格的面向，終其一生，影響我們待人處事的技巧，這些技巧進而對我們的成就造成偌大影響，同時也影響我們的幸福感。

做兒女的榜樣

我研究心理學的主因之一，是想試圖瞭解別人的意圖：人們做某些事情的原因何在？他們選擇某種行為方式的動機為何？這對我例行的工作很重要，而我的工作在於幫助人們瞭解如何更有效地與人互動、溝通、統御，並且變得更能自我覺察。從我們到目前為止所探索的社會情緒發展的基本基礎，這似乎遙不可及。但是除了這些能讓我們在童年生活中蓬勃發展的鏡像思考核心基礎以外，鏡像神經元還具有另一個非常重要的作用。

鏡像思考還讓我們有能力理解自己或旁人當下行為的意圖。例如，相同的舉動可能有不同的意圖，我們從小就開始學習如何詮釋某人的下一個舉動。你媽媽可能會看看窗外，看看天氣，決定是否應該把洗好的衣服拿出去曬。她的意圖是想知道，怎麼處理洗好的衣服；我媽媽可能看著窗外，看看誰朝前門走來。她的意圖是想瞭解，是否要幫來人開門。這些舉動相同，但卻出自不同的理由。正是這種對意義的推論，讓鏡像神經元是如此不可思議。藉著觀察，以及在不知不覺中鏡像模仿某個行為，並且把這個行為融入我們自己的行為中，我們不僅可以理解他人的意圖，也可以理解別人的期待與動機。在我們成長的過程中，我們持續觀察父母，做為如何行事與為何行事的指標。

然而，在這個沒有榜樣來示範如何規範使用電子產品的世界裡，教養子女是困難的。現在，家長必須在完全陌生的領域中尋找出路。當我還是個孩子時，我必須等到下午六點（可以免費撥打本地電話）過後，才能和朋友講電話，要不就是騎腳踏車去朋友家。當時沒有簡訊也沒有社交軟體；而我的女兒，幾乎不打電話給朋友，而且現在馬路交通太繁忙，不能騎腳踏車到朋友家，取而代之的是，就像世界各地的許多青少年一樣，她會花上幾個小時傳簡訊，而且不只跟一個朋友，而是跟好幾個群組的朋友傳簡訊。

我們的父母教我們不要和陌生人說話，避開任何看起來行為舉止奇怪的人，而且絕對不能搭不認識的人的車。但是現在孩子有公開的 Instagram 帳號，成千上萬的人都可以看到他們的動態，他們的帳號有不認識的追隨者，隨時都有被修理的危險，但做為父母的我們甚至不得而知。

在我的成長過程中，我們只有四個電視頻道，而且家裡只有一臺電視。我媽媽知道什麼時候會播放帶有「不恰當內容」的節目，可以把電視關掉。今天，在 iPad、iPhone 和許多其他電子產品上，任何人隨時播放的任何內容，孩子都可以一覽無遺。內容可能是暴力或是帶有情色；可能是在 YouTube 頻道上播出，從未受到任何形式的主管機關審查。

我們從未見過如何管教這種事情，因為以前從未發生過。做父母的我們只能向其他家長求救，但是他們也和我們一樣茫然。應該在晚上六點或是晚上九點關機嗎？到底該不該允許他們使用 iPhone？孩子可以加入 Instagram 嗎？帳號應該設定上鎖還是公開？應該允許他們在臥室裡使用手機嗎？因為我們從來沒有觀察過，如何在科技世界中教養子女，所以我們毫無行為、信念或是價值觀可以取法。這讓我們察覺到我們所失落的，以及父母為我們所提供的大好榜樣，不只在於如何應對進退，也在於如何為人父母。正當我們笨拙地想為自己在數位世界裡釐清方向時，我們經常會無意間為孩子示範了「錯誤」的行為。花太多時間盯著電子螢幕、把電話放在床頭、回不完的簡訊和email、從不關機。這或許讓負起責任，為孩子示範那些我們知道會對孩子有正面影響的行為，益顯重要。

對鏡像思考的這層理解，使「言教不如身教」的說法更加深刻。當我們說一套、做一套，這會讓人疑惑。你或許認為這是普通常識，然而多數人包括家長在內，卻常常言行不一，就鏡像思考的角度來看，這會導致理解——進而影響學習——脫節，無法銜接。例如，在《歐洲公共衛生期刊》（*The European Journal of Public Health*）上的一篇文章中，史蒂芬妮·修佩（Stephanie Schoeppe）博士表示，父母花在看電子螢幕的時間愈多，孩子就花愈多時間看電子螢幕。這項研究和其他研究顯示，「口頭告知」孩子不要看電子屏幕是不夠的。這項行為必須被示範。換言之，意圖與行動必須相吻合。與久坐不動，觀看螢幕的行為相反，當父母示範較多體能活動的時，孩子就更容易進行體能活動。研究人員對此的解釋是，孩子受到父母「生活方式」的啟發，而「額外的」的體能活動，像是以步行和騎腳踏車做為交通工具，則是家庭生活的一部分。他們還提到，活躍的父母更可能以提供設備、費用、或鼓勵的方式來支持孩子。父母這類示範的方式，再透過意圖、鼓勵、以及與家庭生活結合，都代表著鏡像思考所起頭的各種生活面向，然後其神經網絡經由重複與獎勵而被強化。

我們為孩子所示範的榜樣，甚至會影響他們的身體健康。例如，二〇一八年北卡羅來納大學（University of North Carolina）兒童理想體重研究小組（Children's Healthy Weight Research

Group）副主任安珀・沃恩（Amber Vaughn）所領導的一項研究顯示，父母刻意或有自覺的示範選擇健康飲食，與孩子的飲食品質有正向關聯。[39] 其他研究則顯示，孩子飲食習慣最為重要的影響，就是來自父母。[40] 儘管只是趣聞，但是我和我先生大異其趣的飲食習慣直接反映這點。由華裔母親撫養長大的他，主食是肉類和米飯；相反地，我則有個喜歡蔬菜沙拉勝於肉類的媽媽，所以我以素食為主。我們孩子的飲食則是兩者的綜合。

除了這些研究以外，還會有許許多多你獨有的怪癖和日常習慣是來自父母的影響，然後你會傳給你的孩子。以我自身的情況為例，我和我先生有很多共同的價值觀，在如何待人處事以及我們所重視的事情上，也有相近的看法，這些乃傳承自我們的父母。妙的是，在我們認識以後，我們發現，我們兩人的父親從前曾經共事過，所以也許知道我們倆對生活有類似的看法，也不足為奇。然而我們倆人在生活細節上，還是有頗大的差異。譬如，說到洗碗這件事，他會在嘩啦嘩啦的水龍頭下洗碗；而我則是以我媽媽教我的方式洗碗：用一盆水，先洗杯子，再來是刀叉，然後是陶盆，最後才是湯鍋和平底鍋。我會再加上我繼母的方法，用清水沖洗每件物品，沖掉肥皂泡泡和髒汙。如果你檢視自己如何執行這些家常事務，以及你的伴侶或親近的朋友，如何執行相同的事務，你就會發現自己經由鏡像模仿父母，獲取很多這類的小祕訣。和價值觀不同的是，這些日常習慣或許是你未曾質疑過，而且也無需改變的。這些也將是你的孩子會帶入他們成人生活的事物。

謹言慎行，注意自己的一舉一動，以及我們所傳遞的價值觀與信念，是如此重要。我們可能會覺得是一份擔待不起的重責大任，然而這是在第一個孩子誕生時，父母就得即刻承擔的責任。如同你未曾、也無法選擇自己的父母，孩子也未曾選擇你，然而你是比這世界上其他任何一個人都更能打造他們大腦的人。

要不停地示範「正確」的行為真的很難。我們也會有勃然大怒的時候，也會說出一些事後反省起來當時不該脫口而出的話。我們度過難關方法並不總是令人值得驕傲。但是我們可以做出一個自主的決定，讓孩子沉浸在正向的環境中：健康的飲食加上適度的運動，因為這將讓他們養成良好的生活習慣；大量閱讀，因為我們希望孩子也會這樣做；關懷和體貼他人；努力工作；凡事自我節制。即使在我們無法做到盡如人意時，這也有助於向孩子解釋，為什麼我們做不好，以及當時應該有何不同的作法，好讓孩子理解如何作為。這樣做還可以讓孩子對如何表現謙卑與諒解，有更深刻的觀摩。

探索自己的價值觀與人生目標，探討那些塑造了自己的人生影響，還有那些或許永遠無法抹平，卻可以更注意的負面習性，極有意義。如果你已為人父母，這些事情不僅對你有益，也會對你的孩子有所幫助，而即使你不是為人父母，這也可以讓你活出更充實的人生。最終，這是你自己的抉擇。

打從我們誕生的那一刻起，父母就對我們的鏡像神經元和鏡像系統的發展，有著偌大的影響，影響我們許多成年後的成就，從同理心到我們所講的語言，塑造我們的信念、價值觀與行為舉止，還有我們看待人生的觀點。做為父母的我們，對自己的孩子也擁有同等巨大的影響，而理解這點是我們在教養子女上面，可以學到的最重要的一課。

第二章 家族傳承

手足情深

二〇一六年的初秋，鐵人三項的世界錦標賽在墨西哥（Mexico）的科蘇梅爾島（Cozumel）舉行。儘管有時差，但是英國的電視觀眾殷切觀看兩位英國人與賽，對兩人奪牌寄予厚望。當時，布朗利（Brownlee）兄弟在世界排名領先，曾經獲得無數獎牌，從奧運金牌到世界鐵人三項的系列賽事，如果二十六歲的喬尼（Jonny）贏得這場比賽，他將穩居世界冠軍頭銜。喬尼居於領先，但是當他跑過彎道向終點急奔時，他的腳步開始不穩。一開始，大家還不清楚他是否只是一時恍神，但是很快地，他開始顯得腳力不濟。他氣力耗盡，腳步蹣跚，左搖右晃，就快不支了。他沒有辦法加速衝線，反而看起來身體很不舒服，在離終點線只有七百公尺的地方，跌坐在跑道邊。在攝氏34度炙熱的高溫下騎自行車、游泳、跑步，對他的身體造成很大的傷害。然後，突然間，他的哥哥阿利斯泰爾（Alistair）從轉角處出現了。他事後說：「我當時想著：這太完美了——喬尼居於領先，他將贏得世界冠軍，我列居第二或第三。這是今年很棒的一個結尾。」[1]

但恰恰相反地，他看到弟弟急需幫助。阿利斯泰爾毫不猶豫地扶起喬尼，把弟弟的手臂環繞過自己的肩膀，讓弟弟能一瘸一拐地走向終點。儘管被亨利．斯庫曼（Henri Schoeman）超越，但兩人仍然分列第二和第三名。阿利斯泰爾幫助喬尼走向終點線，放開他的身子，輕輕把他推過終點線，這表示喬尼獲得第二名，而阿利斯泰爾自己則獲得第三名。他們兩人手足關係牢固，儘管兄弟相爭，但是阿利斯泰爾把喬尼的福祉放在自己之前。他不僅停下來幫助喬尼，放棄自己奪冠的機會，而且還讓喬尼維持領先的地位。

如此牢固的關係是如何形成的？我曾經記錄分析過一個曾和布朗利兄弟一起受訓的人，他描述了他們投入訓練的漫長時光——在跑道上練跑，騎自行車穿越約克郡（Yorkshire）的鄉野。在日復一日、年復一年的時間裡，兩人不僅從事這些運動訓練，並且也長時間接觸，互相影響彼此的態度、價值觀、行為、信念。手足間常會有一種天生的信任以及深厚的情誼。當你長時間與某人共處，無可避免的是，由於彼此豐富的共同經歷，會影響彼此的生活、記憶與為人，所以你們會很親密。即使你們並不特別喜歡彼此，你和你的兄弟姊妹擁有他人所無法比擬的共同點。在成長的過程中，你們一起過節，住在同一間房子裡，有共同的親戚。

但是有些兄弟姊妹會就讀不同的學校，住在不同的房子裡，不會一起過節。這會影響他們鏡像模仿的強度嗎？

我哥哥和我的關係十分親密。我剛上高中時，就因為幾乎每句話都以「我哥哥」開頭而被朋友訕笑。有些朋友到現在都還說，他們從來不知道我哥哥的名字。我哥哥，無疑地，對我影響深遠。家人間流傳說，他是我第一個發出微笑的人，我們是從不爭吵的兄妹，他是個會拿小妹妹向所有朋友自豪獻寶的哥哥。我以前崇拜哥哥，現在還是喜歡他，不過現在他更像一位知心好友。在我的成長過程中，我不僅把他偶像化，而且公開模仿他的行為：他爬樹，我也爬樹；他彈鋼琴，我也彈鋼琴；他吹單簧管，我也吹單簧管；他運動，所以我也運動。他做的每一件事，我都照辦。要說起鏡像神經元，我猜，它應該就從我對哥哥的第一個微笑就被活化了，最終，哥哥的行為、態度和價值觀，在形塑我的大腦和成就今天的我上面，發揮了巨大功效。我七歲大時，父母離異；爸爸獲得哥哥的監護權，媽媽則獲得我的監護權，然而哥哥依舊影響我。是因為我們的關係與信任是如此牢固，所以接觸時間的多寡，相形之下就不那麼重要嗎？還是我刻意、並且有自覺的模仿哥哥的行為，而使其影響更加強大呢？

影響被模仿行為的因素是多元且複雜的。布朗利兄弟的人生幾乎是彼此相呼應。在某些方面，顯然兩人是相同的：由同一對父母一起撫養長大，他們倆的人生取向在道德與實務方面是相同的。而無可避免地，同樣的教養會成為彼此互相鏡像模仿以及鏡像模仿父母的基礎。此外，布朗利兄弟求學時就讀同樣的學校，進了同一所大學。所以，他們彼此之間的共同交會點比其他任何人都要多。無論父母是否天生就是這些兄弟姊妹鏡像模仿的最佳來源，這個情況提供了一種加乘效果，強化了那些可能最初是從父母那裡得來的偏好、習性和生活方式，爾後則從彼此之間互相影響。我們可以假設他們的基因組成不同，比方說，阿利斯泰爾是髮色稍淺的捲髮，他比喬尼還高了一英吋，兩人個性也不一樣。在接受《獨立報》（*The Independent*）採訪時，阿利斯泰爾調侃喬恩，他說：「我叫他土地公（Gnome），因為他很無趣。他比較嚴肅、比較緊張，有點像軍人。」喬尼同意這種說法，喬尼說：「對啊，阿利斯泰爾比較……閒散。」[2]

這些差異使他們在志向與成就上的相似之處，更加令人玩味。然而我們可以篤定地說，這些共同點不可能僅只是家庭與環境的影響，更大部分的原因是由於他們相互仿效對方嗎？據喬尼說：「毫無疑問，他（阿利斯泰爾）對我產生了莫大的影響。從看他第一次帶了一些國際賽事的裝備回家，讓我動了『我也想要』的念頭，到為人生中最重要的比賽培訓……他指導我，做我的榜樣。我並非總是同意他的觀點，但我們畢竟是兄弟。」[3] 由於他們的社交接近性（social proximity）[4]——由於彼此的互動密度，與因而產生的相互依存關係，所造成的連結（bonding）——這種影響是無可避免的。[5] 這種僅僅透過接觸而產生的現象，造成一股強大的影響力與樣貌，甚至會影響他們的抉擇。

蘇珊・麥克海爾（Susan McHale）教授一九九六年在賓州州立大學（Pennsylvania State University）進行的一項研究顯示，兒童在十一歲以前，約有33％的閒暇時間是和兄弟姊妹一起度過；這比和其他朋友、老師、父母等人在一起的時間都長。[6] 這種情況會一直持續到青春期，儘管生活中充斥著各式各樣的活動，但每天平均至少有10到17個小時的時間與兄弟姊妹為為伍。那真是很多時間啊。然而我們通常忽略了這種相處如何影響我們的行為舉止，或是我們今日的為人。在分析個人時，瞭解一個人的兄弟姊妹是很重要的。有研究發現，我們與手足的關係可以預測我們成年後的狀況和成就，從學術成就到社交圈中與人的交往，甚至是我們的健康狀況。

如果你稍加思考，手足的影響力在各行各業中都可看到。看看你自己、你的雙親或祖父母、甚至你子侄輩、或朋友子女的成長過程，都會有跡可循。我認識一些企業的執行長，他們也有兄弟姊妹是執行長；兄弟姊妹也是類似領域的企業家；還有許多與兄弟姊妹同行的心理學家。兄弟姊妹之間相互影響的知名例子也很多。在體育界，光是網球界就有小威廉絲（Serena Williams）和大威廉絲（Venus Williams）、安迪・穆雷（Andy Murray）和傑米・穆雷（Jamie Murray）以及馬拉特・薩芬（Marat Safin）和迪納拉・薩芬娜（Dinara Safina）兄妹三個現成的例子。

在其他運動項目中，也很容易就可以舉出許多例子：庫爾特．布希（Kurt Busch）和凱爾．布希（Kyle Busch）（納斯卡賽車，NASCAR）；喬尼．布朗利和阿利斯泰爾．布朗利（鐵人三項）；維塔利．克利奇科（Vitali Klitschko）和弗拉迪米爾．克利奇科（Wladimir Klitschko）（拳擊）；賈絲婷．毛恩（Justine Mowen）和喬璒．毛恩（Jordan Mowen）（沙灘排球）；爾方．帕坦（Irfan Pathan）和尤蘇夫．帕坦（Yusuf Pathan）（板球）；梅爾文．厄普頓（Melvin Upton）和賈斯汀．厄普頓（Justin Upton）（棒球）；卡里姆．拉什（Kareem Rush）和布蘭登．拉什（Brandon Rush）（籃球）；以及阿迪．薩維（Ardie Savea）和儒利安．薩維（Julien Savea）（橄欖球）。運動界人士以外，還有商界人士，例如愛迪達（Adidas）和彪馬（Puma）的創始人阿道夫．達斯勒（Adolf Dassler）和魯道夫．達斯勒（Rudolf Dassler）；政界則有甘迺迪（Kennedy）兄弟；在電影圈有班．艾弗列克（Ben Affleck）和凱西．艾弗列克（Casey Affleck）；約翰．庫薩克（John Cusack）、安．庫薩克（Ann Cusack）和瓊安．庫薩克（Joan Cusack），不勝枚舉。

乍看之下或許很難明瞭兄弟姊妹在鏡像模仿上有如此巨大影響的機制，即使考慮到他們的關係、互信以及大量的相處時間（接觸）。我在工作上有一個特別感興趣的領域，就是研究兄弟姊妹的求學生涯。例如，一個人上大學的決定通常會以兄姊的工作，甚至是兄姊念的學校做為依據。我先生和他兩個哥哥念同一所大學，布朗利兩兄弟也是。這或許是因為你的兄姊是家中第一個上大學的人，所以上同一所大學讓你覺得順理成章；又或者你可能會依據兄姊的好惡，而選擇自己修習的學科。

約克大學（University of York）的珂蒂．尼可勒提（Cheti Nicoletti）教授所主導的一個二〇一九年的研究[7]顯示了這種現象的部分原因。尼可勒提和她的團隊研究了來自英國各地23萬對手足的龐大數據資料，追踪涵蓋四年的數據，研究心理學家所謂的學業成就「溢出效應」（spillover effect），就是某位手足的學業成績對另一位手足的連帶效應。然而尼可勒提本人並非心理學家，而是經濟學家，她揭露了這種連鎖效應的另一個有趣元素——這種效應的影響之大，所以〈1〉足以從經濟學的角度來進行研究，〈2〉其所產生的結果足供佐證。尼可勒提發現，哥哥姊姊的學業成績不僅對弟弟妹妹之後的成績有顯著的正面影響，她還證明這些影響相當於每年為每位弟弟妹妹額外支出一千英鎊的教育費用。而當哥哥姊姊成績優異時，這種影響更為強大。作者將這種情形歸因於哥哥姊姊在積極求知慾、價值觀以及求學態度上做榜樣的效應。表面上看來，這似乎難能可貴——哥哥或姊姊成為弟弟妹妹的助力——然而這也可能是出於手足的競爭關係，因為弟弟妹妹力求同等表現或是更佳的成績。這種仿效經常在不經意的情況下產生。然而即使手足間鮮少互動，但由於鏡像思考以哥哥姊姊的行為模式，建立了一套行事的規範或基準，這類效應仍然可能存在。

這種「溢出效應」不僅出現在課業上。花在鏡像映射、嘗試不同的行為模式、評量成效、以及調整行為的大量時間，會影響更為底層的心理。試想，你成年後每天和你相處最久的那些人——某位像兄弟姊妹一樣同事，你每天得花上好幾個小時的時間和他相處，別無選擇；又或是你最要好的朋友，或是你的另一半。這些關係都會有高潮、低潮，有快樂也有難熬的時刻。然後想像一下，假若你仍是個孩子，在你對周遭世界的運作原則、人際關係往來、如何管理自己的情緒、或是對自己所仿效的事物能有所自覺，有所掌控之前，這些關係又或會如何進展呢。

在人生的這個初期階段，你的大腦發育尚不足以控制情緒中的許多小節，更遑論自覺地決定行為中微妙的面向了。由於位於觀察型大腦中的前額葉（prefrontal lobe）與情緒化的反應型大腦之間的聯結尚未完全發育，因此你對於某些惱人、不開心、或沮喪事情對你自己的影響程度，或是你對這些事情的反應程度的管控，仍力有未逮。兄弟姊妹既是你的同伴、對手、知心的朋友，也是你在家中以及社交圈中較勁的對象。上述的這些互動，再加上做為一個小孩子發育上的弱點，不管是外在或是我們的內心世界，產生了充滿情緒化的人際互動。

從這個角度來看不難明白，每次的互動（無論好壞）教導手足間合作的道理。教導某個行動或行為的後果、如何解決問題、如何談判、與如何練習改善自己的人際關係。你可能也會觀察某位兄弟姊妹，看看他和爸媽、朋友、親戚、或老師相處時奏效的方式，然後比照辦理，在自己的社交圈裡牛刀小試一番。長此以往，這就會發展出鏡像系統。不斷透過這些互動的學習，可以提升社會技能。因此，與兄弟姊妹爭吵或是觀察他們的為人處事，有可能幫助你成為更具有社交能力的成年人——更有能力在職場和家庭中與人相處，進而在人生中贏得諸多成功的果實。

這種持續的社會情緒互動也有助於建立同理心，而同理心是橫跨整個童年時期所發展與塑造的一項十分重要的生活技能。同理心乃出於對自己的情感有某種程度的自我意識，而後漸次發展出對他人情感的認知。多年來的研究顯示[8]，和哥哥姊姊一起長大的人，比較容易發展出高階的同理心。但是二〇一八年的一項研究顯示，因為這種經驗而受益的，不是只有年幼的弟弟妹妹。

在多倫多大學（University of Toronto）任教的加拿大心理學家馬克·楊邦（Marc Jambon）和雪莉·梅迪根（Sheri Madigan）博士，共同領導一個頗具企圖心的計劃，研究452對手足，以釐清同理心的發展是否有雙向的影響。這些手足檔的資料取自「兒童與家庭跨域計劃」（Kids, Families and Places Project），他們來自不同的社經背景，手足搭檔是由十八個月大的幼童和他們四歲大的兄姊所組成。楊邦想瞭解在研究開始時一對手足的同理心程度，是否可以預測十八個月後他們在同理心的變化程度。研究開始時[9]，所有參與者的母親完成問卷調查，並且參與的手足檔錄製一段在家中和研究員進行互動的影片。研究人員假裝自己因為摔破了一個

「珍愛的物品」而難過，或是假裝因為膝蓋撞到感到疼痛，還是手指頭因為打開袋子拉鍊時被卡到了。然後這些心理學家使用問卷，評量了同理心的高低，並且認真檢視所錄下的幼兒行為與臉部表情。整個程序在十八個月後又重複一次。

結果發現了一個與過往的研究報告出奇的差異——在這十八個月的期間，年幼與年長手足的同理心程度都提升了。楊邦在接受《科學日報》（*Science Daily*）採訪時說：「即使考慮到每個孩童早先的同理心程度，以及能夠解釋手足相似性的同個家庭手足間共有的因素——像是父母教養方式或是家庭的社經地位——這些發現仍然成立。」換言之，他們能夠說明同理心的提升與這些手足彼此間的影響，有獨特的關連。

此一研究結果對我們所理解的手足之間的相互影響，饒富深意。兄弟姊妹不僅在對彼此的發展中，比我們以前所認為的更為重要，而且這種影響不只是來自年長的兄姊。正如楊邦所說：「雖然一般假定是年長的兄姊和父母，對年幼弟妹的發展，有著主要的社交化影響力（而反之卻不必然），然而我們發現，假以時日，年幼和年長的手足對彼此的同理心，都有正面的助益。」

如果妹妹受傷了，她可能會尋求在同一學校的哥哥的幫助；姊姊可能會對妹妹吶喊：「你不瞭解我的感受」；即使是比較容易掩飾自己情感的男孩們[10]，通常也較願意對兄弟分享自己的難過、痛苦、憂慮勝於對朋友。這些行為、觀察、以及討論都會隨著時間而累積，進而形成研究人員所報告的重複影響。不僅如此，科學家們十分確定，同理心的能力乃深深根植於鏡像系統之中。[11][12][13] 我們之後會更詳細地探討這個機制。

然而，並非所有手足間的鏡像模仿結果都是正向的。舉例而言，布朗大學（Brown University）精神病學教授理察・倫德（Richard Rende）二〇〇五年的一項檢視吸菸習慣的研究。他利用「美國青少年健康狀況長期研究」（the US National Longitudinal Study of Adolescent to Adult Health）的資料，檢查超過一千對的兄弟姊妹，結合基因資訊與手足親密程度，以及吸菸頻率的資料。研究結果清楚顯示，兄弟姊妹間的社會聯繫程度（信任與聯繫）以及相處時間（接觸時間），對青春期吸菸的頻率有重大影響（即使在排除遺傳的相似性，以及父母或同儕吸菸史的影響之後）。[14] 倫德的研究還發現，飲酒和「不良」行為的增加，與手足間的聯繫、信任與接觸這三者有關。這些結果在其他數個研究中，也已經獲得佐證。

研究發現，兄弟姊妹甚至會影響日常生活事件，像是懷孕。如果姊姊在二十歲之前就懷孕，那麼妹妹在二十歲以前懷孕的可能性就大增。[15] 我們通常認為，一旦離開家庭開始獨立生活，那麼這些影響就會減少。但是，就和父母會持續影響我們一樣，兄弟姊妹也會持續影響我們。二〇一〇年所做的一項值得注意、且超乎尋常的研究，對挪威十一萬對手足進行研究，他們發現姊妹生育頭胎的時間，會互相影響——一個人懷孕之後不久，另一個人也很快懷孕了。[16] 這種同性別手足間模仿效果加增的現象，在許多手足研究中都可見到。姊妹與姊妹之間，或兄弟與兄弟之間的影響，要強過異性手足之間的影響。畢竟我們的確和同性別的人，在先天上有更多共同點，特別是在經歷人生的發展階段時。

在多數情況下，這種手足鏡像模仿是不自覺的，然而有時候某位手足可能會刻意嘗試另闢蹊徑——在各方面盡量與他的兄弟姊妹有所區別。二〇一六年布朗利兄弟在里約奧運贏得金牌和銀牌之後，媒體對這對兄弟大肆報導。推特上充滿了各式賀詞，但是其中一位使用者提出了一個完全被忽略卻十分重要的觀點。SimonNRicketts 寫道：「阿利斯泰爾和喬尼·布朗利有一位弟弟愛德華。我希望他坐在家裡的沙發上，猛灌啤酒，然後對著電視機摔東西。」另一位用戶則寫下：「如果你曾經覺得自己的兄弟姊妹令你黯然失色，那麼請想想愛德華·布朗利。」

比大哥阿利斯泰爾小七歲的愛德華也很有運動細胞，但他更喜歡橄欖球，而且準備當一名獸醫。他曾經說過：「我小時候在附近參加過鐵人三項的比賽，但是我不想和哥哥做同樣的事。」正是這種不想變成一模一樣的想法，啟動了「反鏡像模仿」（counter-mirroring）——慎重確認某人的作為，並且決定另尋他途。一個孩子可能為了不屈從，而選擇不上大學，或是選擇一所和兄姊不同的大學。如果兄長拉小提琴，那麼另一個人可能會選擇成為速度最快的跑者，刻意打造自己獨有的認同，又或許是渴望引起父母的注意，視他們為獨特的人，稱讚他們的成就。

為了與其他手足有所不同、做為獨立的個體、或者只是為了活出自我，你也許在學校選擇與兄弟姊妹不同的專業，刻意選擇不同的生涯規劃，搬到離家很遠的地方，甚或是世界的另一端居住。我們每個人都和自己的兄弟姊妹經歷過獨特的互相影響，這些互動塑造了我們的自我，即使是在我們刻意反鏡像模仿他們行為的時候。

但是那些屬於極端例子的人呢？他們手足間的爭吵，沒有成為學習同理心的工具，也無助於另尋自己的人生道路。那些手足間的磨擦太多，難以承受，幾乎演變成對兄弟姊妹的苦毒怨恨的人，他們又是怎麼回事呢？

這類的關係通常在電視劇中被誇大了，然而在現實生活中也不乏許多實例。以瓊・芳登（Joan Fontaine）和她的姊姊奧莉薇亞・德・哈維蘭（Olivia de Havilland）為例。據說，她們的爭吵持續了四十多年，就從兩人都被提名角逐一九四二年奧斯卡金像獎最佳女主角獎，而瓊獲獎開始。奧莉薇亞極其憤怒，兩人的關係自此每況愈下。還有綠洲合唱團（Oasis）的連恩・蓋勒格（Liam Gallagher）和諾爾・蓋勒格（Noel Gallagher），兩人經常在舞臺上大打出手。當連恩解散樂團，然後諾爾對他提告時，他們多年的宿怨到了頂點。隨著聯繫和信任的消失，我們可預期的是他們彼此不再互相鏡像模仿。但是，這些手足關係仍然有辦法驅使某些行為，無論是鏡像模仿抑或反鏡像模仿，其動機只不過是出發點不同，卻往往依然同等強而有力。

德國裔的兄弟檔阿迪・達斯勒（Adi Dassler）和魯道夫・達斯勒（Rudolf Dassler）就是最好的例子。最初，他們一起工作，在母親的洗衣房裡建立了一家成功的鞋子工廠，名為達斯勒兄弟運動鞋公司（Dassler Brothers Sports Shoe Company）。當一九三六年柏林奧運的運動員穿了他們品牌的運動鞋後，公司業績迅速增長。把體育的團隊合作視為優先的納粹黨的崛起也讓公司有了經濟優勢。然而，好景不常，在某次的誤解之後，兩兄弟之間的歧異愈演愈烈。在一九四三年的某次空襲中，阿迪和他的妻子爬進一座防空洞，魯道夫和家人早已經在裡面了，據阿迪說：「那些卑鄙的混蛋又回來了」，意指那些戰機；而魯道夫卻誤以為哥哥指的是他和家人。[17] 這個誤解並未獲得澄清，反而導致兄弟之間猜忌愈來愈深。

當魯道夫被美軍俘虜時，他認為是哥哥阿迪告發他的。而這家人的分裂甚至不止於兄弟關係；他們的母親站在魯道夫這邊，而姊姊則站在阿迪這邊。魯道夫舉家搬遷到同個小鎮的河的另一邊，兄弟倆把所有資產分拆，此後再也不曾和對方說話。[18] 阿迪根據自己的姓氏和名字，把屬於他的產業更名為愛迪達（Adidas）。魯道夫原先也採用類似的方法，把公司命名為魯達（Ruda），這個名字後來更改為彪馬（Puma）。

荷蘭作家暨記者芭芭拉・史密特（Barbara Smit）在她的《運動鞋大戰》（*Sneaker Wars*）書中說明了隨著業務擴展所產生的競爭與抗衡。通常穿著愛迪達球鞋的德國短跑選手阿明・哈里（Armin Hary）要求阿迪為他在一九六〇年奧運會上穿愛迪達球鞋而付費，而在此之前，他穿愛迪達球鞋則是無償的。阿迪拒絕了，於是哈里找上魯道夫，而魯道夫則同意給付他酬勞穿彪馬球鞋。之後他在百米短跑決賽中贏得金牌，腳上穿著魯迪公司的鞋子。然而當哈里在領獎臺現身時，他卻穿上愛迪達球鞋。史密特寫道：「哈里以敏銳的商業算計，希望略施小技，在雙邊獲利」，然而這樣的做法適得其反。「阿迪怒不可遏，不准這位奧運冠軍再代言愛迪達」。[19] 這代表了這兩兄弟企業間持續不斷的世仇，這種敵對力量巨大，甚至讓黑措根奧拉赫市（Herzogenaurach，編註：位於德國巴伐利亞邦的一個小鎮）為之分裂，彪馬位於河的此岸，而愛迪達則在河的彼岸。據說，黑措根奧拉赫市民們習慣先低頭看看某人腳上穿著哪個品牌的運動鞋，再決定是否要和他們說話。直到二〇〇九年，兩兄弟都去世很久了，兩家公司才結束六十載的世仇。[20]

在阿迪和魯道夫的例子裡，這種抗衡與競爭激化並影響了兩兄弟的作為，在同一個城市裡催生了兩家稱霸全球的鞋業龍頭。他們彼此互相模仿與反模仿。說到互相模仿，兩家公司的崛起，在許多方面都是源於模仿同樣的創意，例如足球鞋旋入的鞋釘。雙方都宣稱這是他們自己的發想，然而是阿迪在一九五四年的世界盃上印證了自己公司的釘鞋大受歡迎，贏得全球性的知名度。我們可以這麼說，這兩兄弟之間的關係仍然續存，儘管這種牽連是基於仇恨而不再留情，但他們一起成長的歷史不變；彼此共同的回憶、價值觀與信念也不變。即便後來演變成對敵，但如果沒有當初彼此之間的正面影響與相互支持，他們還會如此成功嗎？

或許那些因為爭吵所激發出的刻意作為，讓他們的行事更有力道，而且在他們的操作下，更為公開。

這說明了察覺鏡像模仿和樹立榜樣這等事的作用，可以是何等有力。即使是在兄友弟恭的較勁情況下，競爭驅動行為，部分原因是因為行為會變得更加自覺與刻意。例如，愛德華．布朗利提及他的兩位哥哥：「他們知道……少了對方，他們不一定能達到『今日的成就』。」[21] 這兩個兄弟在訓練時，真的很享受彼此做伴，但顯然他們也以此來互相砥礪。我們永遠不會真正知道愛迪達和彪馬的成功，是不是受到強烈的恨意所驅使，然而終究手足間的關係——無論正面或負面——不僅具有難以置信的影響力，而且通常是我們眾關係中維持最長久的關係。童年過後，我們一般會與父母相處四十到五十年的時光，但是和兄弟姊妹的人生可能會維持六十到八十年。[22]

如果你是家中唯一的孩子，你可能一邊讀著這些文字，一邊想著：「嗯，這一切都和我無關。」如果你沒有兄弟姊妹，那又怎麼樣呢？這會對你成年後的成就有影響嗎？或是對周遭處境如何形塑你的大腦，會有所不同嗎？

一九七九年，由於對人口激增的憂慮，中國引進強制性的一胎化政策，這個政策一直執行到二〇一五年。這個獨特的情況，讓研究人員有了機會研究眾多沒有手足一起成長的人。

二〇一七年，中國西南大學（Southwest university）的研究人員招募了303名大學生，研究獨生子女和有手足的同儕間，在神經系統上面，是否有所差異。

他們利用功能性磁振造影（functional magnetic resolution imaging, fMRI）做了多項測驗以及大腦掃描。結果顯示，獨生子女的思考較具彈性，顯示他們有較高的創造力，但在人格測驗上的友善性（agreeableness）較低。從神經學分析來看，獨生子女在和語言相關的大腦區域，顯示較大的腦容量，但在和情緒調節相關的大腦區域，則顯示較少的容量。而這種提升的創造力和語言程度，其假設的原因是因為，父母對獨生子女的學習更為關注。研究人員也認為，情緒能力較低的原因可能是家庭成員「過度關注」、較少接觸外界的社交團體、以及在成長過程中較注重獨自型（solitary）活動的結果。[23] 本研究代表一個特定文化族群，在某個時間點的剪影，即便如此，卻仍然為兄弟姊妹——或是缺少兄弟姊妹——所能產生的影響，提供了有力的神經學證據。

對於其他世代和世界上其他地區而言，結果當然會有所不同，但也不至於差距過大，以至於無足輕重。例如，我的母親是第二次世界大戰期間在倫敦出生的獨生女。雖然她從事許多獨自型的活動，然而她沒有接收過多的關注，並且因為父母期望她能夠獨立，自給自足，所以她花了許多時間在外頭，見識過形形色色的交際場合。成年後，她果真充滿魅力，並且善於經營人際關係。西南大學的研究結果指出，在任何文化中，孩童所模仿的內容與對象所造成的結果，能夠、並且一定會有所影響，不管他們的鏡像模仿是來自父母、兄弟姊妹、或是更廣泛的社群團體。在童年和青春期，兄弟姊妹通常會一起度過（或不一起度過）的大把時間，絕對會影響行為以及社會情緒發展。[24] 正如雪莉・梅迪根依據她與楊邦共同發表的手足同理心研究所言：「我們的發現，強調了考量家中所有成員……對促進兒童發展的重要性。」[25]

跨代智慧

談到家庭的其他成員，想到祖父母的影響就很有趣。好幾世代以前，工業革命以先，比較普遍的情形是，大家都生活在大家庭的網絡中。祖父母、父母、子女、叔叔、阿姨和堂兄弟姊妹們，即使不住在同一個屋簷下，也都住得很近。在某些亞洲和非洲社會，情況依然如此，但在西方國家，工業化帶來趨向核心家庭和較鬆散家庭關係的演變，而旅行和搬遷的便利，也加速這種轉變。結果，許多人搬離家族，建立起自己獨立的生活。然而，隨著人類平均壽命的不斷增加，現在特別是祖父母，也開始再次扮演更加重要的角色，雖然他們的任務與早年略有不同。

我先生的父母住得離我們有一段距離，但他們常常和我們一起度假，並且在我們外出參加婚禮、慶祝結婚紀念日和出差時，幫忙照顧我們的女兒。我的媽媽在我女兒的生活中扮演重要的角色，放學時去接她們，送她們去課外活動，並在我必須工作的假期中，每週至少照顧她們一天。在許多家庭中，祖父母在幫忙照顧幼童方面，還負有更大的責任。我知道有些雙方都全職工作的夫妻，他們上班時，祖父母在週間就接管所有的家務。

在澳大利亞，約有五分之一的十二歲以下的孩童，而美國則有四分之一學齡前兒童，常態性地由祖父母照顧。在英國，由於祖父母的協助，據估計每年可省下將近157億英鎊的育兒費用。[26] 儘管祖父母的角色在不同文化與不同家庭中，當然會有所不同，但很明顯地，一般說來，他們在照顧孩子這件事上，扮演著重要的角色。

在日常的環境中，我看到我自己的媽媽，對我孩子的信念和行為所產生的影響，特別是我的小女兒。我會聽到某些覆述出來幾乎會令人憂心的詞句、觀念以及態度。她在所到之處，重複說著我媽媽說過的話，例如我媽媽激發了她對大自然的濃厚興趣，我六歲大的女兒知道某些我甚至從未聽聞過的花卉名稱；她學來的人生態度，像是對某些事情的是非判斷，就表現得相當明顯，甚至她對天候方面的常識也是。她有個不尋常的本領，她望望雲層，就可以判斷是不是會下雨，我和我的大女兒對此覺得很有趣、很佩服，而且我們都認為這一定是來自我媽媽的影響。並且我的兩個女兒都和她維持很深的關係，極為信任她，而且比起祖父和外公、外婆，她們更常與她接觸。做為我自己的母親，我和她的關係與對她的信任極深，再加上其實我應該是鏡像模仿了許多她以前教養我的方式，這些也都會產生加乘效果。我小時候並不常見到我的祖父母，但是直到今天，我仍然記得許多爺爺對我說的事情。他對人生的渴望，以及與人相處的方式，永遠是正面積極的，他的口頭禪和某些意見，經常浮現在我的腦海中。即使他已經不在人間，我也還在鏡像模仿著他。

牛津大學（University of Oxford）教養與兒童研究中心（Centre for Research into Parenting and Children）主任安・布坎南（Ann Buchanan）教授的研究顯示，祖父母參與程度愈高，孩童的情緒健康及人際關係品質就愈佳。現實生活中的一個例子就是歐巴馬，他在社會情緒上顯然比繼任者川普更為圓融。這很可能可以追溯到負責養育他的祖父母的影響，儘管這是傳聞，無法下定論。布坎南研究一千五百多名兒童，發現那些祖父母參與程度較高的兒童，他們的行為和情緒問題也較少。[27]

韋德・彼得森（Wade Peterson）和蘿倫・威爾德（Lauren Wild）於二〇一七年在開普敦大學（University of Capetown）對南非（South Africa）青少年進行的另一項研究，特別檢視了他們的心理健康和藥物濫用情況。結果顯示，即使在考量父母的參與程度之後，祖父母的參與仍然與親社會行為（prosocial behaviour）相關。一般認為，這是因為祖父母給予青少年支持，並成為他們的正向榜樣。特別是，為青少年做榜樣似乎與能提供他們足以仿效的各種人際互動型態有關，提供了一種「青少年能夠在自己的人際關係中鏡像模仿的同理心行為模型」。[28]研究指出，除了經由雙親「中介」的基因遺傳，祖父母和孫子輩之間，最直接產生影響力的途徑，就是社會情緒上的交流。換言之，比起遺傳的影響，關係、信任和接觸提供了鏡像模仿的機會。分享老一輩所具有的更為傳統的價值觀，例如尊重、對教育的重視以及強烈的工作倫理，顯然具有強大的正向影響。[29]

然而並不是所有的影響都是良性的。祖父母也會犯錯，將一些不太好的行為傳給孫子輩，有鑑於他們之間的信任、關係和接觸程度，這並不足為奇。史蒂芬妮．錢伯斯（Stephanie Chambers）博士所領導的格拉斯哥大學（University of Glasgow）的研究人員對幼兒照護的改變對孫子／孫女的潛在影響感到興趣。他們做出非常大膽的宣稱，說祖父母可能會在無意間助長非傳染性疾病，像是癌症。錢伯斯檢視了來自十八個國家的五十六個研究資料，她檢視的目的在於發現那些可能對孫子／孫女健康，造成潛在影響的祖父母的習慣。結果頗為令人訝異。

結果顯示，這些全部的研究中，祖父母在體重、飲食、體能活動、以及吸菸方面，對孫子／孫女的健康有「不良影響」。他們發現，祖父母並沒有聽從父母的要求，例如不在孫子周圍抽菸，如此一來，他們為孩子示範了吸菸的行為，增加孩子以後吸菸的可能性。祖父母的影響在體重和飲食方面尤其重要。大多數研究所得出的結論是，這是因為「招待」孫子而導致過量進食，而且缺乏運動，祖父母可能多少意識到自己的行為，卻不太理解其後果。錢伯斯博士總結說，由於是在兒童時期接觸到這些危險因子，因而這些行為導致罹癌風險提高，而這與成年後的癌症死亡率有關。[30]

另一項二〇一九年由美國紐澤西州（New Jersey）羅格斯大學（Rutgers University）的內莉・伊里亞斯（Nelly Elias）領導的研究，檢視356對祖父母，他們每週至少照顧一次年紀介於二到七歲的孫子／孫女。他們發現，在平均四小時的探訪時間裡，孩子花費兩小時的時間觀看影片，或是使用電子產品玩電動遊戲。[31] 基於使用電子媒體對兒童發展和身心健康會帶來負面影響的考量，這件事特別令人擔心。[32] 專家認為，這反映出祖父母缺乏知識和理解。正如父母不懂新科技和如何規範新科技的使用，祖父母也無所適從——他們也不曾見過有人為他們示範何謂理想行為。

然而整體而言，祖父母對孩童的影響似乎是正面多於負面。我們的長輩們對這個世界所有的智慧和知識，如果沒有同等的歷練，是無法複製的。這就是他們的故事是何等珍貴的關鍵原因之一。

在這個老者日漸被漠視的世界中，祖父母的角色更是彌足珍貴。忽視老一輩的人，我們也就失去了知識傳承，以及傳遞社會情緒學習的大好機會。

從前長者的智慧，因為社區組成的方式，能夠有日常的跨代交流，而得以代代相傳。雖然不復從前，但我們仍然可以分享他們的智慧。以納爾遜・曼德拉（Nelson Mandela）為例，他成長的過程中，有部落長輩為伴，他曾經這麼說：「我年輕時在川斯凱（Thetranskei），聽部落裡的長者述說過往的故事。其中有祖先為保衛祖國而奮戰的故事。」[33] 雖然這可能使得年輕時的他誤入歧途，但日後卻意味著，他守護了向前人學習的價值。他在獄中服刑二十七年的時間裡，聆聽他人的故事，寫信向他人請益，並且閱讀傳記。他讓鏡像神經元塑造自己的精神世界，成為開放而具建設性的世界觀，而這種態度最終使他因結束種族隔離政策的努力，獲得了諾貝爾和平獎。

然而，在現代文明中，科技與文化更迭極為快速，我們比較不易聽取那些在迥異的時代，累積其經歷者的看法，並且常常輕視他們。他們深諳，經由一輩子歷練所得的人類行為的「永恆」真理，有許多可供傳授。就和兄弟姊妹的情形一樣，祖父母可能是我們經常遺忘或忽略的鏡像模仿與影響力的重要一環，一旦我們有幸有他們相處時，他們會對我們的為人產生偌大潛移默化的影響。

認知到自己在樹立榜樣使其影響力增加，他們的故事使關係加深，而相處的時光與耐心則增加了接觸所產生的影響。

阿姨和叔叔的影響

我們生活中另一個重要的影響是阿姨和叔叔。我先生的例子是，他並不真正認識自己的祖父母。在他很小的時候，他和爺爺、奶奶以及外婆，只見過一次面。但是，他卻和阿姨、叔叔們有許多時間相處——他的母親家有九個孩子，父親家則有五個孩子。儘管他的叔叔、阿姨散居全球各地，即使他已經成年了，但是你還是可以透過頻繁的家庭聚會、電子郵件、電話、信件和包裹，感受到他們的存在。儘管他們彼此間有空間的阻隔，但我們很容易看出，在成長過程擁有這類的互動，對他的為人產生了何等影響。他們彼此有信任和關係，並且通過持續聯絡，保持接觸，雖然不及面對面接觸的熱絡，當然也會即時限縮被影響人大腦所接收到的影響。當青少年被問及他們視誰為榜樣時，父母自然居首位；但是影響力次之的人物，不同的研究卻有所不同，有些研究顯示是祖父母，有些則是兄弟姊妹，而另一些研究則認為，是阿姨和叔叔的影響力居次。[34]

這些家族關係，尤其是能幫襯父母的影響，被視為是青春期發展的重要層面。[35] 我的母親是獨生女，但是她的阿姨在她的人生中，扮演著極為重要的角色，尤其是在她的青少年時期。我的姨婆終生未婚，在二次世界大戰期間，負責電話交換臺的工作，這讓她在社會地位和經濟上都能夠獨立。她堅強的性格和努力不懈的信念，在她晚年仍然鮮明可見。在我媽媽的成長過程中，我的祖父母，單就他們自己的成長背景，並不知道——或者更準確說，甚至根本想都沒想過——如何就教育的重要性，或在努力出人頭地方面，做孩子的榜樣。他們的父母沒能做他們的榜樣，因此他們自己也沒想到該重視身教。

要為子女表率需要出於自覺的努力，而且可能要有人以某種方式，提醒他們注意這些事情，並且強調其重要性。他們都在十幾歲的時候就輟學了，而他們的工作倫理是低調，做個盡職的員工，以勉強維持生計。但是我姨婆對人生有不同的看法。她經常照顧媽媽，而且花時間考問她對許多事物的常識，測試她的拼寫和九九乘法表，帶她去富有教育性質的遠足，激發我母親熱情堅毅的天性。

阿姨和叔叔的影響通常是正面的——你或許可以從這個角度，回想自己的經驗——但事情並非總是如此。例如，檢視來自弱勢家庭孩童的研究發現，阿姨、叔叔、和堂／表兄弟姊妹也在最有可能使他們誤入歧途的人之列。

維吉尼亞大學（University of Virginia）的諾爾・赫德（Noelle Hurd）博士對增進青少年的健全發展很有熱情，她在二〇一一年主導了一項研究，檢視榜樣人物對邊緣化社區青少年的正面與負面影響。赫德這個「榜樣人物的行為與青少年暴力」（Role Model Behavior and Youth Violence）的研究顯示，目睹阿姨、叔叔的不良行為與增加暴力行為、提高焦慮與沮喪的程度、藥物濫用、以及對上學不感興趣有關。目睹自己的榜樣人物從事反社會行為，會誘發青少年本身的暴力傾向，也會強化他們支持暴力的態度。尤有甚者，當他們看到透過街頭法則，竟然能夠獲得某種權力和重視的回饋。赫德相信，青少年大部分的仿效行為，是和接觸這些反社會行為的示範有關。[36] 相反地，研究發現，當榜樣人物表現出親社會行為時，這會間接關係到青少年暴力行為的減少，對其他不利因素產生保護作用。

整體而言，在邊緣化程度較低的社區中，阿姨、叔叔在塑造我們的大腦上面，扮演著重要的角色，然而是以較間接的方式。康乃爾大學（Cornell University）兒童發展專家尤里・布朗芬布倫納（Urie Bronfenbrenner）接受《紐約時報》（*The New York Times*）採訪時這麼說：

> 最重要的事情是，孩子能在自己有需要的時候，求助某位成年人，然而是依照孩子的需求，而以非成年人的方便與否。而晚輩們只能和自己對之有特殊情份，並且對方對自己也有特殊情份的人這樣做——也就是自己的親人。阿姨和叔叔就是最佳人選，因為他們和孩子有親屬關係，但通常不住在同一個屋簷下，因此他們同時既是有聯繫卻又是超然的——是家族中的一員，卻不在家庭的權力角力中。[37]

無庸置疑地，兄弟姊妹和祖父母也塑造了我們。在多數的研究中，他們被指為是父母以外的最大影響。其次則是叔叔、阿姨、和堂／表兄弟姊妹們會影響我們的為人，然而其影響程度顯然是取決於個人狀況。

只有你才知道你所受到的影響。和他們之間的聯繫、信任與接觸，將會左右他們對你的影響程度。然而這種影響可能比你所預期的還大，而且極可能是在不知不覺中，有時侯僅僅只是透過接觸。值得一提的還有，重組家庭也可以像原生家庭一樣扮演重要角色。我的成長過程有繼母、繼父、以及伴隨而來的繼兄弟姊妹們，這些關係的確影響了我的為人。

每種處境都是獨特的，而每種影響和衝擊都是複雜的。可以肯定的是，我們的親戚對我們的為人處事有偌大影響。

下一章，我們將探討另一群，即使不是我們家庭生活中重要一環，卻對我們產生巨大影響的人。

第三章　朋友之為用

有一次我告訴妳，我要讓妳成為一個名人。這就是妳為我辦到的。妳讓我成為一個別人會記得的人。

克萊德寫給邦妮

一九三〇年一月，在德州達拉斯（Dallas）郊區的某個家庭派對上，兩個年輕人相遇、相戀。邦妮．派克（Bonnie Parker），十九歲——一位纖細的金髮女孩，儘管家境清寒，卻穿著得體；而克萊德．巴羅（Clyde Barrow），一位英俊的二十歲青年，有副趾高氣揚、任性固執的模樣。這對戀人後來帶領了一個近代歷史上最惡名昭彰的幫派，在美國各地流竄，沿途搶劫銀行和商店，劫獄讓犯人逃獄，並且殺害許多人。從他們見面的那一刻起，兩人就難捨難分。

我們都曾經交過讓父母擔心會帶壞我們的朋友，邦妮．派克和克萊德．巴羅就是最佳例證。邦妮的母親對女兒所選擇的男友，非常不滿意，多次企圖說服她，這個男友不夠好，但邦妮卻認定自己的男友，並且認為自己「在現實生活中做為刑犯愛人支持者的這個新角色」[1]很刺激。

邦妮是怎麼從一位受人敬重、努力向上的女士，每個禮拜天都上教堂的好基督徒女兒，搖身一變，成為一名不知悔改的罪犯呢？搖身一變成為犯法之徒的這種戲劇性轉變，只能來自與曾是犯法之徒為伍。這不可能是因為她有天早上醒來，突然想到這樣做是個好主意，就突然從虔誠的信徒一蹴而成黑幫老大的女人。這和好萊塢電影或百老匯舞臺劇中所描述的，說她是受夢境影響，相去甚遠。她必須看過，並且做出那樣的行為，這些均是經由她對克萊德的接納與承諾所致。她還必須要觀察行為的內容以及如何實行，才能使自我認同發生如此巨大的轉變，而這正是鏡像思考發揮功能之處。

邦妮和克萊德初識於青春期，這個人生的發展階段，嚴格來說，從十多歲延伸到二十多歲。這個人生階段是我們開始離開父母的安全網，準備成為獨立的年輕人，非常想要認識周遭世界。有趣的是，最近由加州大學（Universety of California）的洛克．韋爾伯恩（Locke Welborn）所領導的神經科學研究顯示，父母對青少年仍然有著很重要的影響，但是孩子鏡像映射的通常是父母的價值觀和道德感，而不是社會行為與日常舉止，在這些行為上，同儕則有著更大的影響力。就是在這個人生發展階段，被稱為「社會性大腦」（social brain）的那個部分，正經歷著重大的結構性發育。

研究人員，像是加州大學洛杉磯分校（UCLA）的副教授亞瑞安娜．加爾萬（Adriana Galván）說明，青少年如何「開始瞭解自己能透過政治運動、對所信奉理念的行動支持、或對有需要的朋友提供情感支持而改變現況的影響」。從進化的角度而言，這是因為青少年需要擴大他們的社會關係，成為獨立個體來繁衍後代與生存，讓自己能夠影響自己所屬的群體，並且成為社群中的積極成員。

北卡羅萊納大學心理學與神經科學的副教授伊娃．提勒（Eva Telzer）最近證明，大腦在這個年紀具有延展性。她還說明這種延展性具有人際導向的特點，因為這種對人際影響加強的敏感性，而使得來自同儕行為的線索，在影響他們自身行為上，有了無比的份量。邦妮一旦認定克萊德是她的良人，她和克萊德及他的同夥就形影不離。每一次她看見一個行為，她的大腦就會鏡像映射，將其烙印到神經網絡中，並重組神經聯結，讓她得以鏡像模仿在同儕團體中的所見所聞。這也使得那些走偏鋒和犯罪的行為，一天天看起來和感覺起來，愈發自然，愈發「正常」，甚至會讓她實行這些行為的能力有所精進。鏡像思考運作的方式讓她的大腦早在她採取任何行動之前，就演練過這些行為了。

神經科學愈來愈常被用來研究社會行為。神經學研究的優勢在於，我們不只是檢視個人的成果或行為，而且還可以檢視他們大腦在當下即時的反應方式。這些研究支持先前的研究，認為人類的大腦擁有一個獨特的面向——社會性大腦，專精於人際互動。

這涵蓋了允許我們彼此互動的一切大腦運作，從臉部表情、身體姿態、與目光視線的認知，到對其他精神狀態，譬如意圖與想望的評估。這讓我們能夠預測別人後續的舉動，瞭解別人的感受和行為，選擇我們的應對方式（這對瞭解人際互動極為重要），以維持與他人的良好關係，促進親社會行為。上述這些元素賦予我們進化上的優勢——我們是具社會屬性的物種，需要群聚才得以維生，所以我們大腦的聯結也有利於此。在現代化的世界中，這讓我們能夠在職場和在家庭中，成為對社會和社區有貢獻的一分子。

社會性大腦涵蓋了神經解剖學中的許多不同面向，因此很難界定其位置。但是如果我們只查看某個例子——檢視臉部表情，還是可能看出其所涉及的元素如何運作。從進化的角度來看，恐懼是保護人類安全極重要的機制。例如，如果有人看到敵人感到害怕，而部落中的其他人也會感到懼怕，即使非自己直擊。這種機制讓每個人在遭遇攻擊時會更加警惕、更快回應。

紐約大學心理學與神經科學教授伊莉莎白・費爾普斯（Elizabeth Phelps）發現，恐懼確實可以經由直接經驗感受，然而恐懼也可以藉由其他的人際方式，像是口頭警告，或只是經由觀察旁人而感到恐懼。費爾普斯的研究顯示，經由人際所習得的恐懼，像是看到別人恐懼而接收到的恐懼，與經由直接經驗（看見敵人或與敵人有所接觸）所獲得的恐懼，兩者具有相同的神經機制。兩者都在稱為杏仁核（amygdala）的大腦區塊中，誘發類似程度的腦神經活化，杏仁核負責處理這類情緒。因此，只看到受懼者而非恐懼源頭的人，也能反映出同樣的情緒。

我們從神經科學所獲取更為清晰的影像，尤其是攸關**社會性大腦**的部分，幫助我們瞭解在神經層面所發生的事情：大腦如何受到人際與社會脈絡的影響，在不同脈絡中，同儕、父母以及其他因素，可能對決策過程造成重大影響。例如，研究顯示，同儕的影響，與神經網絡中涉及思考自我與他人區塊中活躍的神經傳導活動有關，而其活動所涵蓋的皮質結構，則位於鏡像系統的範圍內。

由於大腦的可塑性，我們不難瞭解，在人生的這個階段所形成的印象，會開始塑造我們的認同，界定我們成年後的人際關係、我們在社會中所擔負的任務、以及奠基一生的熱愛與喜好。當我替人做諮商分析時，我們總是會從青春期的初期開始，然後依序談論他們的一生，一直談到他們的現況。人生的這個階段，特別重要的是在這個階段中的同儕，對我們成為何種人有多大的影響，令人玩味。例如，傑羅姆（Jerome），他是一位在巴黎長大的法國人。大半是因為受到父母鼓勵的影響，他一直認為自己想在汽車行業工作。傑羅姆自述，在他求學階段，他常常和「同志與時尚達人」成天膩在一起——那就是他當年的生活。畢業後他開始在一家以優良訓練和良好機會著稱的知名汽車企業工作，但不到一年他就離職了，開始為一家奢華時尚品牌工作。而今，他是一家聞名的百貨公司的採購主任，而且正如他一向所說的，他是和當年一起長大的那些「同志與時尚達人」的相同族群打交道。

如果你回想自己的青春期，如果你真正客觀地（用觀察型大腦）檢視，就會看到自己受到周遭的人所影響的模式。在青春期的期間，我們不喜歡認為自己受到別人的吸引，或隨從他人。我們認為自己愈來愈獨立，愈來愈自給自足，但這個年紀，我們受到同儕影響比任何其他人生時期都多。誰在你十幾歲的時候影響了你？他們如何影響你？這種影響至今仍然影響著你的生活嗎？

青少年通常更容易冒險，這也不令人意外。當青少年想盡辦法要讓同儕接納時，他們會為了融入而奉行一些相當冒進和危險的行為模式。邦妮和克萊德就是典型的例子。這是演化上的驅動力——對我們的祖先而言，在這個年紀，成為某個團體的一員，以增加生存的機會，是非常重要的——才能確保安全，繼續繁衍。這種歸屬感的需求經常會與炫耀的需求並存，以期被接納。例如，倫敦大學學院（University College London）認知神經科學教授莎拉-

珍・布拉克摩爾（Sarah-Jayne Blakemore）在二〇一八年所進行的研究，結果顯示，當有朋友觀看時，青少年在玩模擬駕駛的遊戲時，會出現更多冒險行為。神經影像學顯示，這是由於與獎賞相關的大腦區域——腹側紋狀體（ventral striatum）神經活動更為活躍，而這其實會「慫恿」鏡像模仿行為，即使具有風險。大腦的反應方式支持並獎勵風險更勝於獎勵安全至上，或是遵循對未來人生更具導引作用的道德準則與信念。大腦結構對「反應型大腦」較有回應，相較於和意義與目的相關的更大、更長期的獎勵，大腦會優先回應小而即時的獎勵。

克萊德如實模仿了他身邊人的行為。他的哥哥是被判刑的犯人，而克萊德也曾在監獄服刑，這一來，他的同儕就充斥著違法亂紀之徒。因此，無論他的行為看起來有多麼極端，那也只是鏡像模仿他的同儕。這種行逕因為他年紀輕而更為嚴重，再加上他為了討自己喜歡的女伴注意，也就更變本加厲。

澳洲心理學家理察・羅內（Richard Ronay）和威廉・馮・希伯（William Von Hippel）二〇一〇年在昆士蘭大學（University of Queensland）所做的研究顯示，這種現象所可能產生的效應。他們進行一項實驗，研究了男性在漂亮的年輕女性在場時的生理變化。他們安排在布里斯本（Brisbane）某個滑板園區這種不尋常的環境中觀察九十六位平均年齡二十二歲的男性滑板運動員。在這個實驗裡，心理學家請滑板者選擇一項容易的滑板技巧（一項他們多數時候都可以駕馭得當的技巧）和一項有難度的技巧（一項他們仍在學習，約有一半成功機率的技巧）。在男性研究員負責拍攝時，他們被告知，兩種技巧各做十次。在短暫休息後，他們被要求兩種技巧再各做十次。一些滑板運動員的第二輪由男研究員負責，而另一些滑板運動員則在一位漂亮的十八歲女性面前進行第二輪。

研究人員使用普遍認可的科學標準（臉部對稱、雙眼間的距離略小於臉寬的一半、眼與口之間的距離略大於臉長的三分之一），認定蘿希（Rosie）是漂亮的。蘿希完全不知道實驗的條件，也不知道她入選參與實驗，是因為她被視為非常漂亮。滑板運動員也證實了她的吸引力，許多人稱讚她的外貌，有些人甚至開口向她要電話號碼。最值得注意和最相關的發現則是，當蘿希在旁觀看時，滑板運動員在有難度的招式上冒著更大的風險。研究人員還發現，在蘿希面前滑滑板者的睪固酮（testosterone）濃度明顯高於在男性研究員面前滑滑板人的睪固酮濃度。藉著顯示來自反應型大腦（受行為更原始面向所驅使）的可觀測反應，這個實驗證明年輕的男生會冒著肢體受傷的風險，以獲取漂亮年輕女性的青睞。

相反地，二〇一〇年由布拉克摩爾進行的另一項研究顯示，男性的睪固酮濃度較低則與較高的同理心程度相關。這說明了，當年輕男生鏡像模仿同儕較具風險的行為時，鏡像系統（也應用在同理心）可能會被高濃度的睪固酮「隔絕」。因此，這些年輕男生就全神貫注於單一事件上，對事件本身便不會做更廣的考量，也不計算所涉及的風險。他們鏡像模仿行為，卻錯過當我們通常「觀察」周遭事物時會做的一般性細節修正。他們在社會情緒上其實是盲目的。

儘管青春期是體能最健康的發展時期，但是根據國家衛生統計中心（National Center for Health Statistics），在美國，從兒童期到青春期的疾病率和死亡率仍然增加了三倍，而其中每年有超過七成的青少年死亡是由於冒險行為，像是莽撞的駕駛行為。冒險是無可避免的，冒險也不全然是壞事。冒險還可以提升良好的神經系統發育，使青少年能夠成為獨立的成年人，建立自我認同。問題在於，如何使青少年從負面的冒險導向正向的冒險——攀岩、騎越野車和學武術等，這類活動帶有「安全」的冒險。競爭性質的運動，或是表演性質的活動也是上選，因為它們融入了失敗的可能性——失敗本身就是一種風險，然而這類活動卻能提供機會建立自尊、自信與成長的能力。

研究顯示，參與體育活動的少女比不參與體育活動少女的懷孕可能性少了一半。其他有益的活動還包括參與帶有社會或政治理想的活動，或競選校內、校外社團的領導職務。甚至連認識新朋友，也會因為害怕被拒絕以及害怕嘗試新事物，而帶有冒險的成分。但是，最重要的是，如果你周圍有十多歲年輕人，請注意自己的舉止，因為他們的鏡像思考已經成熟到足以接收你的所作所為。你的行徑中有什麼是你不希望他們鏡像模仿的嗎？

有大量研究指出，青少年選擇和他們相似的人做朋友，保持友誼關係；我們成年人也是如此，但影響卻沒有那麼大。邦妮和克萊德在背景、人生觀和個性方面，都有許多相似之處。他們受夠了生活，對自己的社會地位感到頹喪，並且渴望以犯罪這種乖謬方式所供養的虛榮生活。說起個人特質，他們兩人都精力充沛、任性固執、也應該是很外向的。傑夫·古恩（Jeff Guinn）在《共赴黃泉：邦妮和克萊德真實未被講述的故事》（*Go Down Together: The True, Untold Story of Bonnie and Clyde*）一書中形容克萊德是「一個擅長交際，容易結識朋友的男生」，而邦妮和克萊德都喜歡尋求刺激。這不但使他們彼此互相吸引，也使他們在模仿彼此的行為和信念時愈來愈像。

研究美國學校校園環境的研究顯示，這種現象可能導致同質性的問題，即使學校主張多元化。黑人學生與黑人學生做朋友，白人學生與白人學生交往，富人結交富人，弱勢與弱勢。這就是所謂的**同質性**（**homophily**）**原則**，該原則陳述，人們比較容易根據像是年齡、種族、性別、職業與收入等特質，和與他們相像的人建立友誼與社會關係，而族裔與種族則是其中最有力的因素。

《紐約時報》專欄作家大衛・布魯克斯（David Brooks）曾經撰寫過社區有著依據相似性和偏好而發展的強烈趨勢。布魯克斯以亞利桑那州（Arizona）和內華達州（Nevada）的新興郊區為例，這些郊區「剛開始融合得相當好。社區尚未有各自的風評，因此人們選擇住處乃出於其他原因（最主要是經濟因素）。然而這些地區隨著時間進程，發展出自己的特性（這裡是亞裔居住的地方，那裡是西班牙裔居住的地方），於是隔閡出現了。」[2] 世界各地的郊區與社區亦然。你可能在自己的周遭及自己居住的地方看見這種現象。附近鄰居和你相像嗎？整體的同質性導致更大的榜樣效應，當人們看到和自己相似的人，就更容易鏡像模仿他們的行為。

除了同質性原則外，我們知道，那些比較容易受到同儕影響的人，比較容易有吸毒和酗酒的問題，也比較可能結交從事冒險行為的朋友。二〇〇二年進行的一項研究對此有更好的說明。佛羅里達州立大學醫學院（Florida State university college of Medicine）的教授安東尼奧・泰拉恰諾（Antonio Terracciano）和心理學家保羅・寇斯塔（Paul Costa）檢查超過一千六百人的資料，發現一般而言，癮君子確實具有某些特定的人格特質。他們也發現，吸菸行為最初是經由鏡像模仿別人（通常是某位同儕）的行為開始的。他們找出的特質包括無法抑制渴想（表現出高度的衝動）、尋求外在刺激（俗稱追求高度刺激）、缺乏毅力（或是自律性較低）以及缺乏對自己行為後果的仔細考量（衝動的另一種指標）。

良善少年

同儕影響的研究大部分集中在鏡像模仿的負面層面，例如輟學、吸菸、吸毒、性濫交。然而，因為青少年所交往的人嚴重影響他們鏡像模仿的事物，所以這些人也能夠以更正向的方式產生影響力。例如，最近的研究發現，同儕也會提升青春期期間的親社會行為，而這是與因為看見或是學習他人的「正向」行為而去助人有關。荷蘭（Netherlands）萊頓大學（Leiden University）大腦與發展研究中心（Brain and Development Research Centre）資深博士後研究員喬芮安・范・霍恩（Jorien van Hoorn）在二〇一六年進行的一項研究顯示，十二歲至十六歲的青少年的親社會行為如果獲得同儕的認可，那麼他們會表現更為親社會。二〇一五年由匹茲堡大學（University of Pittsburgh）心理學助理教授索菲亞・裘卡斯－布萊德利（Sophia Choukas-Bradley）及同事在進行的另一項研究發現，十二到十五歲的年輕人更可能當志工或幫助社區中人，如果他們認為其他同學也從事同樣的事。

鏡像思考的這種功能被稱為「模仿型利他主義」（imitative altruism），顯示鏡像系統對正向行為的反應與對較危險行為的反應方式是一樣的。其效力驚人，甚至可以限縮像是危險駕駛等行為的影響。例如，一位研究社會與文化歷程如何塑造青少年大腦發展的心理學暨神經科學家提勒爾（Telzer）發現，當年輕人開車時有「小心謹慎的同儕」在場，他們比較少冒險，也比較安全駕駛。[3] 和能夠做為正面楷模的同儕接觸，甚至對認真上學也可以得到更有利的影響，增加出席率，提高課業成績。

社會「規範」

身為成年人，這些鏡像行為也逐漸在我們身上累積，或許冒險行為除外（那是受到年齡與荷爾蒙影響），而我們先前對邦妮和克萊德的一切討論，也適用於你。

在成年期，我們每一個人仍然受到社會性大腦的影響，我們也受到與我們相似之人的吸引。與常理相左的是，其不同之處在於，成年後我們的大腦愉快地鏡像模仿他人而我們卻不自覺。雖然說這是青少年所為似乎更合理些，因為他們會做出許多經常出人意料的極端行為，但實際上，青少年在拿同儕做比較以調控自己的態度方面，比成年人更加主動，更有自覺。即使身為成年人，融入社交環境以求生活順遂，還是很重要的，無論是在工作中、鄰里間、還是在朋友圈中。

在青少年時期，我們常常注意自己的鏡像模仿行為，因為我們所模仿的是新奇且善變的事物。成年後，我們並不在意，有點像是沒有注意到歲月流逝。事情改變了，我們也隨之改變了。例如，你現在還是穿著和青少年期一樣的牛仔褲樣式，還是你的穿著多年來也隨著時間而改變呢？如果你現在不穿相同的服飾，你是不是有意識地改變自己的選擇呢？我們的鏡像系統經常在不自覺的情況下，調整我們的態度和行為。遵從同儕，和同儕保持一致的需求，意味著我們行為中的枝微末節與態度，時常受到周遭人士的影響。我們討論過的影響青少年的機制也影響著你，輕聲敦促，以至你根本沒有意識到。有點像是水龍頭的水滴入有塞子的水槽裡：每一小滴水看起來似乎微不足道，但終究會注滿水槽，然後滿溢而出。

我們似乎是有些自大，認為成年後我們就不會受到周遭人的影響，然而事實上，在不自覺的情形下，事態甚至更加嚴重。職業自行車選手泰勒・漢密爾頓（Taylor Hamilton）對這些人際互動在經年累月之下如何影響一個人，累積了特別犀利的洞察。在他所著的《祕密競賽：環法自行車賽不為人知的世界》（*The Secret Race: Inside the Hidden World of The Tour de France*）一書中，他證實了車隊內部異常緊密的人際關係，他說：「世界上再沒有像自行車賽事車隊的那種友誼。其他運動隊伍喜歡自詡為『家庭』。在自行車賽事中，這種說法貼近於真實。」

漢密爾頓在麻州（Massachusetts）的一個小鎮，度過了一個平凡而穩定的童年。他描述自己的成長過程為，父母沒有過多要求，除了「永遠誠實，毫無例外」。他的雙親灌輸他們，誠實是生活的核心價值，而正直的道德觀，則深植於他們家中的每個決定。

在自行車運動中要擠進強林之列之困難，眾所周知。他們有一項不公開的祕密協定，稱為緘默法則（omertà）——這個名詞源自黑手黨文化——這個法則強制菁英圈內的人，對任何圈外人保密的潛規則。簡單來說，自行車運動的高層是個封閉的小圈圈，只有特定人士才能加入，而且他們有著不成文的規定，只有圈內人才能瞭解這些不成文的規矩。打從漢密爾頓決定成為職業自行車選手後，他花了很多年的時間，才打入這個圈子——從此他開始見識到這項運動頗為陰暗的一面。

現在體育界使用禁藥的問題，經常出現在新聞頭條，但是在一九九〇年代，這個問題的真相往往被掩蓋掉。有鑑於他嚴謹的教養，漢密爾頓對他的隊友們濫用禁藥感到震驚。他立志抗拒必須服用禁藥以求贏得勝利的壓力。問題是假裝視而不見使他實際上被排擠在自行車高手的祕密圈子之外。他確實和這種壓力對抗了三年的時間，直到有一天他終於接受醫生給他禁藥的「幫助」。漢密爾頓把這個時刻形容為「我也步上了前人的後塵，我也入夥了。」

歷經幾年的時間，以及數次禁藥測試陽性的結果，在二〇一〇年，他被勒令到洛杉磯法院出庭，為調查藍斯．阿姆斯壯（Lance Armstrong）服用禁藥案提供證詞。直到那時，他才終於向陪審團承認，他曾經服用提升體能的禁藥。這個一向誠實的男孩淪為隨俗從眾的犧牲品。他為自己的行為感到無比羞愧，直到隔年，漢密爾頓才把真相向自己的家人坦白。這不是像邦妮和克萊德那種急躁莽撞，一心渴望逃離某種生活方式的青少年。這是一個讓鏡像系統自行運作不受把持，以至於對自己行為的道德意涵視而不見的成年人。

斯克蘭頓大學（University of Scranton）的潔西卡・諾蘭（Jessica Nolan）博士及其同僚所做的研究顯示，社會規範多半和我們同儕的行為習習相關，而社會規範對我們的態度和行為，能夠產生驚人的影響，然而我們通常對同儕偌大的影響力沒有感覺。另外還有許多駭人聽聞和令人震驚的例子，像是大屠殺、幫派組織和恐怖主義。就心理學而言，幾乎所有人都會調整自己的行為，以融入周遭，但這不一定要用負面的方式，也不一定要走偏鋒。但是，人們通常不會公然藐視某個團體的規則。一個惹麻煩的人，或是令人不悅的人，通常會很快地被排除在團體之外。這種基本的從眾原則，甚至適用於那些自以為極具個人主義色彩，或是不願媚眾隨俗的人。心理學家發現，那些所謂的不從眾者的行為本身就是一種集體行為：當我們抗議、反抗主流派時，我們的作為幾乎總是為了讓自己與另一個團體一致。我們每天都可以在周遭看見這樣的例子，從全身刺青做「自己」的人，到人們的穿著，與所選擇的髮型。我們經常會接受自以為被摒棄的社會規範，鏡像模仿甚至連自己都不相信會對我們造成影響的行為和態度。能停止這種現象的唯一方法就是，停下來，舉目向天，檢視周遭，對周遭的世界保持刻意的好奇，有意識性的好奇，並且「確定」自己是否做出自主的決定。

論及社會從眾（social conformity），神經科學使我們能夠在生物學的層面上來理解所發生的事情——就是我們如何鏡像映射周遭的人，以及在邦妮和克萊德的案例中，他們是如何被所認識的罪犯所影響。巴塞爾大學（University of Basel）經濟心理學的一位研究員暨講師瓦西里．克魯沙列夫（Vasily Klucharev）於二〇〇九年進行了一項引人深思的研究，他請受試者評量不同臉孔的吸引力。完成評量之後，受試者馬上被告知其餘受試者給每張臉孔的平均分數，然後請他們再次對相同的臉孔評分。第二輪評分的結果出現了大幅改變，大多數人會修改自己的看法，以符合該組受試者的平均評分。儘管每個人修改的幅度不一，然而所有的受試者或多或少都有所修正。發人深省的是，克魯沙列夫的研究顯示，當受試者意識到自己的評分與同組其他成員之間有所不同時，他們大腦中的「錯誤訊號」就會被啟動。[4] 這個訊號警示我們與群組的反應有異，我們沒有鏡像模仿周遭人的行為，提醒我們，這是「錯誤的」，我們需要修正自己的行為，以避免這個「錯誤」，與他人保持一致性。

相反地，研究也顯示，當我們與他人有共識時，大腦中的報償迴路（reward circuits）就會被啟動。丹麥（Denmark）奧胡斯大學（Aarhus University）神經科學教授丹尼爾．坎貝爾－麥可約翰（Daniel Campbell-Meiklejohn）於二〇一〇年與倫敦大學學院心理學教授克里斯．里斯（Chris Frith）合作，利用音樂品味來研究鏡像模仿周圍的人時的酬償。他們發現人們在一個團體中，會下意識地重新修正自己的音樂喜好，或是調整對特定歌曲的評價，以和別人相仿。

當他們轉移自己的喜好，與周圍的人相符，以便更貼近鏡像模仿身旁的人時，大腦中的多巴胺（dopamine）通路便被啟動。[5] 所以，我們的大腦機制確保與他人保持和諧，並鏡像模仿他人，會讓我們感覺良好，即使這和我們自己的價值觀衝突。

這點在邦妮和克萊德的故事中多有闡述。例如，克萊德在監獄服刑期滿後，本來打算「改邪歸正」，並且很努力工作謀生，但是當一位獄友來找他幹一票時，他很快就回歸到職業歹徒的身分，搶劫某家銀行。要壓制這種大腦操作，觀察型大腦需要付出相當可觀的努力才能辦到。科學顯示，比起實驗中的其他受試者，當考慮到自己的同儕與要好的朋友時，這種影響還更為顯著。

在各種不同類型的企業工作時，我看到成年人不經意地在各個方面相互鏡像模仿，我看到了在不同場合中的鮮明對比。這些人並沒有清楚意識到自己其實有特定的穿著，選擇到特定的餐館午餐，聽從別人的建議到特定地方買咖啡，甚至說起只有他們所工作的公司特有的語言。這是由於人們為了符合自己同儕的期望。這是鏡像系統的運作，幫助他們在幾乎毫無察覺的情況下，融入周遭的環境。這讓我們感覺被接納，感覺有歸屬感，而這是人類的基本需求。

雖然在職場有歸屬感是正向的，但是和周遭的人相像的需求也會帶來一些問題。例如，「以自己的形象進用僱員」，是各個工作場合中常見的問題，並且似乎經常令人犯錯。即使是資深領導者，也需要提醒他們，他們總是會有被稱為親近偏誤（affinity bias）的傾向，無意間偏好與他們具有相似態度、理念、價值觀、以及能力的人。這並非刻意的；這在所有人的潛意識層面都會發生。然而，更普及的多元化對於最佳表現是十分重要的。全球性的顧問公司麥肯錫（Mckinsey）所做的研究顯示，多元化的企業比非多元化的企業能達成35％更佳的績效。即使是對這些現象有深刻理解的商業心理學家也認為，有必要在進行任何候選人評估之前提醒自己。我個人要小心的地方是，對滑雪和滑雪板有相同熱情的人；如果出現這種情況，我必須刻意，有所自覺地檢視自己，以免左右我的決策。

密友的借鏡

肥胖症的研究清楚說明了親密朋友與同儕對我們行為的影響。這證實了或許是日常生活中最叫人詫異的一則例子，指出同儕對我們的影響何其大，以及我們在不經意間鏡像模仿那些我們所關心的人到何等程度。肥胖症蔓延的方式被形容為「就像病毒一般」[6]，這的確反映出鏡像系統每天如何在我們毫不自覺的情況下運作。由哈佛醫學院（Harvard Medical School）的社會學家暨醫師尼可拉斯．克里斯塔吉斯（Nicholas Christakis）博士領導的這項研究，歷時三十二年（從一九七一年到二〇〇三年）。研究小組對 12,067 人的社交網絡進行詳細的分析，繪製出他們彼此之間的朋友關係、手足關係、婚姻關係、甚至鄰里關係的地圖。令人不敢置信的是，他們發現當朋友（亦即同儕）有肥胖症時，人們也最容易變成肥胖的機率增加了57％。一對親密的朋友，如果其中一人肥胖，那麼另一人肥胖的機會則增加171％，而這受到社交距離或是親密關係的影響，更勝於地理上的距離。[7] 換言之，如果是親密的朋友，即使不住在同一個地區，他們也會對彼此的行為和態度擁有強大的影響力。克里斯塔吉斯說：「透過觀察自己周圍的人，你會改變自己對何為可接受身材的想法。」不難看出，這會如何延伸到穿著打扮、購物商店、室內裝潢、以至買什麼車、到哪裡度假等，一大堆其他的行為上。這些都會受到同儕影響。其他具感染力的行為，透過鏡像系統不自覺散播的，還包括外遇、自殺、暴食症、憂鬱症、焦慮、以及高風險的財務決策。

好消息是，這種感染力也適用在正向行為，而影響成年人的方式和青少年的方式並無二致。例如，知道別人的親社會行為與增加對慈善機構的捐款，以及在比賽時提升公平性有關。如果你記得最近巴黎聖母院（Notre-Dame cathedral）所發生的大火，古馳（Gucci）和聖羅蘭（Yves Saint Laurent, YSL）的老闆，億萬富翁法蘭索瓦－亨利．皮諾（Francois-Henri Pinault）承諾捐贈一億歐元（8,600萬英鎊）。很快跟進的是一筆由路易威登（Louis Vuitton, LV）的阿爾諾（Arnault）家族所捐贈的兩億歐元（1.72億英鎊）捐款，然後是萊雅（L'oreal）的東家貝登古．

梅爾斯（Bettencourt Meyers）家族的兩億歐元（1.75 億英鎊）捐款，以及來自全球各地百萬富翁們更多的捐款。這些人鏡像模仿了他們同儕的行為。

我看到這種正向的同儕影響，如何能夠在企業環境中產生不可思議的強大影響。正如強・卡森巴哈（Jon R. Katzenbach）和齊亞・康恩（Zia khan）在為《哈佛商業評論》（*Harvard Business Review*）所寫的一篇文章所述：「大型機構中的同儕在傳播行為，改變整個企業，是無價的……每當有為數眾多的同儕進行正式或非正式的互動時，他們就成為一股不可忽視的力量。當他們彼此能互相尊重，他們會以提供意見、打造韌性、或是製造能量的方式互相傾聽、互相學習、默默支持對方。」[8] 企業總是不斷地經歷變革，尋求能獲得員工認同的方法，好能「帶著他們一起打拼」。讓員工參與改變，是我所共事的領導者念茲在茲的考量。那些深諳此道的人，除了溝通之外，還會借力於一種置入性機制，這種機制藉由鏡像系統來運作。

我的一位客戶藉由簡單的價值觀大使（values ambassadors）機制，非常有效地運用這個方法。他們從全體員工中挑選熱心積極且具影響力的人，舉辦研習會來幫助他們學習公司的價值，而且幫助他們真正去理解，為什麼他們不僅對企業的整體成就舉足輕重，而且對其他個別員工而言也很重要。他們舉辦數次為期一天的研習會，在研習會中，大家聚集在一起，進行練習，聽演講，並且參與有關價值觀的重要性，有關他們個人的重要性，以及他們可以如何幫助從事他們自己特定業務領域的討論。這不僅對這一群價值觀大使在聚會時的正面影響力有所裨益，影響彼此來實踐這些價值觀，而且也在整體員工當中，培植了強有力的意見領袖，以在企業的裡裡外外，傳達他們行為的訊息。

然而這對你有何意義呢？簡單來說，這攸關你把注意力的焦點放在什麼事物上，以及你在有意識與無意識下所做的決定。無論你是否意識到，都會受到許多同儕影響，正面與負面皆然。你可能會看到某人做出你覺得不對的事情，例如，某人對侍者粗魯無禮，而你深藏於潛意識中的價值觀會告訴你，這是不對的。即使你的鏡像系統映照出這種行為，但你不會模仿。但是，如果你一再重複看見這種行為，到了某個時間點，這種行為會被正常化，你的大腦不會再提出警訊，告訴你這是錯誤的，然後你可能就會有鏡像模仿同樣行為的風險。正如我們透過種種前例所看見，這可能會產生災難性的後果。

但是，也有人的故事是，儘管他們目睹了不當行徑，他們會直言不諱。有太多例子是吹哨者挺身而出，拒絕同流合汙。例如，西貝爾．艾德蒙（Sibel Edmonds），她在911襲擊事件發生後不久，被美國聯邦調查局（FBI）聘為翻譯。艾德蒙舉發被掩蓋的國家安全問題、政治間諜活動與失職行為，卻因而被聯邦調查局開除。除她以外，也有許多人明白這些問題，卻選擇置之不理。她隻身對抗同僚的那種信念與行為，需要她不懈與刻意的努力。在日常生活中，知道鏡像映射在自己腦中的事物與人物，而且不斷對此再三衡量，可能會感覺負荷過大。這有點像是在進行節食時，嘗試去抗拒大腦誘惑我們的取向。避免這種問題的簡單方法就是，要慎選身邊朝夕相處的人，那些能夠影響你的人，一定要是和你人生方向一致的人，無庸置疑。就是這麼簡單。

如果你想要吃得健康，就和健康飲食的朋友在一起；如果你想成為一名成功的商業領袖，就和已經成功達成的朋友相處。證據顯示，如果你有一位成功企業家的同儕，那麼你就更有可能成為一名成功的企業家。就以企業家史蒂芬・賈伯斯（Steve Jobs）和史蒂夫・沃茲尼克（Steve Wozniak）為例，或是發明家如亨利・福特（Henry Ford）和湯馬斯・愛迪生（Thomas Edison）。實際上，友誼對彼此的影響在歷史書裡比比皆是。其他的例子還包括約翰・亞當斯（John Adams）和湯馬斯・傑弗遜（Thomas Jefferson），他們的政治觀點分歧，但做為美國總統卻以彼此為師；沃夫岡・阿瑪迪斯・莫扎特（Wolfgang Amadeus Mozart）和約瑟夫・海頓（Joseph Haydn）彼此互相賞識；艾拉・費茲潔拉（Ella Fitzgerald）和瑪麗蓮・夢露（Marilyn Monroe），費茲潔拉將自己能成名歸功於夢露；維吉尼亞・伍爾芙（Virginia Woolf）和凱瑟琳・曼斯菲爾德（Katherine Mansfield），她們花很多時間一起討論寫作，彼此砥礪，寫出自己最棒的作品。這些人在各自的領域中互相激勵，而主動選擇自己相處的對象，相濡以沫的人也會對你產生相同的效應。

但是，你不要突然和那些舉止與你志向不合的朋友斷交。例如，如果你不想變胖，你也不要突然就和體重增加的朋友失聯，又或者再也不和有外遇的朋友見面，因為這違反了你的價值觀。但是，你可以察覺他們的行為，選擇自己是否要倣效他們，自己從中所受的影響為何，自己要刻意避免的又為何。

鏡像系統對青少年與日後成年期的身分認同與志向形成，有著巨大的影響。任何有知識的人都知道父母、祖父母、或是叔叔，阿姨，之於青少年和年輕人的影響，走偏的話，後果堪慮。其所影響的不只限於他們的為人，還會擴及到像是參與犯罪和吸毒等因素，甚至是影響到與健康相關的行為，像是傳染性病或是肥胖症。本書後半會檢視諸如 Instagram 之類的社交媒體平臺對同儕的示範效應，令人憂慮的影響，以及這類的科技實際上如何佔用鏡像系統，阻礙腦部的最佳發展。

但是，事情也不全然如此糟糕。當我們瞭解同儕影響力更正向的面向是如何運作的，並且讓青少年能運用對鏡像系統的理解，讓成年人也能理解鏡像系統，我們就有能力在社會內部做出巨大的改變。例如，讓同儕有正向影響可以鼓勵就學、影響學業成績、並有助反霸凌運動。[9] 對成年人可以透過瞭解鏡像系統來促進其他親社會行為，像是對抗肥胖症、增強氣候變化倡議、和鼓勵企業內部的正向改革。

就個人層面而言，瞭解鏡像系統在同儕間如何運作，可以讓自己更加注意自己鏡像模仿的事物與鏡像模仿的人物。僅僅經由注意自己所觀察的事物，自己可接受與不想接受的事物，就能讓你的日常生活大有不同，驅動你邁向你所渴望的人生。

第二部

鏡像的教導

第四章 設身處地

二〇一五年九月二日，有一個故事在歐洲各地成千上萬人的心中引起騷動。好幾個月以來，新聞裡充斥著敘利亞（Syria）難民危機的故事，但是我們每個人都過著忙碌的生活，所以那不過是沒有受到太多重視的新聞。但是那天早上，在土耳其（Turkey）的海灘上，那個沒有生命氣息，小小身軀的影像，他的面容向下，手心和那雙小鞋的鞋底朝向天際，穿透了遺忘的表象。在短短的十二個小時裡，這個影像出現在兩千萬個螢幕前。

另一個影像出現的是，一個心情沉重的警察，把小孩的軀體抱到海灘上，他抱孩子的樣子，看起來彷彿孩子還活著。

三歲的艾蘭・庫爾迪（Alan Kurdi）在試圖穿越愛琴海[1]（Aegean Sea）時和他五歲的哥哥加利布（Ghalib）以及母親蕾哈娜（Rehenna）溺斃了；只有他們的父親阿卜杜拉（Abdullah）倖存。阿卜杜拉形容這艘單薄的小船在風浪中載沉載浮時的混亂場面：「我抓著我妻子的手。但是我的孩子們從我手邊滑落。那時一片漆黑，每個人都在尖聲嘶喊。我試著要抓住我的妻兒，但毫無希望。他們接連死去。」[2]

一個小男孩的故事讓這場危機成為關注的焦點。親眼目睹一位小男孩和一名哀傷的丈夫與父親，讓人與人的聯結更能發自內心。在「眾人」的苦難成為模糊的數據與新聞報導時，我們卻能夠理解某一個人的痛苦。眾人逃離敘利亞內戰的危機突然能夠被理解了。這個小男孩的影像在社交媒體上快速傳播，被標註為 #KiyiyaVuranInsanlik「人命沖上岸」。[3] 援助難民的慈善機構看見大眾用捐款做出熱烈的回應。例如，在庫爾迪去世後的那個禮拜，瑞典紅十字會的捐款就增加了55倍。[4]

也許在這個事件以前，敘利亞難民危機實在是不夠具體，叫人無法理解，所以事不關己。但是，一名死去的小孩子則不然。也許大多數生活在安全國度的歐洲人士，完全無法想像這些難民所面臨的恐懼；又或者在這個時間點以前，他們是「外團體」（out-group），是和「我們」不一樣的人，而這會限縮我們的同理心關懷。

瑞士心理學家暨神經科學家古如特·海恩（Grit Hein）二〇一〇年在符茲堡大學（University of Würzburg）進行的一項研究，所檢視的正是這種情境，她探討內團體（in-group）和外團體互動時所涉及的神經生物學上的機制。她研究足球迷，目的是要觀察內團體和外團體成員的認同，如何影響他們幫助受苦的人的意願。內團體的成員是支持自己最喜歡球隊的球迷，而外團體成員則是支持對手球隊的球迷。

在觀看自己球隊的球迷以及對手球隊的球迷接受了很痛的電擊後，研究者掃描了受試者的大腦。他們可以選擇以下三種選項之一：

1. 藉由自己承擔一半的痛苦，來幫助自己球隊的粉絲，或是對手球隊的粉絲。這樣可以減輕其他人一半的受苦程度。
2. 不提供援助，而是當自己球隊的球迷或對手的球迷經歷痛苦時，選擇看一段足球賽的影片。觀看影片能讓人分散注意力，避免看見別人受苦。
3. 不幫助別人，而是看著別人受苦。

海恩和她的同僚們假定，**同理心的關懷**會促使受試者幫助受苦的人，而事實也的確如此。他們還預測，比起外團體的成員，人們更可能對內團體的成員發揮同情心而採取行動，這點也獲得證實。受試者比較不可能幫助減輕對手球隊球迷的痛苦。值得注意的是，從研究腦中的神經系統活化模式，他們發現人們不但對敵對粉絲存有較低的同理心，甚至當看見他們受苦還會活化大腦的酬償中心（reward centres）。令人擔憂的是，人們會從不和自己同屬一個團體的不幸中獲得快樂。

我們已經進化到偏好內團體勝於外團體。這種現象的驅動力很單純：不歸屬於某團體的一員會給我們帶來心理壓力。就這層意義來說，我們與其他動物十分相像。每個人的社交能力可能會有差異，但我們天生就是社會性動物，我們渴望被別人接受。研究指出，人們總是喜歡和自己同個團體的其他成員，更勝於團體以外的人。如果有人表現出特殊的人格特質——例如嘲諷式的幽默感或是怪異的穿著品味——如果他們是屬於我們團體的一員，那我們會下意識地接受他們；但是如果那個人不屬於我們的團體，那我們通常會把同樣的傾向視為缺點。

海恩說：「同理心不足會增加衝突與人類的痛苦。因此，瞭解如何學習同理心，以及這種學習經驗如何塑造人類大腦中與同理心相關的運作是很重要的。」[5] 這讓她做了更進一步的研究，探索我們是否能夠學習對外團體成員具有同理心。為了研究學習與同理心之間的交互作用，海恩和她的團隊在研究所在地瑞士使用了所謂的「瑞士生態合法的族群衝突」（an ecologically valid intergroup conflict in Switzerland）。瑞士的受試者和瑞士裔的人（內團體成員）或是巴爾幹半島裔（Balkan）的人（外團體成員）配對，而巴爾幹半島裔的人經常會遭受瑞士人的歧視。海恩和她的同僚使用了類似以疼痛為基礎的實驗，結果顯示，和外團體人員的正向經驗，會讓神經系統的反應產生變化，能提升同理心。其他研究也顯示，當我們累積了更多關於別人的瞭解，同理心反應會隨之提升。

同理心這種現象，深植於親社會和社會行為中。這是我們不經意間對待其他「內團體」成員的心態；而相反地，善用同理心可以幫助我們克服視某人為「非我族類」的傾向。「同理心」（empathy）一詞是由德國哲學家魯道夫・陸宰（Rudolf Lotze）在一八五八年所創，是希臘字「同情」（empatheia）一詞的翻譯。這個詞背後的意涵是：感受其他事物，或是將自己投射到其他事物的能力。這代表藉著想像自己在某個特定人選的處境下，來瞭解那個人的經歷。

全球的統計數據顯示，同理心的程度有下降趨勢：例如二〇一八年發表的輿觀（YouGov）調查顯示，有51％的英國人認為，自從英國脫歐啟動以來，同理心已經下滑了。[6]加拿大裔的社會心理學家暨印第安那大學（University of Indiana）跨領域同理心與利他主義研究計劃（Interdisciplinary Program on Empathy and Altruism Research）主任莎拉・康瑞斯（Sara Konrath）於二〇一〇年進行了一項研究，她發現特別是年輕的一代，較不具有同理心。[7]康瑞斯帶領的另一項研究顯示，從一九七九年到二〇〇九年之間，同理心下降了48％。有鑑於同理心的重要性，從維護和平的國際關係，到個人的生活經驗與人際關係，這是我們所有人都應該十分關切的事情。同理心有助彼此瞭解，允許我們建立關係，建立互信。我們運用同理心來快速察覺弱點，回應不同的需求，從而瞭解如何給予他人希望。這對任何從事助人專業的人而言都很重要，特別是快速判讀狀況的能力，因為其他要素——建立關係的時間——通常闕如。

論及研究實際環境中的同理心時，特別受到關注的一個領域是醫療界。如果我們照顧得宜，當護士和醫生告訴我們一切都會沒事的，就能給予我們無比的希望，還能激勵我們盡快康復；但同樣地，他們也可以因為一個有欠考慮的評論，或是不恰當的建議，而馬上讓我們心情低落。他們會讓我們自我懷疑：「也許我真的沒有那麼痛，或許我根本沒有病？」即使我們已經痛苦好多天了；「也許我兒子的病沒有那麼嚴重？」儘管身為父母，在孩子不對勁時，我們會知道。透過言語以及非言語的溝通，醫護人員能對病患產生絕大的影響而不自覺。這些人際互動是分界點，由此可能會產生非常正向或是非常負面的影響，影響我們往後數天、數週、或數年的生活。例如，平均而言，護士每年會和一千名病患互動，也就是說，或好或壞，會有一千人的生活受到影響，一千個大腦受到這些經驗的塑造。

想像自己是名外國遊客。你的肚子已經痛了好幾天，你試著服用一般的止痛藥，但是由於腹痛已經拖了很長的時間，所以你開始覺得很擔心。這也讓你很虛弱，所以無法在假期中去任何地方、做任何事情。你去了當地的藥房。但你不會說當地的語言，所以你在手機下載了翻譯的應用軟體，並且帶了一本小巧的語言書。當你和藥劑師面對面時，儘管你盡全力解釋，也無法讓他瞭解你的狀況。你痛得幾乎無法集中精神，更別提要設法用別種語言來解釋自己的病況。離開時，你感到生氣與無助。你回到度假小屋後，痛到昏過去了，而你的旅伴在海灘消磨了一天，回來時發現你倒在地板上。當你在醫院醒來時，大家用你不懂的語言，說著你聽不懂的話。你不知道自己出了什麼差錯，也不知道如何開口問。你只想回家，但是你甚至不知道自己是否可以回家，或是自己什麼時候可以回家。

躺在醫院的病床上，經過折磨人的等待之後，一位護士走過來，拉起你的手，看著你的眼睛，溫柔微笑。那是一個溫暖、關心、體貼的微笑。她的眼光不曾轉開，而是用一種讓人放心的專注眼神看著你。她不會說英語，你也仍然不知道自己出了什麼問題，但是你覺得自己可以從屏息等待中稍微鬆口氣。你的身體也放鬆了一些。你們仍然有溝通障礙，仍然有文化障礙，儘管不明白為什麼，但是你信任她，並且感到多了一絲希望。這和你之前遇到的人有什麼差別呢？除了那些顯而易見的理由——被理解、受重視——這個經驗的本質是什麼？我們如何能夠幫助每個人都擁有這種本質？還有，這一切又和鏡像思考有什麼關係呢？

其不同之處就在於同理心。護士經由注視你的眼睛、觀察你的反應，來解讀你的情緒，而你細微的動作說明了你的感受。然後，當她握著你的手時，她會藉著觀察你的反應，做出恰當的回應。我們都有過正面和負面的經驗，我們都知道那些個別的感受是怎麼一回事。然而，同理心的問題在於，它很難描述，很難加以定義。如果那對你不是一件自然而然的事情，有時甚至很難解釋如何產生同理心。同理心雖然是正向的，但也可能發生偏差，給顯現同理心的人造成過勞與麻煩。對於許多從事「照護」行業，像是社會服務、緊急服務和醫療保健的人來說，就是這種狀況。如果展現同理心的人沒有用「對」的方式，即使是出於善意，也可能引發負面效應。

鏡像神經元與同理心之間的關聯，最初是在科學家探索猴子間的「親和式溝通手勢」（affiliative communication gesture）——能夠增進兩個動物或兩個人之間親密程度的非語言行為——時確立的。在人類，這些情感連結的動作可能會以擁抱或親吻的形式呈現，而只有在友好或親密的情況下，才會做出這類舉動，強化人與人之間的情感連結。研究人員發現，如果猴子觀看在猴子之間，以及在人與人之間，純屬社交性質的手勢和動作，牠們的鏡像神經元就會被啟動。當研究人員站在猴子面前咂嘴或是嘟嘴（對猴子而言，兩者都是友善的社交動作），猴子腦中相對應的鏡像神經元會被激發。[8] 猴子會看見並感受到研究人員的舉動，即使它們自己本身並沒有採取實際的行動。神經科學家認為，人類大腦中相同的機制，能讓我們感受到其他人的感受，打造人類真正獨特特徵的基礎——與他人有深刻情感連結的能力。如果有人在哭泣，即使我們自己沒有哭，我們也會感覺不舒服，或是感覺悲傷。如果有人在笑，那可能會讓我們也跟著笑，或是感覺更加快樂。

一九九九年，由多倫多大學（University of Toronto）神經外科教授威廉・哈金森（William Hutchison）博士所領導的一項研究，提供了一次獨特的機會，將微電極植入人類的大腦。哈金森那時正在對重度強迫症（obsessive-compulsive disorder, OCD）患者進行外科手術。其中有九名患者同意，在手術進行中接受單一神經元分析程序，結果顯示出有趣又令人興奮的成果。

在這項實驗中，哈金森對受苦之人在檢視大腦時的反應特別感興趣。[9] 疼痛是一項值得注意的演化工具，公開表現痛苦時，會激發別人提供協助的行為。幾千年以來都是這樣，當有人受傷了，全部的人會停下手邊的事情來提供幫助，大大提高了他們生存的機會。到今天，情況還是一樣——如果我們看見一個遭受困難的人，我們通常會看看是否有任何可以提供協助之處。在這些實驗中，研究人員發現，當有人接受了有痛感的刺激，或是當他們觀察到甚至是預期到，別人也受到同樣的痛感刺激時，腦部稱為前扣帶迴皮質（anterior cingulate cortex, ACC）的區塊，會對這兩種現象都有所反應。換句話說，即使我們並沒有真正親身感受到別人的痛苦，我們也會映射出那種反應，這能夠讓我們瞭解他們的痛苦。[10]

二〇一〇年，加州大學洛杉磯分校的伊扎克．弗里德（Itzhak Fried）教授進行了另一項研究，這個研究利用了一些極罕見的狀況。在這個實驗中，21位接受癲癇手術的患者，為了辨識手術的癲癇精確位置，而植入了顱內深度電極（intracranial depth electrodes），但這也提供了研究其他大腦系統的機會，特別是那些和鏡像神經元以及同理心有關的系統。為了探究這點，神經科學家請病患做出兩種臉部表情——微笑以及皺眉頭——然後觀察其他人臉上的相同表情。他們的發現和先前研究結果相似：當患者自己做出這些表情時，與當他們在其他人臉上觀察到這些表情時，相同的鏡像神經元會被激發。唯一的差別在於，觀察者腦部的激發速率較低，而這對所有鏡像行為來說很尋常。這對科學家來說，是一個重大的突破，顯示鏡像神經元不只負責模仿動作，而且還負責反映情緒。當別人有所感受時，我們也有所感受。[11][12]

處方籤上的同理心

同理心是所有醫療專業人員的基本要件，這應該是常識。的確，不只是像我這類瞭解社會情緒技能重要性的心理學家，同理心在許多不同的文化中，都被認為是醫療保健的重要構成要件。事實上，醫學專業人員本身就將同理心視為中心課題：美國內科醫學委員會（American Board of Internal Medicine）建議「人道價值以及同理心做為學士後醫學教育中一項必要的教育活動，應予以培養並評量。」[13] 英國醫學總會（General Medical Council）指出，為了提升醫學教育與培訓標準的卓越性，「組織必須顯示一種支持……敏感度與同理心的學習環境及文化。」[14] 同理心的溝通技巧關乎病患的正向滿意度、診斷準確性的提升，對病患遵守醫療計劃的程度也產生正面的影響[15]，並且更廣泛支持病患的復元過程。

同理心也被發現可以帶來正面的效應，像是改善生活品質、減輕情緒困擾、減輕焦慮與憂鬱。甚至生理效應也與醫護人員展現同理心有關，這包括降低高血壓和降低血糖濃度。[16]

學者證實，經由具同理心的醫生的溝通方式被診斷出為「一般感冒」的患者，顯現較輕微的症狀，甚至他們的免疫系統也會有正向的改變。[17]

令人難過的是，儘管同理心被視為醫療專業的重要元素，但這類被教導、鼓勵、肯定或獎勵的事情，並沒有被遵行。而其結果就是，我們每個人所遇到各式各樣的經驗都是最直接的證據。為什麼會這樣呢？位於賓州的湯馬斯傑弗遜大學（Thomas Jefferson University）精神病學與人類行為系（psychiatry and human behaviour）的研究教授默罕默德德瑞薩・侯亞特（Mohammadreza Hojat）博士，他所領導的一項從二〇〇九年開始對美國的長期研究發現，在醫學院的第三年，學生的同理心程度開始顯著下降，這一年是開始教授病患照護的時候，因此也正是同理心最為重要的時期。[18] 不幸的是，這項研究並非唯一；包括印度（India）[19]、孟加拉（Bangladesh）[20] 和比利時（Belgium）[21] 在內，全球許多國家的醫學院學生也有同樣的情況。而且不僅在醫生當中，在加拿大的輔助醫護人員[22]、奈及利亞（Nigerian）的牙科學生[23]、美國護理學院的學生[24] 以及在西印度群島（West Indies）的護理、牙科、以及醫學專業的學生[25]，都顯示同理心下降的情形。然而，同理心消減在醫學院的學生中始終是最為嚴重的。正如我們的直覺反應與研究在在顯示的，我們知道同理心是必要的，而且我們知道醫療保健專業人士自己也想表現同理心，所以妨礙他們的原因為何？其阻力何在？

儘管有許多可能的原因，其中有三個相互關聯的主題最是明顯。第一個是文化上的原因，第二個是醫療系統內所存在的壓力，第三個則是個人因素。

讓我們先來探討醫學界的文化。你是否看過電視影集《怪醫豪斯》（*House*）？這是美國一部有關醫學的戲劇，休．羅利（Hugh Laurie）在劇中扮演格瑞利．豪斯（Gregory House）醫師的角色，這位醫生被形容為一名醫學天才。在每一集的電視劇中，豪斯帶領他的診療團隊，找出不尋常與無法解釋的疾病背後的原因。事實上，影集對醫界誇張的描繪，與年輕的醫療專業人員，尤其是醫學院的學生被灌輸的觀念，有著不可思議的相似之處。

年輕的豪斯懷抱理想進入醫學院。他在醫學院表現優異，努力學習，志向遠大。他的雙親感到十分自豪——成為一名醫生有其特定的身分地位。而這在不經意間，就鼓勵大家專注於取得好成績、好成就。雖然同理心可能會在醫務委員會中受到表揚，但是能讓年輕的醫學院學生完成學業，獲得師長注意的卻是考試成績。豪斯醫師解決疑難雜症的能力，無意中鼓舞他在醫學院求學時期，愈來愈把學習解決醫學問題放在首位，[26] 結果，卻愈來愈不把病人視為一個人來看待。在現實生活中，像豪斯醫師這類的人物——博學的醫學賢達——在老派外科醫生與專科醫生的文化中，逐漸形成。擔任這些有名望職位的人，示範了一種老練解決問題的能力，卻帶著一種自以為是的姿態與不注重對待病人的態度。前者頗受社會規範與社會期望推崇，而後者則愈來愈變成可有可無。這樣一來，同理心也就如是了。

有一個與此相關、很有意思的實驗，使用功能性磁振造影（functional Magnetic Resonance Imaging, fMRI）檢視醫生與沒有醫學背景的人的大腦反應模式。尚・德科提（Jean Decety）和芝加哥大學（University of Chicago）的同僚檢視同時具有針灸醫療資歷的醫生。兩組受試者觀看針頭刺入某人體內（即疼痛）的影片。隨後，他們觀看另一部影片，影片播出同一個身體部位被棉花棒，而非針頭碰觸（即沒有疼痛）。你還記得之前檢視同理心的研究顯示，人們對看到別人經歷痛苦事件的反應，就如自己感受疼痛一樣，雖然程度略減。而另一方面，當別人經歷非痛苦事件時，他們的鏡像神經元[27]則沒有反應。

同樣的結果在那些沒有醫學背景，並且沒有從事針灸醫療的人身上也重現了。看到有人被針刺，他們的反應是鏡像神經元被激發，但是如果那個人只是被棉花棒碰到，鏡像神經元就不會有反應。對照之下，當別人感到疼痛時，醫師腦部的鏡像神經元活動程度則要低得多。研究人員的結論是，這些醫生為了保護自己，而調降了自己對疼痛的反應。隨著時間，他們其實漸漸學會麻痹自己的痛感，避免產生同感，以避免經歷那種情緒。[28]

除了酬庸「解決問題」優於「感受」的這個難題之外，還有另一層問題就是，醫療系統中的壓力問題。這指向了在《怪醫豪斯》影集所看到的結果。為了解決問題，別人的痛苦通常不是優先考量。在英國，國民保健署（National Health Service, NHS）承受著巨大的壓力，已是眾所周知。我曾經和醫務人員共事，檢視如何提高情緒韌性，以保護醫護人員免於壓力與其他的心理問題，並提升患者的正向治療結果；但有時候我們會感覺徒勞無功。即使不談國民保健署的官僚作風，由於他們工作的本質，所有醫護人員都是在極度高壓的狀態下工作。我同母異父的妹妹在澳洲（Australia）的加護病房擔任護士多年，她說她經常認真考慮自己是否還能繼續工作下去。為什麼？不是因為她不喜歡自己的工作，而是因為壓力和缺乏支援，這使她感到撐不下去。問問你所認識的醫護人士，你很可能會聽到類似的故事。

當你承受極大的壓力時，很難讓自己得以喘息，更談不上對別人表現同理心和關懷了。想想看，當你有個重要會議要遲到了，急著趕火車。這時候你如果看到有人心情不佳，你不太可能會停下來，問問他還好嗎。如果他們擋了你的路，你甚至可能會不高興。這並不代表你不是個具有同理心的人，你只是很緊張、很急。的確，科學家發現，在高度壓力下，同理心的能力會嚴重受損，他們指出：「一旦出現壓力、恐懼和憂慮，一切依賴鏡像神經元系統事物都會停止運作——那些感同深受、瞭解別人、注意細節的能力」。[29] 這是很合乎邏輯的，這就是為什麼某些醫護專業人員似乎缺乏同理心的原因之一。

在個人層面上，除了這些壓力以外，每位醫護專業人員都經歷過太多次的創傷、死亡與災難——遠超過人類在演化進程上所能承擔的。儘管我們的遠祖一定見識過一些非常恐怖的事情，但是部落中根本沒有足夠的族人能讓他們從早到晚、日復一日看見大量人口遭受疾病與傷痛，數量多到足以與今日的醫護人員相比。而另一方面，我們在日常生活中所受到的保護，免於看見病痛傷亡，又比我們的遠祖要大得多。

在已開發國家，我們的成長過程中，很少看到傷口血淋淋的人，重大疾病通常是在醫院接受治療，而不在家裡，甚至死亡在日常生活中也消聲匿跡了。最近，我和費恩利（Fearnly）醫師談及這個問題，她在倫敦一家繁忙的醫院擔任急診室兒科顧問醫生。她述說做為一名資淺的醫生，自己突然面臨絕望的猛烈衝擊，那是自己以前從未有過的經驗。她還解釋自己為什麼認為在培訓過程中，同理心被從醫學院學生中「趕走」了。她說，在醫學院的課程中，很早就讓學生研究屍體，她覺得這是一種刻意使學生變成不敏感的方法——將人的身軀視為軀殼，而非人。

有研究指出了同一個事實。報告指出，隨著學生對醫療中較有人道主義的要素「免疫」，犬儒主義興起，倫理道德的發展也受到阻礙。在神經學的層面上，這就像是使情緒麻木，會弱化我們做出有效決策的能力。這不僅對護理行業有損、有礙，而這種妨礙不僅是關乎同理心的多寡，也妨礙到對患者的診斷，因為情緒因素的考量，也應該是診斷決策的一環。雖然抑止情緒似乎讓人「剛強」，但是實際上，它促成一種脆弱的表象，並且增加過勞的機會。

費恩利醫師還說明，她為什麼認為某些醫學院現在開始更加強調不要讓學生變成不敏感，但現在的問題在於，他們不知道如何訓練學生以最有效的方式來因應和處理。她描述了一位年輕醫生，他因為保持「敏感」狀態一直很掙扎。他很努力發展自己對待病患的態度，但是後來他「過度認同」自己的病人及其親屬的憂慮。他如此行事，沒多久就心力交瘁了。

但是說到我們從證據所得知的事實，這就是出現出乎意料轉折之處。一方面，研究顯示，過多的同理心會導致職業倦怠[30]——正如這位年輕醫生所表現的那樣——但是另一方面，也有研究顯示，同理心可以保護醫護人員免於過勞。[31] 這個研究並不是指那些使情緒不敏感或調降情緒強度的人，而是真正具有同理心，也因而使工作更有效率的人。

為什麼我們從不同的研究中看到這些互相矛盾的訊息呢？是不是同理心會保護某些人免於壓力的影響，但卻讓某些人心力交瘁？而且，從更廣的角度而言，我們如何能避免因為文化上的理由，或是個人的自我保護，而使人們習慣不用同理心？我相信，所有這些問題的解答，就在於同理心背後的大腦機制。我們對這些機制的理解，再佐以同理心的運用，可以幫助解決上述的三個面向：文化、壓力以及個人反應。這也可以幫助你在人生的各個角色中，更具同理心。

情緒同理心與認知同理心

我們之前將同理心定義為「經由想像自己在別人的處境中，來瞭解另一個人的經驗」。這是對何謂同理心的一般理解。但是同理心有另一個極其重要的元素。《社會心理學百科全書》（*The Encyclopedia of Social Psychology*）說明：「一個人去瞭解他人的經驗，彷彿自己也正在經歷，然而卻不必實際親身體驗。自我與他人之間始終有所區別。」要以最具建設性的方式運用同理心，極為重要的就是，要去理解對於這種觀點的相關機制。第一種型態的同理心稱為「情緒同理心」（emotional empathy）[32]，它涉及與別人的情緒一致，真實感受（儘管感受程度較輕微）別人的感受。情緒同理心是我們與其他動物共有的特質，是在生命早期就發展的系統。

一個簡單的例子就是，當一個孩童開始哭泣，另一個孩童也會無來由地跟著哭泣。學習同理心開始於襁褓時期。那不是一蹴可及的事情，而是要歷經數百萬次互動所產生的反覆過程。證據顯示，在嬰兒時期，我們的母親或主要照護者，相較於其他動作，更容易仿效我們臉部的表情，包括微笑、驚訝、憤怒和難過的樣子。這種**鏡像作用**逐漸形成同理心發展的基礎，逐漸建立起我們的鏡像神經元的功能。起初，我們只是自身感受到這種情緒，但是逐漸地，我們的大腦開始將這種情緒與我們的照護者同步，然後我們開始理解並能夠在其他人身上領會到這種情緒。大腦的各個區塊都互相連結，這意味著當我們有某種感受時，還有當其他人也有這種感受時，我們的鏡像神經元都會被活化。[33]

第二種類型稱為「認知同理心」（cognitive empathy），涉及理解情緒以及另一個人的感受，但不會捲入情緒中。這和對情緒免疫不一樣，對情緒免疫是會壓制那種感受，來做為一種保護機制。而對照之下，認知同理心是比情緒同理心或是情緒免疫更為成熟的功能。

醫生需要瞭解疾病的原因和症狀，但不需要感染疾病。他們必須與疾病夠近才能瞭解疾病，但又要防止被遭遇到的病毒感染。同樣的道理，醫生或護士需要瞭解病人的情緒與想法（亦即表現出認知同理心），這樣他們才可以完全診斷與治療病人，卻不至於「感染」他們的情緒（亦即表現出過多情緒同理心），也不至於忽視病人的情緒，忽視病人的情緒會阻礙理解（情緒免疫）。如果醫生或護士感染上每一種疾病，他們將會病得無法工作。如果醫護人員藉由情緒同理心感染病人的所有情緒，那也會是相同的景況。這會讓接受到這些情緒的人負荷過重，心力交瘁。知道情緒同理心與認知同理心的分野極其重要。

讓我提供一個自身的例子，這是我因為缺乏理解，所以使用情緒同理心，而不是認知同理心的例子。當我剛開始以職場心理學家的身分工作時，我被分配到一個工作項目，這個工作項目需要評估員工的適任能力，員工有可能因而被裁員。這是個不討喜的工作。我會花上四個小時記錄分析每個人，然後寫成報告，經審核後，接著在面對面的檢討會議中與他們分享。有一位女士，我已經知道她要失業了——客戶和我討論過了——她難過萬分，所以當我們一起看她的報告時，我必須努力克制自己不要落淚。我懷著無比沉重的心情坐在那兒，拚命地想讓她不要痛苦難過。我給了她我私人的電話號碼，並且告訴她，難過的時候可以找我談談。這是新手才會犯的大忌。

她一連好幾天晚上，時不時就打電話給我。我很害怕她會輕生，所以一直與她交談，但這不是我受過專業訓練所以知道該如何處理的領域。後來我和公司裡的資深心理學家一起為她找到她所需要的協助。儘管我是名心理學家，但我當時顯然尚未理解情緒同理心和認知同理心之間的界限與差別。我一直認為自己很有同理心，因為我能直覺感受到別人的痛苦。如果我在路上看到有人在哭，我自己也會覺得想哭，會去看看他們是否安好。當我看見有人生氣時，不管我是不是認識他們，我會陪他們坐上幾個小時，聽他們傾訴，安慰他們。然而，這不是心理學家或醫護人員所需具備的那種同理心，也不是許多其他需要你去瞭解他人感受與觀點，卻不能為之糾結的角色所需要的。當你不「感染」別人的情緒時，你才能更有力、持續、有效、與正確地去理解和幫助別人。這並不表示我們要對情緒置之不理，而是要使用更為複雜與成熟型態的認知同理心。

塞西莉亞．海耶斯（Cecilia Heyes）是英國著名的心理學家，也是牛津大學資深研究員，她對同理心和鏡像神經元有深入的研究。海耶斯說明，同理心中有兩個步驟與這兩種不同形式的同理心相關。第一個步驟涉及一個比較簡單的機制，例如我們看到一個傷心的人，然後想：「我難過，因為看見你難過。」這是情緒同理心；你的感受是因為別人而起。這件事的代價是，我們的鏡像映射如此詳實，所以我們也感受到另一個人的痛苦，雖然程度稍減。在這種程序比較簡單的情緒同理心以外，還有一種形式更為複雜的認知同理心──「我知道你傷心，也為你感到難過，但我自己本身並不傷心。」海耶斯認為，情緒同理心和認知同理心是大腦兩種不同功能的呈現，而情緒同理心必須先發生，認知同理心才可能產生。[34]

我們可以拿日常所經驗的情緒比擬一下，無涉鏡像作用。想像一下，有人在辦公室或是在家裡讓你很不高興，你很生氣，氣到想對他們大吼大叫。但是你不會這樣做：你會制止你自己，評估那種感受，而不是讓怒氣得逞，你也認為大吼大叫終究沒有好處。你的反應型大腦誘發最初的情緒，而更進步的觀察型大腦則決定該如何處理這種情緒。這其實就是情緒同理心和認知同理心所發生的狀況。情緒感染是人類的原始反應。我們可以受情緒主導，感受情緒（情緒同理心）；藉著節制情緒（不讓訊息傳到決策的過程）來隔絕情緒；或是體會情緒，然後在認知層面對其進行評估（認知同理心）。從中我們可以看出，為什麼當不斷領受別人的痛苦，卻只表現出情緒同理心，會讓我們心力交瘁。

過度到認知同理心的狀態可以避免過度倦怠。這使我們能夠幫助他人，有利社會（利社會行為本身對「助人者」的身心健康就有正面影響），而不會被情緒淹沒，可以維持適當的距離。而那些負荷過重的人，不管是因為太執著於解決問題，或是因為對自己所見的不知如何是好，可能會關閉同理心。有些人則因為受過訓練，或者教育自己不要考慮情緒面的資訊，純粹從理性的角度來解決問題。最有幫助的應該是，在情緒同理心和認知同理心之間持續互動，並且讓自己有辦法能在認知同理心上面多加著墨。

卡爾・弗朗岑斯大學（Karl Franzens University）心理學教授伊娃・古萊梅爾（Eva Greimel）於二〇一〇年所進行的一項大腦成像研究，掃描年齡介於八到二十七歲之間男性的大腦，研究顯示，同理心的神經連結機制，特別是鏡像神經元系統，會隨著年齡而持續發育。論文的作者群認為，前額葉皮質（prefrontal cortex，屬於觀察型大腦的一部分）的成熟可能會有助於此一變化。[35] 這個發現之所以有趣是因為，我們對大腦理解的其他最新進展發現，大腦在十八歲與二十九歲之間，即所謂「成年初顯期」（emerging adulthood）的階段，會持續發育。在這段時期所發育的大腦區塊，是和強化觀察型大腦與反應型大腦的情緒傳導之間的連結有關，這會提升我們管理情緒反應的能力。在步入成人期以前，我們比較難管理自己的情緒，因此我們較難管理，自己因為透過情緒同理心，而看到其他人的痛苦，所感受到的情緒，也是合理的。這也說明了認知同理心以及與其相關的鏡像神經元，會隨著大腦與管理自我情緒能力的發展而提升。

為了以專家形容為「自上而下管控」（top-down control）——對當下感受到的同理心有自覺的意識與管理[36]——的方式，讓認知同理心真正運作，我們需要思考別人的情緒，然後決定如何根據事件的來龍去脈來因應。我們評估由同理心所引發的情緒的能力，可能取決於某些因素，像是我們和對方的關係、我們的動機與優先順序、以及我們過去的反應所導致的後果。例如，經過和那名失控客戶交手的經驗，如果我現在遇到某個不高興的客戶，我會在專業能力的範圍內，向他們表達我為他們感到難過，我會對他們開誠布公，也希望他們會感受到我的關懷與體諒，但是我不會陷入他們的情緒中過久。為了以一種對彼此的人生有幫助的方式來表達同理心，我們不僅需要瞭解，要對從別人身上所領受的感覺採取「有自覺的認知觀點」，也應該瞭解，如何評估他們的情緒，以做出最有效的決定。

我們不應該完全壓抑自己的情緒，因為情緒可以為我們提供相關情況的有用資訊，也能告訴我們該提供多少支持。你可以看得出來，認知同理心並不是一項單純的「全有或全無」的技能；同理心需要理解與練習才能發展。你可能在無需明確瞭解其原理、不瞭解自己如何學來的、或是如何時時有效運用同理心的情況下，就學會這項技能。同理心是一項需要透過經驗、透過與他人互動、以及觀察顯現同理心的人來學習的技能。學習同理心最有效的方法是有一位好榜樣，他瞭解同理心所涉及的各種機制，能夠清楚說明他們的行為方式與原因，所以觀察者可以瞭解這名榜樣人物內在的感受，也能瞭解這名榜樣人物外在清楚表現的反應。當我們能嫻熟於認知同理心的技巧時，它就成為一項可以為別人提供更佳照料，以及更有效建立人際關係的工具，它也可以做為有助於防止身心疲憊的工具。如果同理心與鏡像神經元有關連，那麼透過觀察來模仿，有助於建立同理心，也是合理的。

在為這本書找資料時，我在醫學文獻中所發現的，如何把樹立榜樣應用在醫療專業中的例子，遠勝於任何其他領域，高達90%從醫學院畢業的學生，記得那些塑造了他們專業態度的榜樣人物[37]，而這被視為是醫學界的必然，舉世皆然。[38] 有關這個主題的論文標題涵蓋了：《樹立榜樣：醫學教育被遺忘的一環》（*Role-modelling: A missing link in medical education*），到《正向醫生行為典範不為人知的歷程》（*The Hidden Process of Positive Doctor Role-modelling*），這既反映出對此的需求，也反映出對此仍缺乏理解。樹立榜樣也經常未獲重用，甚或被遺忘了。雖然大家意識到它是有益的，但對它仍未有很好的理解，經常被形容為一個不可知的過程[39]——神祕而費解。但是如果我們在鏡像思考的範疇中來思考這個課題，那就既不神祕，也並非無法解釋。

樹立榜樣在醫學界會是什麼樣式呢？在文獻中，榜樣人物被描述為，在自己的領域中成就卓越，經驗豐富，基於榜樣的整體概念，這並非前所未聞。他們表現出同理心，對病患、患者的家人、以及共事的人都有正向的影響。這些特質，依其不同的醫學領域，是所有資深的專業人員，都應與比其資淺的人員分享的。例如，英國醫學會（British Medical Association）

明言：「所有的醫生都有其專業義務，致力於其他醫生、醫學院學生、與非醫藥相關的醫療體系從業人員的教育與訓練。」[40]

在《護理學 2019》（*Nursing 2019*）上的一篇論文指出，「身為一名護士，你每天都在教導人」。[41] 另一篇論文甚至進一步指出，學生本身就是其他醫學院學生、其他醫療專業人員的榜樣。他們建議醫學院應鼓勵學生對榜樣人物提出建言，以便讓榜樣人物所提供的機會，真正發揮重要的功用。[42]

費恩利醫師是同理心的傑出榜樣。雖然有時候事情也會超出她的負荷，她回家後也會哭泣——診斷出一個孩子患了絕症，或是要告訴父母他們的孩子發生意外，而這會導致孩子嚴重的缺陷，都不是容易的事——但是她還是能夠保持良好的平衡。她從來不會在孩子的父母面前哭泣。這是認知同理心：能夠從自己的感受，以及從她的病人的痛苦中抽離，把她需要告知病人的訊息提供給病人，同時知道如何考慮病人的需求和感受，可以從病人的角度看事情，有時侯也能對病人的感覺感同身受。她的病人來自各行各業，來自各種文化背景，因此，她竭盡所能，以提供病人所需要的設想、溫暖和同理心的方式行醫，並且把病人可能有的不同需求與擔心，納入考量。她是公認的傑出教師與榜樣，然而直到我指出認知同理心的角色，以及她如何運用了認知同理心，她才意識到這是她在其上為別人樹立了榜樣。為了真正幫助他人學習，我們的第一步就是需要告訴那些已經在示範同理心和其他技能的人，他們所為何事。如果缺乏明確的自覺，他們無法在樹立榜樣一事上精益求精，也無法向同僚解釋自己的反應和行事，而這就限縮了傳承這種學習的機會。

學習如何具有同理心可以說是學習何以為人的核心。我們以別人為師，而我們需要更好地來理解、示範並分享這種機制。儘管這可能肇始於醫療專業人員，卻絕對不應該僅止於此。同理心是一個對生活各領域都很重要、對情感連結不可或缺的現象。我們已經開始更加瞭解到，這種型態的連結是心理健康與人類福祉的核心元素。同理心對人生的成就也極其重要。缺乏同理心，我們根本就無法嫻熟於人際關係——而人際關係支撐著生活的各個面向，從工作到娛樂，超越醫療服務，在職場中從客戶服務到領導階層，朋友關係，乃至家庭生活。

第五章
我們的社會情緒借鏡

十六歲的勞爾・桑却若（Raul Sanchero）是街頭犯罪的慣犯。年齡相若的艾米利奧・拉米瑞茲（Emilio Ramirez），看起來像是一個發育成熟的成年人，表現出一股兇狠的模樣，好似在警告大家：「別惹我」。拉米瑞茲也深陷於幫派的火拼中。這兩個男孩住在加州貝爾蒙特（Belmont, California），一個治安不良的地區，他們高中同級有三十二個孩子，幾乎全部都和槍枝、幫派、以及滋生犯罪的環境有關。他們每個人都有自己的街頭風評，而維護那種風評比維持在校成績還更為重要。這是一班被學校放棄、粗暴、不認真上課、「危險」的青少年。教過他們的每位老師可以被形容為「形同虛設」，不是被派去真正幫助他們學習的。所有負責的教職員都全心認定，無論再怎麼努力，這些學生終究會一事無成，充其量也只是教育體系的負擔。

這描述了電影《危險心靈》（*Dangerous Minds*）的開場，在這部電影中，蜜雪兒・菲佛（Michelle Pfeiffer）飾演新派任的級任老師蘿安・強生（LouAnne Johnson）。這不是她所憧憬的第一份工作。在她與這些粗暴的青少年第一次相遇時，她花容失色，眼裡充滿驚嚇的眼神。無論她多麼努力，在一片喧鬧中，甚至沒有人能聽得見她的聲音。她在驚慌失措的狀態下，離開教室，被無情的反抗折磨到心力交瘁。然而就像真正的好萊塢風格，這個故事並沒有就此結束。她回來了，穿著看起來和他們一樣的服裝；她教他們自己在海軍陸戰隊期間所學會的空手道；她甚至去了勞爾的家，告訴勞爾的爸媽，勞爾是一個多麼棒的學生。跟電影中許多戲劇化與浮誇的情節吻合，她的行事風格牴觸學校政策，儘管多次被制止，她仍然持續去做。她也有動搖的時刻，讓我們懷疑她是否會堅持到底，然而最終她頑強地堅持了自己的方法。到了學年結束的時候，她獲得了無人能想像得到的成功。

其實這不只是一個好萊塢的故事，而是蘿安・強生以自己的自傳《我們班沒有回家作業》（*My Posse Don't Do Homework*）為本，所寫成的一個真實故事。她透過自己非傳統的方法取得了成功，而這是十分重要的，特別是基於她對每一位學生的尊重和鼓勵。認識強生的人說：「她不間斷的支持，與不拘泥於傳統的教學策略，在她的學生當中建立了驚人的成功率……同時提高學生的自尊心、學業成績以及到校率。」[1]

強生給了青少年希望，並為他們樹立好榜樣。他們看見她是個實踐諾言的人，她不吝於給予支持，她堅守承諾。她的一個學生，奧斯卡．蓋拉（Oscar Guerra），後來成為一名科學實驗室的技術員，他說：「她讓我明白，人不應該害怕嘗試。」[2] 這種做法讓強生超越傳統教學的限制，她比較不重視課程的內容，而比較注重社會情緒學習，這使她的學生相信自己可以參與學習。除此之外，她也讓學生明白，他們自己其實是有心向學——他們想要學習，想要成為社會的一分子，而且這麼做對他們是有益處的。

將社會情緒學習做為通往一切學習的途徑的這個重點，經常受到忽視，這對培養世界各地的新生代是有害的。即使身為成年人，我們也需要有機會繼續進步，繼續發展自己的技能，以隨著周遭世界的不斷變化與改變而做調整。透過與同儕、兄弟姊妹、同事和朋友的互動，社會情緒學習在我們日常生活的各種情境中時常發生。但這種學習始於孩子與老師之間，在課堂上，也在下課以後。

人生的教訓

在一天中的大部分時間裡，在一週裡的每一天，在我們大腦最受教的年紀，老師是我們心智的守護者。我們平均花費 15,000 個小時在學校裡。從我們迄今對鏡像系統的理解的脈絡中，老師的影響力絕對是極大的。正如美國歷史學家亨利・布魯克斯・亞當斯（Henry Brooks Adams）曾說過的一句名言：「老師影響永恆；他永遠無法知道自己影響力的盡頭。」

然而，不幸的是，這並不能反映我自己的情況；老師對我的人生，並沒有太大的影響，除了強化我對學校的惡感以外。唯一的例外，也不是真的太特別就是了，是我的物理老師。馬斯林老師（Mrs. Maslin）是一位又高又瘦的女士，有著和善的眼神，一頭短的白髮，並且，至少在我的記憶中，身上總是罩著一件鈕扣從上扣到下的白色實驗袍。我對物理並沒有熱情，但是她對我的信心，以及她個人對我的欣賞，讓我記憶猶新。我覺得自己被看見、被傾聽、受賞識。她或許是唯一一個真正認同我父母對我的信心的老師——只要我願意，我的人生凡事都能心想事成。在她教到我以前，我已經想過一長串的職業選項：其中包括了戰鬥機飛行員、建築師或服裝設計師。但是，我對自己的思維產生了無可救藥的興趣，而且也努力想瞭解別人的思維，所以十五歲大的我，希望成為一名心理學家。她理解並認同這個志願是對的方向，但她不認為心理學是適合的學科，所以她建議我應該研讀醫學和精神病學。或許這是出於她堅信應該要更努力上進，也或許是出於某種社會觀念，認為某些學科優於另一門學科。不管如何，有人對我有信心的感覺，真是太棒了。我選修進階課程的科目，準備學醫，努力找在醫院和醫療中心兼職的工作。儘管後來我又轉回心理學，但馬斯林老師仍然影響著我在人生重要關頭所選擇的道路。但這是我和老師之間唯一有些許影響的經驗，這使我懷疑這是否就是一般現象。而我在記錄與剖析客戶的經驗，也讓我從各方面繼續質疑這一點。

幾年前我認識了萊拉（Lara）。當她走進房間時，我立刻被她的外貌所震驚：她高挑柔弱，有著美麗的褐色頭髮，白皙的皮膚上有淡淡的雀斑，和一對深綠的眼眸。她神色自若又有自信。她開始向我敘述自己的故事，她說自己在十四歲以前都對學校的課業不感興趣。她的成績還可以，但是她沒有對任何一個科目有感覺。她也不曾想過畢業後的可能出路。她覺得沒有一位老師注意到她，這也可能和她一直是個非常安靜的學生有關係。然而，當她的美術老師哈德森老師（Mrs. Hudson）開始對她的作品產生真正的興趣時，這一切都改變了。

當她述說這些經歷時，很明顯地，重要的不止是哈德森老師對她作品的關注，重要的還有老師將蘿拉視為一位「真實」的人。她突然覺得自己被看見，被聽見了，她也開始重拾對課業的興趣。哈德森老師鼓勵蘿拉在週末和下課以後，花更多時間嘗試不同的藝術與設計：攝影、製作模型、素描、繪畫。蘿拉後來成為一名頂尖的服裝設計師，她深信自己的美術老師不僅影響了她的選擇，而且讓她對未來抱持希望，老師開啟了她的視野，讓她看見機會，老師釋放了她的潛能。這當然是我們希望每位老師都能對學生產生的影響，或至少是每位老師渴望對自己的學生所產生的影響。萊拉的父母充滿愛心，鼓勵萊拉，然而是她所謂的外來的「生命線」，對她產生了重大影響。

萊拉的經驗非常正面，而且回應了蘿安學生的說法：「她讓我明白，人不應該害怕嘗試。」但是回顧我身為心理學家所聽過的故事，萊拉和蘿安的整班學生比較屬於例外，而不是常態。一般而言，除了或許影響選修某個學科，老師的影響力相對中立；也許更糟糕的是，還可能有負面影響；而這種影響會持續到成年期。

專門研究教育與大腦的心理學家柯爾克．歐森（Kirke Olson）說：「教學改變大腦的方式，比任何腦外科醫師的手術刀還要復雜得多。」[3] 這個說法更突顯了教育的重要性。更重要的是，我們現在正逐漸理解到，這一切，無論好壞，大多取決於鏡像神經元。

最典型的負面影響是，讓某人根深柢固地相信自己「數學不是很好」、「語文能力向來不佳」、所以他們的「溝通技巧很差」，或者還有更糟糕的——「就是不太聰明」。以我所記錄分析的另一個人為例。當我遇到阿米爾（Amir）時，他是一位非常自信、明智的人，他對自己的能力有著發自內心、沉穩的把握，卻沒有任何優越或傲慢的氣息。阿米爾曾在不同國家、不同類型的許多公司中任職，獲得了出色的卓越績效；當時他擔任某知名品牌的經營主管，在他任職期間，品牌的業績卓著。當他分享自己的故事時，他述說自己在校的某次經歷，那一次有位老師公開羞辱他，說他數學爛透了。當時他們班被要求訂正某次考試的試卷，阿米爾覺得那次考試的主題很難懂，大家的成績都不好，因此老師對全班都很生氣，大概因為這會讓老師顯得無能。阿米爾的成績最差，他描述了老師如何把他叫到最前面，對他大聲咆哮，並拿他當作沒資格進他們那一班的例子，讓他深感羞愧。

阿米爾能夠理智看待這是遇到不良教師的一次壞經驗，然而他對數學缺乏信心這件事卻如影隨形。他可以閱讀財務報告，輕易找出錯誤之處，但是他在與股東開會時卻會僵住，所以他只能完全倚賴與財務主管建立良好的互信關係。在測試他的認知傾向時，很顯然他有能力學好數學，但是那種自我懷疑一直都在，儘管他在其他方面的成就非凡。許多有類似自尊心受踐踏的人，會造成一種以偏概全的想法，認為自己不夠格、辦不到、或不應該嘗試。一些小事就足以讓一個孩子偏離人生的常軌。

因此，即使我們期望老師成為榜樣，對我們產生深遠的影響，但老師是我們的榜樣嗎？今天校園裡的學生是否認為老師是生活中重要的榜樣呢？答案似乎是否定的。例如，二〇一六年的一項研究訪談了美國麻州（Massachusetts）和康乃狄克州（Connecticut）的220名青少年。[4] 在這些青少年所接觸的人當中，家庭成員最常被提及為榜樣人物，這包括父母、阿姨／姑姑、叔叔／舅舅、祖父母、兄弟姊妹、和堂／表兄弟姊妹；其次是朋友。老師則是殿後，和「其他成年人」混為一談。不過研究告訴我們的是，當老師為學生樹立正向榜樣時，對學生的影響是非常可觀的。

伊利諾州（Illinois）西北大學（Northwestern University）經濟學教授卡拉波・傑克森（Kirabo Jackson）發表了二〇一八年的一項研究顯示，正向榜樣的影響所及很廣。[5] 這項對北卡羅萊納州 570,000 多名高中學生的研究顯示，除了考試成績外，那些能夠提升學生適應新環境的能力、學生自我調控能力、以及能夠讓學生產生動機的老師，會對包括出席率、能否畢業、是否繼續升學等多項結果產生重大影響。論文的作者說：「這些結果支持了許多人在直覺上信以為真的想法，那就是，老師從考試成績所得的成效，只佔他們從人力資本所得成效的一小部分。」[6]

從這個說法，再加上少數從軼事趣聞而來的證據，顯然老師成為良好的榜樣，能讓事情改觀。不善加利用就是錯失良機，因為這對個人和對社會都有很棒的影響。那麼，那些看似少數能樹立良好榜樣老師的作為與其他老師有何不同呢？他們為什麼能對孩子產生好的影響呢？在毫無影響力與改變生命之間，其中的差別何在呢？如果我們知道箇中奧祕，那我們不僅可以幫助更多老師有效地樹立榜樣，我們自己也可以從中學習，無論我們的職稱以及在生活中的角色為何。

樹立榜樣：關係、信任與接觸

回到蘿安．強生、我自己的經驗以及哈德森老師的故事，有一些主題是我們在一開始就提到的——關係、信任與接觸。到底我們所描述的是什麼呢？為了加以闡述，現在請你想像你正在度假。

你走進旅館大廳，在幾個小時的旅途勞頓之後，你慶幸自己終於抵達了。你很累，而這是一間昂貴的酒店——這是你期待已久的一大樂事，然而此刻你只想進到旅館的房間，然後洗個澡。但是櫃臺的接待人員卻連看都不看你一眼，你開口說話也不回應你，他們太忙於做別的事情。當他們終於招呼你時，卻給了你一堆表格，要你填寫，然後就離開櫃臺去做其他事情，也沒給你房間的鑰匙。你會做何感想？你可能會覺得惱怒、沮喪、不悅、厭倦、甚至會生氣，總之，感覺不太好。假期開始後幾天，你要從這個國家前往另外一個國家。

你的班機延誤了，當你抵達後，你也是感到又累、又急著想到自己的房間。這一次，你訂的是一家比較小型、家庭式經營的旅館，而不是你原先住的那種豪華旅館。當你到達時，面帶微笑的旅館主人歡迎你，直視你的眼睛；當他們說出，經過這麼嚴重的延誤你一定很累，那種感覺宛如他們可以讀懂你的心思。他們主動說要幫你提行李，而且建議你直接去你的房間，因為所有的事情都可以留到早上再處理。這或許是個太容易回答的問題，但是你認為自己的感受，和在第一家旅館的感受，會有所不同嗎？

這顯然和在校就學的孩子大不相同，但是這些小小互動之間的差距，說明了優秀教師的榜樣，與沒有任何影響力的老師榜樣之間，所存在的許多簡單卻重大的差距。在最基本的層面上，前一個互動不涉及任何關係，也鮮少有同理心；而第二種情景則觸動了真誠的關係，和某種程度的同理心關懷。我們知道對於樹立良好榜樣另外的要素是**信任與接觸**，這無法只以簡單的情境來說明。我們也會在以下的章節來探討。

同理心促成了這個例子裡人與人的關係。正如我們在上一章所討論的，同理心極具威力，即使只顯現片刻。瞭解你承受了多大痛苦的護士；溫和解釋你所愛之人病情的醫生；在上述舉例中，瞭解你旅途勞頓的旅店老闆。經年累月，同理心能產生深遠的影響。強生的方法展現出持續的同理心：她沒有讓學生質疑她對他們的承諾。她瞭解他們、瞭解他們每個人的處境、讓他們感到為人的尊重與價值，也因此，她瞭解他們的感受，以及他們為什麼有那樣的行為舉止。強生本人曾經這麼說：「大家都忘了年少的滋味……但我想我從未長大。」[7]正如我們之前所討論的，這種同理心是由鏡像系統所促成的。研究顯示，最有助益的師生關係型態，是基於愛心——溫暖、培育與開放的心態，這樣能提升關係的品質。[8][9]一位能夠示範在學習中的社會情緒面向的老師也能夠建立關係。那些敘述自己和展現出這些行為的老師有好關係的學生，在校也表現出較佳的學習動機、投入較多情感、較多行為上的參與。[10]

人際關係的品質也本於信任。在顧客到訪旅店這種表面的互動中，我們無需煩惱同理心的虛實：我們只是想在那個當下感覺舒服。但是當我們是一名病人或學生時，我們需要信任那份同理心是真心誠意的——醫護專業人員或老師的行事會對我們產生長遠的影響。強生的學生信任她；她從未放棄他們，無論他們多麼努力想推開她，因為她的同理心是真實的。身為成年人，信任對於我們大多數（若非全部）的人際關係都至關重要，包括工作、家庭、友誼以及與家人的關係。困難在於，師生之間的互信不僅極為重要，而且隨著孩子年紀的增長，也會愈加難以產生。

在小學階段，孩子第一次和許多同齡的同學長時間相處。儘管他們可能仍然對鏡像作用沒有自覺，但是他們第一次突然對可供模仿的人有諸多選項，不再是只有父母、兄弟姊妹或親戚朋友。在這個年紀，孩子通常會信任他們的老師，甚至是非常信任他們。孩子放學回家，可能會把布朗老師或皮爾斯老師說過的話，一五一十地複述一遍。老師的關注能夠讓孩子很高興，但是在這個年紀，因為對某個孩子表現冷淡，會破壞師生間的互信、關係或是同理心，也會嚴重打擊孩子的自尊心。

當孩子步入青春期時，他們的大腦結構以及某些生理因素，像是荷爾蒙，對他們的行為、情緒、以及如何回應他們身邊的人，產生了極為複雜與混亂的影響。此外還有一些演化與發育上的因素，會讓青少年做出糟糕的決定，模仿那些不見得對他們有益的同儕。然而在這個年紀，這就是他們的世界——喜歡社交。學生更可能信任愛他們、關心他們的父母、他們認識了一輩子的親戚、以及他們自己選擇的朋友。這是老師在被列為榜樣人物時，比起親戚或同儕要敬陪末座的諸多因素之一。

信任頗為微妙。為了建立互信，老師必須和學生建立關係，並且表現同理心。請記住，這不是同情，也不是容任學生任性妄為，而是要能夠對青少年的觀點，從思想上去理解。

另一個讓老師在成為「好榜樣」這件事上顯得困難的因素是接觸。不但許多老師一星期只帶一班青少年上兩到三堂課，並且可能只教這些學生一年的時間，而且因為班上的學生人數，他們也得爭取和學生接觸的機會。即使是那些能教同一班學生好幾年的老師，也經常要面對學生人數的問題，這妨礙了他們和學生建立關係的機會。老師通常是教室中另外三十人當中的一員，但其他的成員，大多是學生的同齡朋友，而同齡朋友是他們成天在一起的人，也是他們更在意要留下好印象的人。學生的注意力更可能集中在他們的同學身上，而不是老師身上，麻州大學心理學教授珍·羅德（Jean Rhodes）和她的同僚大衛·杜柏伊斯（David DuBois）教授指出，對於年輕人與成年人之間的關係／接觸，再加上關係與信任，十分重要。他們的研究顯示，建立信任多少需要依賴長期的關係。[11] 關係對年輕人的人生成就所能產生的正向影響，會隨著一段關係的時程而增強。

如果這些是樹立榜樣不可或缺的因素——**關係、信任、同理心以及接觸**——那我們可以明白，這不僅僅是老師站在課堂前面就能發揮影響力的問題了。這有賴於一組彼此相互關聯的複雜因素。為了要真正瞭解樹立榜樣——實質傳授社會情緒技能——在校園中是如何運作以及有何阻礙，我們還需要解決另一個重要的問題。這不僅是攸關為什麼有些老師能產生正面影響，也和為什麼有些老師，即使十分願意卻辦不到有關。

壓力：社會情緒的障礙

除了幾個斯堪地那維亞（Scandinavian）的國家以外，西方世界多數國家的老師所面對的繁重工作量、缺乏支援、以及因考試而與日俱增的壓力，大大影響老師的精神壓力與職業倦怠程度，早已不是祕密了。[12] 壓力讓我們每個人都難以發揮自己的最佳表現。它不僅混淆了我們的判斷力，而且會阻止大腦的某些區塊有效運作。無論我們是不是老師，每天都會有讓我們產生壓力的事情。這是人活著的自然狀態，導因於大腦進化後的運作方式。

壓力其實是我們的反射作用，是更原始的大腦維護我們安全的作為。我們見到危險的徵兆，腦中會發出化學性的訊號，做為警示，即使現在許多日常的壓力，似乎都不具威脅性，像是發現有人佔坐我們的座位、在火車車廂裡有人撞到我們、一輛車就從我們面前駛過、沒有受邀參加某個會議、某個電子郵件漏寄給你，感覺自己被拿來和別人做比較。這些都是壓力源，它們會在我們的大腦中累積。每天，有數百種情況會引發我們的大腦釋放化學物質，這些化學物質在我們祖先的時代，會透過行動而得以化解，但在我們的現代世界中，它們留滯不散。一旦這些化學物質被釋出了，壓力就不得消滅：我們不會轉過身去和佔坐我們座位的人打架，也不會在車廂裡被撞就趕緊逃跑。

適度的壓力其實會幫助我們完成更多事情。隨著壓力增加，我們的生理和心理覺醒程度也會不斷提高，直到達到最理想的程度，以利更佳表現——例如，在做簡報或考試時表現更佳，發現自己比較容易集中注意力，或更能隨機應變。[13] 也有證據顯示，突發的壓力會提升同理心的某些面向，像是親社會行為[14]，這實際上有助於幫助發展那些重要的正向師生關係。因此，**適度的壓力是可以促進社會情緒學習的**。

但是如果壓力太大，當對大腦的需求過多時，我們很快就會變成過度負荷。我們的表現會逐漸滑落，造成負面情緒以及整體認知能力低落。一旦我們的表現一落千丈，觀察型大腦就會被由反應型大腦而來的壓力荷爾蒙（例如可體松、腎上腺素）淹沒，我們會無法使自己恢復到更正向的思緒。雖然突發的壓力是無害的，然而當壓力持續來襲時，它會開始讓我們身心俱疲。這就不僅是老師要面對的問題了，因為它能夠導致多種衍生的疾病（例如心臟病、頭痛、消化問題、失眠、憂鬱），長期下來會傷害免疫系統[15]；而這也會成為示範正向社會情緒行為時的一個問題。

使用功能性磁振造影所做的研究顯示，當人們在壓力之下，他們會表現出更強烈與不恰當的「與他人相關反應」——換句話說，他們鏡像映射他人感受的能力就會減弱。我們調節同理心的能力也會下降。[16] 這會降低表現認知同理心的能力，但認知同理心協同情緒同理心對建立正向的師生關係不可或缺，因此對於促進社會情緒學習也是非常重要的。此外，我們都知道，當我們有壓力的時候，我們容易分心，所以很難仔細思考如何以「正確的方法」行事。同樣的，這也會限制有益的示範機會。想想當你有壓力時。如果你的孩子、另一半或朋友開始要求你關注，你有多少耐心呢？當你自己都自顧不暇時，你很難顧及別人。無論我們經歷什麼樣的壓力，只要壓力繼續存在，無法解除，就真的很難在意周遭人的感受。結果，持續的壓力會妨礙老師發揮同理心的能力，也連帶影響教學能力。這在各行各業中都是如此。例如，壓力會妨礙父母或上級主管傳授社會情緒學習的基本要素的能力。這正好解釋了為什麼有些老師對學生「缺乏」後續影響；破壞老師建立關係和展現同理心的能力，會影響他們建立互信的能力。更糟糕的是，透過鏡像系統所啟動的另一項機制，會把壓力從老師傳遞給學生。

想像一下，你收到另一半傳來的簡訊，說他下班快要回到家了。你很興奮，因為你有一些急於分享的消息。你耐著性子等到大門被打開，然後那門沒有被好好關上——大門被用力甩上了。你急著過去查看，但從他臉上看出，你得晚點再分享你的消息。他開始牢騷滿篇，說起自己過了毫無意義的一天，鉅細靡遺講述一天的不順利以及所有討厭的人，連停下來換口氣都沒有。那你還會興高采烈地分享你自己的消息嗎？可能不會。事實上，你很難不感染他的心情。剎那間，你會從興奮轉為厭惡，有點憤世嫉俗。

當老師有壓力時，同樣的事情也會發生，不過受影響的是學生。英屬哥倫比亞大學（University of British Columbia）人口與公共衛生學系（Population and Public Health）的助理教授伊娃．歐波勒（Eva Oberle）證實了這一點。她帶領了一項開創性的研究，指出老師的壓力對學生的直接影響。歐波勒和她的團隊檢視了加拿大溫哥華（Vancouver）市內，來自十三所小學的406名學生，分別在上午九點、十一點半和下午兩點，在實際的課堂環境中，記錄他們的可體松濃度。這對學童的壓力提供了準確的生物性指標。歐波勒還研究了老師的倦怠程度，她發現，即使在修正了因年齡、性別和起床時間所造成的可體松濃度差異之後，級任老師倦怠程度較高可以預測出學生早晨可體松濃度也較高。老師壓力愈大，學生的壓力也愈大。[17]

在有壓力時，老師如何和學生建立關係與互信呢？正如我們在上一章所討論的，這會變得異常困難。更糟糕的是，老師的壓力實際上會對學生造成不好的影響。另一方面，當壓力解除後，與有效樹立榜樣相關的元素——關係、同理心與信任就更容易獲得。這意味著學童將老師視為榜樣並模仿老師的行為、價值觀與態度的可能性會大幅提升。事實上，正如傑克森（Jackson）的研究所指出的，與個別的學生互動，和個別學生建立關係，所創造的機會可不僅於此——這能讓社會情緒學習得以自然發生。這種學習可以對兒童產生正向的終身影響。老師具有影響力的榜樣形成了一種良性循環，因為它有助於發展學生的鏡像系統。

年輕人，尤其是那些處於高風險環境中的年輕人，需要盡量有愈多機會，以有助於人生歷練的方式，來觀摩為人處事之道。這包括親社會行為——對別人表現出同理心與尊重、助人、梳理情緒、瞭解並學習如何調整情緒、如何有效溝通。有一項研究檢視那些有人能夠為之示範社會情緒技巧的高中生，他們發現這些高中生較少從事風險高的行為，像是參加幫派和從事暴力行為，心理健康情況較佳，從事有益健康的行為，例如從事體能活動、使用避孕用品。[18] 這種在社會情緒技巧方面的正向榜樣，被發現能夠提升課業成績，正如我們在傑克森的研究中所見，而這也在其他研究中被重複證實了。正向的榜樣也被證實可以改善親子關係、同儕關係、以及孩子與其他在他們社會網絡中的成年人的關係[19]，以強化正向影響與良性循環。

基於對更廣泛社會效應的理解，全世界愈來愈認識到，需要更加重視社會情緒技能。二〇一五年，英國政府委託進行一項研究，檢視校園中社會情緒學習的長期效應。他們發現，忽略這些技能的結果，會讓政府每年蒙受大約170億英鎊的損失——這是「為收拾影響年輕人的有害社會問題殘局」的結果。[20] 這些問題可以透過強調老師正向的榜樣，而能有效解決，然而我們首先需要從教育體系中去除壓力。

打造情緒商數

正向的老師榜樣不只是對弱勢人口有益。從我的工作中，我明白社會情緒技能的重要性，這些技能可以轉化為老師樹立榜樣過程中十分重要的附加成果。

社會情緒技能和心理學家丹尼爾．高爾曼（Daniel Goleman）所指稱的「情緒商數」（emotional intelligence, EQ）一詞有許多共同處。[21] 現在大家普遍認為，對領導人而言，高情商如果不是更重要的話，至少也與智商同等重要。我曾輔導過許多弱勢兒童，而且會繼續這樣做，但是我所見過的領導人，往往來自中產階級或是特權階層。許多劍橋大學的畢業生、哈佛校友、以及頂尖的醫生，他們憑藉出色的考試成績和一長串成功的紀錄而一帆風順，然而卻突然因為欠缺社會情緒能力而碰壁。就像那些和格瑞利．豪斯醫師一類的醫師們相似的方式，這些人通常有著正確的意圖。他們希望能夠有效地駕馭社會情緒世界，然而當生活中的種種細節開始變得愈來愈重要，卻發現自己貧於應付，他們才恍然大悟。自己的個人經驗、分手的另一半、工作糾紛、或是一筆談不攏的交易，都可能使他們明白，如果有更成熟的情商，他們或許能成為更優秀的人，可以成就更多事情。雖然他們經常就讀那些「最頂尖的」學校，以學業為重心，但其他軟實力方面，像是「確保為孩子竭盡全力發展他們的道德感」，就只能碰運氣了，因為學業成績才是重點。換句話說，教授這些技能的方式，在不同的社經背景中存在著差距。

這些社會情緒技能會影響各種職務的工作績效，且不只限於領導階層。例如，有兩項研究情緒商數對軍人表現的影響，這兩個研究的對象是美國空軍（US Air Force）和以色列國防軍（Israeli Defence Forces），他們發現，情商愈高，表現愈佳。英國有項研究，調查守衛牛排館（Beefeater Restaurant）的一百位經理，他們發現經理的情緒商數愈高，客人的滿意度和餐廳年收益就愈高。情商也與會計主管、班導師、事務員以及專案經理的優良表現相關。[22] 除了職場以外，優異的社會情緒技能也影響某些長期生活品質，包括幸福感、生活滿意度以及心理健康。社會情緒技能良好的人也比較不容易變得肥胖、吸菸過度或飲酒過量。[23] 簡而言之，如同政府對此的報告所指出的：「我們所收集到的證據清楚顯示，社會情緒技能對人們生活中所關心的事務很重要，這包括成人的心理健康與生活滿意度、社經狀況、勞動市場、身體健康以及與健康相關結果。」[24]

一位高情商的領導者可以在稍後的日子發展這些技能。他們有較優越的機會致力於此，並且尋求實際的幫助。不是每個在「普通」工作上苦幹實幹的人，都有時間或意願來提升自己的社會情緒技能，但是這可能會對他們的人生產生巨大的影響。我的朋友大衛．索爾（David Sole）是一九九〇年一場歷史性比賽中的蘇格蘭橄欖球隊的隊長，他從他的職業生涯中學會了這個道理。這場比賽在愛丁堡（Edinburgh）的默萊菲（Murrayfield）體育館舉行，由大滿貫賽事的決勝隊對上「賭盤押注最高的隊伍」——英格蘭隊。媒體在賽前將英國隊形容為傲慢自大。他們甚至在上場比賽以前就認為自己已經贏得這場比賽了，英格蘭的隊長威爾・卡林（Will Carling）甚至還在電視上告訴自己的隊友，他們比蘇格蘭隊傑出。[25] 有些英格蘭球迷甚至在賽前穿著「英格蘭 1990 大滿貫」的圓領衫來到愛丁堡，無異是在傷口上撒鹽。[26]

索爾是一個安靜自信、思慮周詳的人。每當我與他交談時，我覺得他認真傾聽每個字，而且真心誠意思考著我們的談話。

當他跟其他人相處時，他的行事風格也完全不變——不會在人多的場合說太多話，只是把自己的訊息清楚、有力的傳達出去。他說話時，人們聆聽。身為隊長，他將自己的這種性格——他的沉著自信——投射到整個團隊，帶領他們緩步進入球場。[27] 蘇格蘭隊當天克服種種困難，沉著自信地以13比7擊敗了英格蘭。[28] 體育記者理查・巴斯（Richard Bath）寫道：

> 大衛・索爾是又一位在歷史時刻烙印的球員，他幾乎就是那個時刻的化身：我們現在所說的就是一九九〇年，當他決定帶著自己的球隊，邁出現在已成為家喻戶曉的步伐，進入默萊菲球場，去打那場大滿貫決勝者對抗英格蘭的決賽。做為決心的宣示，那真是神來之筆，而英格蘭隊也從此一蹶不振，因而失去了五國橄欖球賽（Five Nations Rugby）史上最引人注目的一場比賽。這也鞏固了索爾在蘇格蘭民間傳奇的聲名……[29]

大衛不多言並沒有關係，因為他的篤定、不傲慢、以及堅定的信心——他自己的情商——意味著他的情緒正面擴散，影響了身邊的人，也反映在他們的舉止、態度與行事上。在一九九〇年大滿貫的決賽中，這一點讓蘇格蘭穩奪冠軍。

如同大衛為這場比賽定下基調，我們也為家人、同事、以及所有和我們有所接觸的人的一天定下基調；而老師則為學童們定下基調。那可能是細微的影響，孩子們可能根本沒有意會到，然而那種氛圍確實存在。做為一家之主，生氣的情緒可能會破壞孩子或另一半的一天。他們因為你生氣而變得不開心，然後在學校或在職場和朋友失和，給老師或他們的長官惹麻煩，或是不能專注在重要的任務上。做為運動團隊的隊長，無論是自信、沉著的態度、還是憤怒的吶喊，這種基調在整場比賽中都會反映在隊友身上。

某些因素會強化這種影響。例如，孩子很難擺脫父母的情緒，因為這對他們的自我以及他們的生活，有很深刻的關聯。他們倚靠父母做為行事為人的指導。老師或許不總是對班上的學童產生正向的影響，但是他們的壓力卻有感染力。朋友可能會深深地傷害我們，但也會因為一句溫暖的話語而使我們開心。

通過社會互動來模仿他人的心情和情緒，讓我們終其一生都能夠學習這些技能，但是正向且具建設性的情緒表達，遠比「失控」的情緒更有幫助。加州佩珀戴恩大學（Pepperdine University）的心理學教授路易斯・克佐林諾（Louis Cozolino）專門研究大腦做為一種社會器官的進化。他說明大腦不是靜態的，而是在我們的一生中，因應我們和外界的互動，以及我們所經歷到的自己本身的情緒與別人的情緒，而不斷變化與調整。我們的神經網絡會根據我們的人際互動，而不斷調整和重塑，我們反覆學習社會情緒技能。

因此，無庸置疑，這些技能十分重要。但令人擔心的是，由於我們和電子產品（而不是和人）的互動愈來愈多，我們每天學習這些技能的機會愈來愈少。這確實會對我們每個人造成影響，因為它的確讓我們的大腦失去成長和進步的機會。兒童遇到的挑戰不只是一個步調快、科技充斥的世界，而且學校的學習環境中，對考試成績日益重視，以及教育系統中因而增加的壓力，讓這個問題更形惡化。

學校不重視這些技能，其中一個主要的原因是，儘管政府、企業和個人都開始承認這些技能的重要性，但是他們仍然不清楚它們的確切影響為何，以及如何傳授這些技能。我們尚未有好的流程與方法來理解這些技能，更別說要學習這些技能了，因此制定政策的人往往猶豫不決。我們無法測量這些面向，因此我們無法指認何謂成功。以學校而言，說出我們因為課業成績提高了，所以我們有進步，是一件比較簡單的事。然而諷刺的是，正是對好成績的重視，為教育體系帶來壓力，妨礙老師示範社會情緒技能的能力，而這其實會限制學業成績。這代表，那些成績常常是填鴨而來的，還有社會情緒技巧受到忽視。我們可以創造一個正向的循環，然而我們基本上卻反其道而行。

但是在適當的情況下，利用社會情緒學習並不難。而最自然的方法，也正是我們大腦進化而至的方法，就是透過樹立榜樣。如今，我們愈來愈瞭解大腦中鏡像作用如何發生，以及為了學習某些行為，聽見和看見這些行為有多麼必要。這或許是我們向來憑直覺就知道的道理，但是現在已經透過神經科學的研究證實了，我們需要使用這些技能才能發展它們。有什麼地方會比學童度過 15,000 個小時的校園更好呢？

有什麼解決的辦法呢？在主導的政策層面，需要有些根本性的變化。首先，最該做的事是，把目標放在解除一些壓力。認為我們能消除所有壓力，是不切實際的，因為我們是生活在繁忙現代世界的人，但是我們可以儘量把它減到最少。最直接的方法就是，改變完全以成績來評量成功的焦點。這或許看起來是不可行或不切實際的，然而在芬蘭，他們已經做到了。

在芬蘭，老師可以自由地以他們認為能幫助學生的任何方式來教學。學校沒有規定標準化考試，除了高中畢業前唯一一次的標準化考試。校內沒有學生之間的相對排名，學生、學校和學區間也不會互相競爭。每所學校都著重在國家訂定的教學目標，老師全都來自排名前 10% 的大學畢業生，入選者要完成教育學碩士學位。二〇〇〇年，全球有四十個地區的十五歲學童參加了國際標準化考試。芬蘭參加了，而且結果顯示芬蘭學生的閱讀能力世界最佳。二〇〇三年，芬蘭在數學奪冠，到了二〇〇六年，在五十七個國家中的科學排名，芬蘭也是名列前茅。

另一個令人印象深刻且重要的發現是，芬蘭最佳學生與最弱學生之間的成績差異，是世界上最小的。[30] 赫爾辛基（Helsinki）一所芬蘭學校的校長馬迦納．瑪尼能（Marjanna Manninen）在一次採訪中說明，教學的核心原則之一是，孩子們走到哪學到哪：「整個赫爾辛基都是我們的教室。我們有公園、市中心、動物園——這對我們的教學型態來說，十分理想。」[31] 換句話說，孩子們運用大腦，在一個大腦已經從進化中發展出最佳回應模式的環境中學習是最為有利的。這就是我們遠古的祖先透過觀察性學習，以及良好的溝通或由故事所學習的——大自然。沒有考試與壓力，並讓老師能有因材施教的自由，解除老師和學生的大量壓力，讓老師能自在地成為良好的榜樣。

提供老師更多的自主權也被證實了可以提高老師的教學動機。[32] 芬蘭的教學體統提供了一個更有效的平臺，經由這個平臺能傳授社會情緒學習以及課業學習。這個方法是可行的，而且已經成效卓著。這個方法可能需要就不同國家的文化需要和社經環境，加以調整，而當然，我們應該把重點放在這上面。

其次，樹立榜樣和鏡像思考需要更加被重視。提供證據說明為什麼這些教學方法，既可以改進課業成績，又可以提升社會情緒學習。利用這些資訊，也可以再引進其他方法，來提高老師建立師生關係的能力，儘管師生接觸仍可能很有限。其中有一種方法是說故事，因為說故事與鏡像系統和內在角色模仿有著根本聯結，我們將在下一章深入探討。

另一個使用鏡像系統與樹立榜樣的知識來幫助老師的方法是，為老師提供更好的榜樣。就如同醫療專業人員需要有好的榜樣來效法，老師也是。阿姆斯特丹（Amsterdam）自由大學（Vu university）教育培訓評量與研究中心的教授密麥姬・路能伯格（Mieke Lunenberg）博士，對如何提供教師教育家——那些教導老師的人——最好的職能訓練，充滿熱情。路能伯格博士說：「教育家不僅扮演著支持實習老師學習任教的角色，而且在這麼做的時候，也經由他們自己的教學，為教師的角色樹立榜樣。」[33] 然而她發現，這個樹立榜樣的主要源頭，在研究與實際應用中，大多被忽略了。路能伯格建議，透過鼓勵觀察和討論之類的做法，讓樹立榜樣一事更為明確，這不僅可以幫助老師的師長更有效地樹立榜樣，也可以幫助老師學習自己如何樹立正向榜樣。

第三，我的職業目標是幫助他人的個人成長。這樣做，特別是在教學中，有一些正向的效果：這會提高我們樹立有效社會情緒技能榜樣的能力，也會保護我們免於壓力。老師應該有機會得到像大型企業所提供的那種個人發展計劃。這會讓他們有機會真正去探討自己是什麼樣的人、自己的使命、優勢、盲點、壓力的來源、舒壓的方法、什麼時候有最佳表現、以及什麼時候表現最糟。這是要成為一個好榜樣的關鍵基礎面。想要真正發出肺腑之言，建立真摯的關係，我們必須知道自己是什麼樣的人、自己所支持的理念為何、以及自己給人的印象。這種理解需要隨著自己的進步與改變，以及隨著我們所處環境與周圍人的不斷變化，而繼續進步，繼續調整。

重視個人發展是一件人人都可從中大大受益的事。我們大家都「認為」自己擁有自我覺察（self-awareness），但其實或許未必——實際上，我們當中佔絕大多數的95％的人，認為自己具有自我覺察，但其實卻只有鮮明對比的10％到15％的人，真正知道自己是誰。[34] 具有較佳的自我覺察，可以提高我們的社交能力、決策能力、以及處理壓力、化解衝突、與應付壓力的能力。[35]

對情緒商數有深入研究的心理學家丹尼爾．高爾曼，將自我覺察形容為情緒商數的基石，如果我們希望老師幫助學生獲得更高的情商，那麼老師自己也需要有高情商，並且要獲得支持來使用與發展情商。雖然政府在教師的個人發展方面可能不願意動用與企業相同的規格來資助，然而還有其他可行的方法。例如，有可能利用所謂的「同儕團體示範」（peer group modelling），這在芬蘭已經被證實為非常成功。其實這就是同儕榜樣示範（peer role-modelling），也是提供一面反饋的借鏡及一項支持的工具。這種方法已經被證實可以提高老師的適應能力、增強他們的個人認同、激勵他們、給予他們信心、並支持他們更有效率地運用自己的技能與能力。[36]

更進一步來說，如果我們想在一生當中繼續發展鏡像思考與情緒商數，這就是我們大家都應該追求的目標。

其中當然牽涉到許多因素，但簡單來說，當前對老師和學校教出優異學業成績的期望，給教育系統帶來了很大的壓力。壓力妨礙老師樹立榜樣的能力，也危及以一種能激發、釋放潛能並產生學習熱忱的方式來教學的能力。這種壓力妨礙老師與學生建立關係、建立信任、及表現認知同理心的能力。這也會阻止老師傳授那些無法透過口述而獲得，但卻對人生和社會極為重要的能力——社會情緒技能。教導教學課綱上的項目只是教育的一個面向。老師還應該能夠有效地溝通，與學生互動，讓每位學生都能夠感覺自己被看見、被聽見，感覺受重視，對學習與自己的未來受到鼓舞——這就是我們希望孩子能擁有的。

這似乎顯得很不切實際，然而我們也見識到了，在芬蘭，他們的焦點並不只限於學業成績，老師能夠自行判斷如何透過上述方式，幫助學生全面發展且學業有成。的確，這是依循合乎天性的方式運用鏡像思考。在現代化的世界中，芬蘭的教學方式符合——而非阻礙——進化的機制。老師被視為在社會中扮演重要且受人尊敬的角色，他們的地位與律師或醫生相仿。[37] 如果我們考慮到老師可能產生的潛在影響，那麼這種情形其實應該要是舉世皆然。

如果應用我們對鏡像系統所知，我們就能夠提供有事實依據的機制，來實現正向的改變。如果我們能夠把重點改換為支持老師，期望老師成為與學生建立關係、培養信任、展現同情心的正向榜樣，而不是只注重成績，那麼正向成果將是豐富多元。這些成果會包括從更佳的學業成績到更快樂、更健康、更滿足的老師，然而最重要的是，學生不僅會具備能獲得成功人生的好成績，而且還能具備社會情緒技能，以一種更有成就感的方式來達到成功人生，也能讓學生真正實現自己真實的潛能。

第六章 說故事，做白日夢

隨著歷史開展，讓跨越不同文化與時代的說故事的人更廣為人知。圍著村落營火講述民間傳說的部落長老；說出至理名言直到今日仍被引述的哲學家，諸如柏拉圖（Plato）與亞里斯多德（Aristotle）等；開疆闢土的傳奇人物、歷史中的僧人與牧者、全球文學經典的巨擘、直到現今的影音部落客與部落格主——他們的故事塑造了全人類。這些偉大的傳播者把文字以一種述說真實、感人、叫人神往的故事方式，編織在一起，讓周遭人們的大腦不僅與講述的故事產生共時性，也讓聽故事的人心同此時。故事在每個人的腦中被想像著，各具個人意涵，透過鏡像系統觸動每位閱聽人的情感與動機。

在美國，牧師是公認的領袖人物，他們透過極具力量的語言，在廣大的會眾中鼓舞情緒。例如，美國聖公會的牧師芭芭拉．布朗．泰勒（Barbara Brown Taylor）被《時代雜誌》（*Time*）列入世界百大最具影響力人物的名單（Time 100 list）[1]；美國福音派基督教牧師華理克（Rick Warren）所寫的《標竿人生》（*A Purpose-Driven Life*），以八十五種語言發行，銷售超過3,200萬本。華理克在洛杉磯（Los Angeles）玫瑰盃體育館（Rose Bowl）之類的會場，向超過八萬名的會眾布道。[2] 他們看起來就像是天生的傳播家，但他們的能力是經由多年的模仿與經驗所打造出來的。

有一個小男孩，他做為這類領袖與傳播家的兒子與孫子長大，我們對他知之甚詳。我們是因為他的信仰而認識他。我們當中有許多人也有堅定的信仰，也曾在生活中的某些事上遭受不公義的對待，然而不僅是他對自己信仰的委身與他承擔的意願，使他成為全球家喻戶曉的名字：而是他傳講故事的能力，讓他周遭的人止步聆聽。

小馬丁・路德・金恩（Martin Luther king Jr.）在一九二九年一月十五日出生於喬治亞州（Georgia）的亞特蘭大（Atlanta），他的父親是浸信會（Baptist）的牧師，也是一位敢言的民權運動提倡者，他的母親是一名教師。他的外祖父也是一位浸信會的牧師。金恩是一位非州裔的美國人，他有一位要好的朋友，是個白人小男孩，由於喬治亞州的種族隔離法，在他們六歲大的時候，他們被分發到不同的學校就讀，而那位白人小男孩的父親不允許他們再在一起玩了。這種的不公義，金恩從未遺忘。在高中時期，他成為公開演說的高手，他加入學校的辯論隊，並且以雄辯技巧聞名。他很聰明，努力向學，偏好醫學和法律。在他就讀大學的期間，他定期去聽他的老師暨導師班傑明・梅斯（Benjamin Mays）的講道，梅斯是浸信會的牧師，是民權運動的領袖和大學校長。金恩日後在自己的傳記中回想梅斯和父親對他的影響：

> 我想父親的影響對我投入宣教有極大的關係，這並不是說他曾經和我提及做牧師的事情，然而我對他的欽佩成為最大的動力；他為我立下一個尊榮的榜樣，讓我不介意跟隨他的足跡而行。[3]

金恩和梅斯顯然非常親近，而無庸置疑，梅斯對金恩有偌大的影響力——梅斯對金恩的影響力如此巨大，以致金恩被稱為梅斯的「屬靈之子」。[4] 金恩向他的父親、祖父、屬靈的父親、以及許多其他偉大的黑人演說家，這些在成長過程中環繞其身旁的人物學習，而他自己則發表了歷史上令人永誌難忘的演說之一。一九六三年八月二十八日，在華盛頓哥倫比亞特區（Washington, D.C.）林肯紀念堂（Lincoln Memorial）的臺階上，他向二十五萬多名民權運動的支持者，呼籲結束美國的種族主義。這個演說已被公認為美國歷史上最具代表性的演說之一。[5] 他對這個運動的熱情與焦點，顯然是受到周圍的榜樣人物所影響。

就鏡像模仿的脈絡而言，我們可以看到金恩的價值觀、信仰、態度、技巧與志向從何而來。在他的一生中，他見識到卓越的演說家，很早就開始鏡像模仿並打造自己的能力。他聽過梅斯如何敘述故事，而梅斯本人則是受到甘地（Ghandi）的啟發，即使金恩將自己的演說方式昇華為尊重與非暴力，卻仍然磅礡有力，激勵了千百萬人，過去如此，現在依然如此。他那天在林肯紀念堂所說的一字一句，數十年來仍然迴盪其間：

> 我有一個夢，有一天，在喬治亞州的紅山上，昔日奴隸的兒子能和昔日奴隸主人的兒子，並肩同坐，共敘兄弟情誼。
>
> 我有一個夢，有一天，甚至連密西西比州，一個正義備受煎熬，人權橫受壓迫地方，也將轉而成為自由與正義的綠洲。
>
> 我有一個夢，我的四個小孩，有一天將會生活在一個不以他們的膚色，而是以他們品格優劣來評價他們的國度。
>
> 今天，我有一個夢。[6]

即使在他這個簡短的演說片段中，我們透過自己的想像力，被帶到喬治亞的紅色山丘上，到密西西比的酷熱中，被敦促前行到一個有著自由與平等的綠洲，充滿希望的未來，在那裡，人們並肩齊坐，共敘兄弟情誼，而且有異於金恩本人的經歷，孩子們能夠與自己選擇的玩伴一起玩耍。他用強烈的意象描繪了現況與願景，帶領聽眾隨他前行，遠離對奴隸制的仇恨，走向一個合一的美國。他的言語中帶有感情：他有同理心又能貼近他的聽眾，提及自己的孩子受到不公平待遇。他的懇切真摯，明白呈現：他的話語發自內心，也源於他多年以前與兒時同伴分離的經驗。對於他的白人聽眾，他的訊息是，不要在不明白「性格優劣」的情況下評價無辜的人，他以一種溫和的方式提醒他們的良知，卻不至於惹惱他們。

根據當今的民權領袖約翰·路易斯（John Lewis）的說法，「藉由他說話的方式，他教導，他激勵，他傳遞訊息，不僅是向當時在場的人們，也是向美國各地的人民，以及未來的世代。」7

金恩說故事的天份無疑是經由世代傳承的，大家的狀況通常也是如此。從人類最早期的生活開始，每一代人都會講故事給下一代的人聽。這些故事通常不是來自書籍，而是口述——和生活相關的故事，自己的生活、父母的生活、父母的父母的生活故事。故事有一種神奇的力量，引人入勝，我們會記得這些故事，並且透過它們傳遞價值觀、道德觀、以及許多觀念，儘管或許會遺漏某個名字、某個地方。

我的祖母，她的名字叫露比（Ruby），她會告訴我她年輕時候的故事——她不快樂的童年故事：她在倫敦一個富裕人家當保姆的事情；那些她被眾多追求者追逐的日子。在一個故事中，她敘述了在一座英國詹姆士風格（Jacobean，編註：是指詹姆士一世統治時期〔一六〇三至一六二五年〕的建築風格）的莊園——諾爾莊園（knole Park）裡的舞會，在我童稚的頭腦中，它變成了灰姑娘的宮殿。故事中種種細節的交代，描述得如此清晰，充滿感情，當她描述衣料的顏色、禮服的質感、抵達富麗堂皇的莊園、一些浪漫的行徑，我彷彿可以想像自己站在年輕的祖母身旁。如同金恩一般，祖母藉由吸引我的感覺接受器（sensory receptors），並且透過鏡像神經元，強化我同理心的感受，觸動我腦中多個大腦區塊。

我們都是故事的產物

每個家族都有一個故事，人類這種傳遞訊息的能力，為鏡像模仿提供了另一種機會，在塑造舉世所見的文化與社會上，是重要的功臣。從進化的角度來看，故事的傳頌是絕對重要的。數千年前，我們沒有正式的教育和書籍；說故事是藉以傳遞訊息與學習的關鍵方法。白天，孩子們會跟隨父母去狩獵，觀察父母的一舉一動，或是與父母同行，學習哪類漿果可以安全採食，而哪類漿果必須避免，哪些漿果可以治病，而哪些漿果有毒；到了晚上，在營火旁，故事開講了。

這些故事是有關前人的寓言，他們的歷史、犯錯的故事、習俗、以及構成他們所居住社會的文化價值觀與守則。這樣的傳統延續數千年，時至今日。雖然我們或許無法明確地意識到自己家族的價值觀與信念，但這些事往往是代代相傳。許多家族的故事也不會明文記載，除非我們湊巧和某位知名人物有親戚關係。那麼我們如何記憶這些事情呢？靠照片嗎？沒錯，不過也會透過聽取和這些照片相關的口頭敘述；記憶在我們的腦海裡傳承、分享，擷取其意義，代代相傳。

一個說得好的故事可以讓孩子和大人都著迷，而且在傳遞像是道德與價值觀，這類無形的人生必需品中，扮演關鍵角色。說故事和童年絕對是息息相關，但是長大成人後呢？除了在戲劇與文學之外，它還有何作用呢？而且這又和鏡像神經元有何相關呢？正如心理學家簡．德賽迪（Jean Decety）所說的，讓我們成為一個獨特物種的原因在於，我們「有意識地運用自己的想像力，來模擬現實世界與虛擬世界」[8]。我們對聽故事和創作故事同樣在行，並且能夠想像在我們自己或別人生活中，所發生的事情與尚未發生的事情。這不僅為我們提供了傳遞知識的重要社交能力及方法，同時也是溝通、建立關係、與學習的重要管道。而對此，很大一部分的責任歸諸於鏡像思考。故事之所以重要，不僅是因為它們引人入勝、饒富趣味，還因為它們在聽眾大腦中所啟動的區塊。鏡像神經元能夠讓我們對他人的行為、思想、及感受進行所謂的「具身模擬」（embodied simulation）。

這要如何辦到呢？如果用事實對我們解說某項事物，這個行為會運用到我們大腦中與語言相關的區塊，這有助於我們理解對方所說的語彙，並分析字詞的含義。但是，這並不會動用到更多的大腦區塊，也不會和觀眾有情感上的連結。例如，在課堂上，如果期望老師透過下達指令來授課，那麼他們就無法和學生建立關係，以期為學生樹立榜樣一事，打下良好的基礎。

當同樣的訊息透過故事傳達時，不但大腦的語言處理區塊參與其中，而且與敘述中所提及的幾個面向相關的大腦區域也參與其中。由法國一所語言互動實驗室（Laboratory of Language Dynamics）的神經心理學家佛蓉妮卡・布蘭格（Véronique Boulenger）所進行的研究，使用大腦成像來顯示說故事的影響。布蘭格發現，當受試者聽到像是「約翰抓住那件物體」和「巴布羅踢球」之類的句子時，對受試者的大腦掃描顯示，運動皮質（motor cortex）中的活動與該特定抓取動作或腿部動作有關。其他成像學的研究顯示，當我們聽到與嗅覺相關的語詞，像是肉桂、氨水或薰衣草等氣味相關的詞語時，我們的嗅覺皮質（olfactory cortex）會亮起來[9]；當我們聽到與質地有關的比喻時，感覺皮質（sensory cortex）中那個在我們觸摸物品時感受質地的部分會活躍起來[10]；在視覺皮質（visual cortex）的顏色與形狀方面，以及在聽覺皮質（auditory cortex）的聲音方面，也是如此。[11] 這表示，在神經系統的層面上，故事所牽動的大腦區域，比單單傳遞事實所牽動的大腦區域更廣，故事能藉由創造一個色彩豐富，富有感情的模擬現實，讓聽眾彷彿實際經歷他們所聽見的內容。閱聽人的大腦映射出故事的內容或說故事者的大腦。當我們聆聽一段敘述時，我們的想像力為我們效力，我們的情感也隨之啟動。我們不僅瞭解我們所聽到的內容，而且會和所聽見的內容產生情緒上的連結。類比和隱喻的運用常見於最棒的故事敘述中——馬丁・路德・金恩的演說只是其中的一個例子。

由普林斯頓大學（Princeton University）神經科學研究所（Neuroscience Institute）心理學教授烏里・哈森（Uri Hasson）所領導的神經科學家團隊甚至更進一步證明，在說故事時，說故事的人和聽眾的大腦實際上是同步共振的。二〇一〇年，哈森和他的同僚利用功能性磁振造影同時記錄說故事的人和聽眾的大腦活動，他們發現兩者的大腦活動在空間上和時間上都是連動的。[12] 換言之，說者和聽者大腦的相同區域被活化了，兩者在時間上也是同步的，雖然略有延宕，顯示說故事者和聽者的大腦活動互為鏡像，但其中有著「時間」上的差異。

研究人員發現，這些時間差可以用聽者處理說話者的資訊所需的時間來解釋。[13] 哈森說明了此一過程是如何令人難以置信，這過程等同於一個人親身「感知」並經歷了此一事件。然而這個經歷並非來自具體的外在環境，而是來自另一個大腦，另一個人。[14] 他們在自己的腦中映射出所聽聞的內容，因而複製了說故事者腦中的意象。因此，說故事者和聽者之間形成了強而有力的連結。能夠連結聽者的大腦表示重要的訊息可以被傳達並且被記憶，宛如說者與聽者一起經歷過共同的經驗。這是十分受用的，因為這讓我們知道，在傳遞重要的學習知識時，鏡像神經元有其作用。在文字發明以前，這就是文化和社會不僅得以延續，而且能為人所知，不斷進步的基礎。

提到說故事的細節，二〇一八年所做的一項研究顯示，我們是先被故事中的人物，而非故事情節所吸引。換言之，當我們聽人說故事時，說故事的人以及他們所提及的人，最能吸引我們的注意，其次才是所敘述的故事情節。這又再次說明了其他人對我們大腦的影響。當我們聆聽任何故事時，都會啟動以人為導向的相關神經網絡。例如，當某人被描述為害怕與絕望時，會在聽眾的大腦中相應的區塊，模擬那種情緒。

這種現象在二〇一八年獲得加拿大安大略省（Ontario）麥克馬斯特大學（McMaster University）神經科學家的證實，他們也是利用功能性磁振造影檢測受試者的大腦。在受試者被掃描的過程中，讓他們看新聞標題，像是「外科醫生在病人體內發現剪刀」或是「漁夫從冰冷的湖中救起男童」。然後要求受試者透過口頭描述、啞劇手勢、或是畫圖來重現這個事件，或講述這個事件的故事。他們發現，無論受試者採用哪種形式來重現這個標題，被活化的大腦網絡都是明顯以人物為中心，檢視故事焦點人物的意圖、動機、信念、情感以及行動。[15]

因此，我們並不意外，克萊蒙研究大學（Claremont Graduate University）神經經濟學研究中心（Center for Neuroeconomics Studies）主任保羅．扎克（Paul Zak）博士的新研究指出，故事不僅會塑造我們的大腦，而且會改變我們的態度、看法與行為，也會激勵我們，讓陌生人彼此聯結，並且讓我們變得更具同理心、更寬厚。[16] 生而為人，我們的社交能力以及社會依存性，意味著我們利用故事做為一種方式，在人與人之間，世代與世代之間，以及社區與社區之間，傳遞重要的訊息與價值觀。

扎克和他的團隊使用功能性磁振造影發現，個人的故事和打動人心的故事，能讓大腦更加投入，這也就意味著，相較於單單以敘事所傳達的資料，故事更容易被記住。扎克和他的團隊利用同一名罹癌兒童所拍攝的兩部不同方式傳達訊息的影片，來探索哪些角度能讓大家更容易與故事聯結，因而捐款。他們使用以下「小班來日不多」的敘述，在影片中播出。扎克對影片的描述如下：

> 「小班來日不多。」
>
> 這就是小班的父親對著鏡頭所說的話，鏡頭中我們可以看見小班在遠處玩著。他才兩歲大，不知道腦瘤會在短短幾個月後就奪走自己的生命。
>
> 小班的父親告訴我們，想在小班身邊強顏歡笑有多麼困難，因為他父親知道即將發生的事情。然而，他最終還是決定尋求一股力量，為了兒子的好處，存心快樂，直到小班嚥下最後一口氣。[17]

受試者還看了小班的影片，小班因為做化療而沒有頭髮，他和父親一起逛動物園。第一個影片會刺激和壓力有關的可體松分泌，這應該是受到鏡像神經元和催產素（oxytocin）的誘發，這兩者是和人與人之間的連結能力有關。看起來，這是在模擬聽眾腦中所映射出的這對父子的經歷。第二部影片對小班和他父親的角色著墨不多，比較無法引起興趣，沒能抓住觀眾的注意力。毫不意外地，看完第一支影片的人比看完第二支影片的人捐贈給兒童癌症慈善機構的款項要高。發人深省的是，扎克有辦法顯示每一種荷爾蒙所釋放的濃度預測捐款的準確度高達80％。[18] 這個簡單的例子顯示，說故事如何在分子層面上影響人類，塑造大腦，並且影響態度、看法與行為。

當我們聽到一個故事時，我們通常對自己所受的影響渾然不覺，這讓我們容易有身歷其境的感受，寓教於樂。但這也容易讓我們淪為那些為達自己目的而試圖操縱別人的大腦功能者的獵物，除非我們注意到這些反應。正如我們所見，說故事可以，並且已經被廣泛運用在各行各業：為慈善機關籌募基金；讓教育工作者分享知識；讓紀錄片工作者向觀眾傳達重要的觀點；讓電影製作人震撼、驚豔、迷惑觀眾；讓廣告商促銷商品。世界各地的廣告商和經銷商都知道我們的大腦激素如何運作，也利用我們的不察，來說服我們購買他們的產品。

例如，你如何使某種衛生用品挑動人們的情感，或是讓它成為大家想要討論的話題呢？**「像個女孩一樣」**（#LikeAGirl）理解在青春期期間，女孩子的自信是個大問題。衛生用品製造商護舒寶（Always）的品牌經理發現，這大多是歸咎於性別刻板印象，認為男生比女生更有力量、更強壯。他們特別注意到，在西方文化中，男孩的教養就是，怎麼樣都可以，就是不要像個女孩一樣，儼然就是說，做個女孩就是不夠好。在對品牌主張的案例研究中，市場銷售人員解釋說：「其實，『像個女孩一樣』一詞，經常被用來羞辱某個軟弱、過度情緒化、或無用的人。」[19] 而這就是他們用來博取觀眾投入情感的方式。利用真實生活的社會實驗，受試者在不知情的情況下（他們認為自己只是參加試鏡），被要求「像個女孩一樣」來做某些事。他們跑步、打擊、投球、打拳擊。成年男子、男孩、和成年女子表現出軟弱、敷衍、或可憐兮兮的樣子。然而，青春期前的女孩卻是充滿活力，自信、強壯。這所傳達的訊息就是——在社會影響這些女孩以前，她們對自己有信心。這個活動非常能打動人心，所分享的故事，引起大家強烈的共鳴，這支影片被分享超過 9,000 萬次。在這個活動的前三個月，#LikeAGirl 主題標籤的使用次數超過了 17.7 萬，二〇一五年的三月，這個標籤甚至受到聯合國的認可。護舒寶聲稱他們已經「把『像個女孩一樣』的意義，從羞辱變成它原來就值得的最棒讚美！」雖然不幸的是，這種說法或許未必完全正確，但它確實提高了 50% 的購買意願，而使得銷量大增。這或許無法真正改變文化上的觀點，但的確產生了正向的影響。

我丈夫的一位好友，曾經從事過各樣令人難以置信、有趣的行銷工作。他對說故事充滿熱情，這個本事是他在成長過程中，從聽祖母說故事學來的。他成功地把故事帶入行銷各種產品，從雪茄到飛機，從網路旅館到音樂界。他在愛迪達工作的時候，在「沒有不可能」（Impossible is nothing）的行銷活動中，扮演重要的角色，拳擊界的傳奇人物穆罕默德．阿里（Muhammad Ali）、長跑健將海勒．格布雷西拉西耶（Haile Gebrselassie）、足球偶像大衛．貝克漢（David Beckham）、以及 NBA 明星崔西．麥格瑞迪（Tracy Mcgrady）等人，都參加了這個活動。某種共同的領悟引起了聽眾的想像：這些人都曾在遭遇挫折時懷抱希望；儘管面臨挑戰，他們還是無懼風險，創新紀錄，打破傳統，克服了不可能的事情。[20]

他利用像是《糖果傳奇》（Candy Crush）這類網路遊戲，來改造文化（在荷蘭，曾經每七人就有一人玩過 Candy Crush 這個遊戲）。甚或在英國各地廣建操場來支持奧運會。這些場地使貧困地區的體育活動參與度增加了110％，而其連鎖效應是，讓所參與的孩子福祉提升，減少犯罪。能夠傳講故事，讓我們擁有強大的傳播能力，讓我們每一個人都能成為領導者，樹立榜樣，在聽者的腦海中傳達我們的價值觀、理念與理想。這些都是在尋求市場佔有率或銷售量的同時，還能有一些良善意圖，與更廣大的正向好處的例子。然而事情並非總是如此。

這些影像與故事，以及更多由世界各地的媒體、政治人物、及廣告商所述敘的事物，天天都在影響著我們每一個人。我們在腦中扮演起我們所看過的電影角色，他們的故事在我們自己的神經網絡裡真實上演，我們演練著劇情，並且無意識地準備回應，我們不假思索做出決定，而且太常盲目過活。這往往意味著，某個善於溝通的人，無論他們會是多麼糟糕的領袖或政客，只要透過他們善於說故事的能力，就能夠操縱我們，而我們始終無法認清這點，看到問題的真相。

我腦子浮現的就是希特勒（Hitler），他在監獄服刑期間，讀了法國博學多聞的古斯塔夫・勒邦（Gustave LeBon）的作品。一八九五年勒邦出版了一本書，書名為《烏合之眾：大眾心理研究》（*The Crowd: A Study of the Popular Mind*），希特勒曾在他的宣言《我的奮鬥》（*Mein Kampf*）中提到這本書。大家普遍認為，希特勒從這本書中所獲得的領悟，影響了他說服德國人民的方式，讓人民相信，他仇恨的想法是為德國人民謀福祉。希特勒模仿勒邦所提出的宣傳技巧，利用這些技巧，藉由鏡像思考來吸引人。

不幸的是，在任何群眾裡，總會有某些人能夠刻意操縱他人。然而，如果我們都懂得這些影響的可能後果，那麼至少會提供些許保護，避免無意中受到吸引。雖然我們很慶幸沒有任何當代版的希特勒，但不幸的是，操作的能力被社交媒體的影片與聲量擴大了。你能夠藉由瞭解這些操作，而抵消這類事情對自己生活的影響嗎？既然並非每一個我們所聽到的故事都是事實，那你有何對策呢？

領導者可以有意識地運用自己的影響力，以正向的方式樹立榜樣。一個善用故事的優秀領導人，可以喚起追隨者的情感與瞭解，使他們的中心思想更加清楚，更有意義。這會幫助大家知道該相信什麼，該重視什麼，以及未來的光景藍圖。一個說得好的故事，比起以資料為主的訊息，更容易記得清楚、正確且持久。[21]

白日夢的力量

當我們聽故事時，我們會在腦中想像自己所聽到的內容。我們也可以用出神入化的方式運用自己的想像力，無需外在的言語，而是自己說故事給自己聽。在心理學的研究領域中，這被稱為「白日夢」（daydreaming）。這也是運動員常用的一種技巧，稱為「意象化」（visualisation，又作視覺化）。重要的是，自己說故事給自己聽、做白日夢和意象化都是鏡像思考的另一個關鍵面向。

我所輔導的許多人都極其奮發努力，缺少時間，所以覺得自己沒有多餘的心思做白日夢；主管、外科醫生或顧問都急於實現他們的下一個目標，所以沒有餘力讓自己胡思亂想。但我鼓勵他們每一個人都去嘗試。在我所輔導的人當中，運用想像力最理所當然的一群人，就是時裝設計師和創意總監，他們的目標取決於受啟發的「奇思妙想」。然而，做白日夢不是只為了創造力，也不是為了讓我們的腦袋漫無目的的空想。白日夢領域最傑出的研究者是耶魯大學醫學院（Yale School of Medicine）的心理學榮譽教授傑若米・辛格（Jerome L.Singer）。辛格區分了無益的白日夢，這種情況是指，例如，耽溺於憂慮中，因而失去專注；和他所謂的「正向而建設性的白日夢」（positive constructive daydreaming）。[22] 辛格說明這種正向型態的白日夢包含有趣及有希望的意象、有趣的創造性想法、想像力與幻想，這些都被認為是心理健康的基本要素。正向建設性白日夢還與計劃未來相關——能夠想像明天、明年、和幾十年後會是什麼光景。這種類型的白日夢也讓我們能夠解決問題並反省——回顧所發生的事情及其意義。[23] 正是這種白日夢的形式讓創意工作者得以創作，讓運動員做意象化訓練；白日夢也為許多人生成就奠定基礎。

大多數時候，這種內建榜樣的形式，鏡像映射事件可能的狀態，是在無意識的情況下進行的。這種例子對每個人而言都不陌生。你可能曾經有過這些狀況，或許在閱讀本書時，突然發現自己讀了好幾頁書，但其實並不知道自己剛剛閱讀的內容；或是在淋浴時，完全忘了時間；開車時，根本記不起來一路上的景況，因為自己正想著其他事情。有時候你可能會擔心——我剛剛鎖門了嗎？我有帶手機嗎？有時候還可能在自己沒有注意的情況下，發現自己解決了某個問題或某個狀況。根據估計，我們幾乎有50％的時間在做白日夢。這是很多時間，所以想像一下，如果能善加控制，會有多大的幫助啊！

你或許也會故意使用白日夢和想像力，但卻不自覺。這種例子包括了在腦中仔細盤點度假時所需打包的行李，上班時應該攜帶的物品，或是參加聚餐時該採買的食物；或者為了讓自己分散心思，擺脫不順心的一天，而開始籌劃週末的行程；還是幻想享受自己最喜歡的食物。有建設性的白日夢能力，允許大腦以一種能創造可能的冥想能力，並非人人皆能輕易開啟，對某些人而言或許比較容易，某些人則能更有效地發揮這種技能。但無論如何，這是一項值得發展的技能，其中的一項方法是透過解析白日夢在鏡像系統的作用中實際運作的各種方式。

如果我們的想像力和與其相關的大腦機制失控會發生什麼事情，在精神分裂症（schizophrenia）可以看到驚人的寫照。將近70％的精神分裂症患者會產生幻覺（hallucination）。[24]

幻覺是一種內在經驗，會察覺到其他人不會經驗到的感覺。某些學者將這些狀態描述為「想像力退化——此說法是因為這些想像的片段是（患者）無法直接隨意控制的」。[25] 雖然我不喜歡其中使用貶損的語言，但重點是，想像力在精神分裂症患者腦中扮演著極其重要的角色。而更為相關的事實是，這的確與鏡像神經元系統的功能異常有關聯。例如，當患者患有比較嚴重的幻聽時，鏡像神經元的活動就會增加。[26] 這種現象被認為與鏡像神經元有緊密的關聯，以至於某些學者甚至說，其他症狀的各種影響，會引起鏡像神經元系統的「病理性化生重組」（pathological metaplastic reorganisation）。[27] 不幸的是，事情就是像聽起來的這般戲劇化：簡單來說，這是鏡像神經元相關的細胞組織重大的重組。我們的大腦的確具有強大的功能來幫助重現真實，但不幸的是——對於患有各種精神疾病的人來說卻是非真實。如果我們很幸運能夠控制想像力，那麼我們當然應該善加運用。

善用白日夢——預測未來

正如我前面提過的，我們能夠運用想像力的一種有益方式，就是展望未來，將我們的思想投射到一個尚未誕生但充滿可能性的領域。這對於心理健康與成就無比重要，這能夠讓我們抱持希望，並預想正向的成果。這對設定目標也極其重要，讓我們能夠決定自己想做的事，決定自己的時程。這種內建的「預測未來」其中蘊含一種有力的元素，那就是它教導我們如何將複雜的資訊，儲存在大腦中，用以解決問題，打造另類現實。

後面這種說法聽起來十分美妙，但這就是人類歷史上許多最具開創性的領袖人物、發明家和科學家，運用他們的想像力所做到的事情。[28] 李奧納多·達文西（Leonardo da Vinci）能夠想像一個擁有降落傘、直升機、甚至是坦克車的未來，比這些事物存在的時間還早了五百年。愛因斯坦（Einstein）預想出超越牛頓力學的思考，才能提出相對論的特殊理論。艾米琳·潘克斯特（Emmeline Pankhurst）信仰一個婦女可以充分參與政治的世界。羅莎·帕克斯（Rosa Parks）嚮往一種非裔美國人可以在公車上自由選擇座位的生活，而馬丁·路德·金恩展望這樣的人生：「我的四個孩子，有一天將會生活在一個不以他們的膚色，而是以他們品格優劣來評價他們的國度。」[29] 在商業界裡，亨利·福特（Henry Ford）有開發汽車的遠見，比爾·蓋茨夢想每個家庭都能擁有一臺個人電腦。

想像力能夠非常有效地被用來解決概念問題。領導者通常需要具有謀略，這代表要有遠見，以及對尚未發生的事情，或甚至被認為不可能的事情，要有全盤考量。對於「策略思考」的真正含義，其定義眾說紛紜，但廣義來說就是，能夠以特定年限，為組織目標做前瞻性思考的能力。然而，這並不是那麼容易的事，因為它還必須考慮到市場的潛在變化、可能的威脅與機會、財務限制、投資、以及許多其他因素。換言之，這需要同時在腦中處理大量資訊，而這些都要透過想像力來進行。

我們可以想像不同的可能性，研究它們的可能演變，然後決定執行計劃。當然，這些規劃也會被寫下來，和其他人討論，然後再公諸大眾；但是想像力的階段，即便有財務目標的考量，也是很關鍵的。所有人都會以這種方式運用想像力來訂定計劃、設定目標、考慮各種可能性。這也是我們每個人都可以加強的地方。想像我們都像是上述的先驅者。這或許不夠務實，但我們至少可以將自己的前瞻思考能力發揮到極致。而那些小小的鏡像神經元會是最大的幫手。

善用白日夢——創造力

我們想像力中有個元素通常顯得很神祕，無法定義，對那些自認不具備這項能力的人來說，甚至是遙不可及，然而實際上，那是人人唾手可得的：創造力。創造力透過藝術、音樂、文學和時尚，為我們的生活增添深度與色彩。在業務創新中，這是在競爭中搶得先機的關鍵。現下的流行用語談論的是快速失敗（failing fast），這為員工提供了嘗試與犯錯的空間，也為創造力的運作提供線索。

研究創造力與大腦間聯結的心理學家們，最近將創造性認知（creative cognition）定義為

「一套支持新奇與有益思想產生的心理過程……自發性的思考衍生自大腦內部的心智活動。」[30] 創造力涉及數個大腦網絡，無法單獨區分至鏡像神經元，或腦部任何其他特定元素的層級。但是一般認為，創造力的基本要素，部分取決於**觀察性學習**（而觀察性學習則與鏡像神經元直接相關），再加上記憶、認知彈性與追求新奇。[31] 此外，「大腦內部的心智活動」也被假設為是有賴於鏡像神經元。

一九五八年六月七日，一位被盛讚為創造出既新奇又有用處的點子，帶給數百萬人歡樂、娛樂、享受的人，在明尼拿波里斯（Minneapolis）誕生了。他就是王子．羅傑斯．尼爾森（Prince Rogers Nelson），朋友暱稱他為「船長」（Skipper），是爵士歌手暨鋼琴家的母親馬蒂．德拉（Mattie Della）和詞曲創作者暨鋼琴家的父親約翰．路易斯．尼爾森（John Lewis Nelson）的小孩。他的父親很安靜，說起話來輕聲細語。[32] 在音樂環繞的環境中成長，這個小男孩的鏡像神經元一定浸淫在各樣可供觀察、聆聽、和仿效的榜樣中。他五歲大時第一次看到父親彈琴。他說：「這真是太棒了，我簡直不敢相信。好多人在尖叫。從那個時刻起，我就想要成為一名音樂家。」[33] 他還不到七歲就自學鋼琴、作曲。他後來學會演奏頗為驚人的二十七種樂器。[34]

他用本名在一九七八年發行第一張專輯，後來擁有史上最具影響力、創作豐富的音樂事業。對從小自學聽來的音樂的執著與迷戀，在他藝術家的身上顯露無遺，他把自己的音樂、服飾、舞蹈帶到一個超乎預期的程度。他探索，不怕一再嘗試，無拘無束。他曾經告訴一位舞者說：「舞吧！彷彿這是來自天上的呼召」[35]，顯示出他在這件事上是如何挑戰極限，就像在他生活中的其他面向一般。他穿高跟鞋和絲襪來打破性別法則，但同時又表現出男性的特質。這種向經驗開放之舉，經常被指為創造能力所不可或缺的。[36]他有足夠的自信，他的一生都拒絕順從，使他得以有旺盛的創造力。他的音樂都是自己創作的——創作不同曲風的音樂，每天都做一首新歌——而且他經常演奏在專輯中的每種樂器。他拒絕讓他的第一家唱片公司——華納（Warner）控制他的創作權，只有在他能製作自己音樂的情況下，才和他們簽約。他十分專注，永遠好奇且不斷學習。

王子是音樂界和音樂領域以外的領導者。他體現了創造力與一種跨領域的態度，這要歸功於想像力活躍的大腦，而想像力則是拜鏡像神經元之賜。但是鏡像思考的作用並不僅限於此。鏡像思考始於王子成長過程所受到的影響。他被音樂所環繞，雖然他創造了自己獨樹一幟的聲音，但他最初的學習來自鏡像模仿，這和所有孩子模仿父母，並且不知不覺從周遭的環境中吸收是類似的方式。

有趣的是，有關鏡像神經元最初的發現是與動作有關。這也適用於音樂的所有元素，從打鼓和唱歌，到風鈴和響板——這些都是王子演奏過的樂器。「協調動作的物理振動產生了聲音」[37]吸引了鏡像神經元，以便使觀看的人看見聲音是如何產生，如何複製。由麥基爾大學健康中心（McGill University Health Centre）的神經科學家伊茲凡・莫拿－扎卡克（Istvan Molnar-Szakacs）所領導的一項二〇〇六年的研究認為，鏡像神經元的這種作用不只攸關學習音樂及演奏音樂的人，它其實還讓聽眾和音樂家的大腦同步。啟動了和說故事時我們的大腦成為同步時相仿的機制：「這種共享的音樂表現形式，具有與共享語言或動作，相類似的溝通潛力。」[38]莫拿－扎卡克說明音樂、動作和同步之間的關聯，不僅在產生聲音和聆聽音樂時很明顯，而且在跳舞時，這種關聯也很明顯。音樂和舞蹈兩者都與額葉（frontparietal）的鏡像神經系統有關——大腦最高階的部分。因此，音樂天才並非僅靠智商，也要歸功於高度進化的鏡像神經元系統。藝術家與聽眾或歌迷之間的這種同步感覺，也觸及到鏡像神經元系統的另一個關鍵部分，這個部分最典型的例子就是經常圍繞著這類關係的大量情感表露，尤其是當鍾愛的音樂家去世時，譬如我們最近幾年看到大衛・鮑伊（David Bowie）、喬治・麥可（George Michael）和王子本人的過世。

二〇〇二年我有幸在漢默史密斯阿波羅（Hammersmith Apollo，編註：英國倫敦的一座劇院）看到王子。我在王子的音樂聲中長大，一直很喜歡他，也會買他的唱片，可是我不會說自己是他狂熱的粉絲。後來我遇到了我先生，他對王子的所有事情都瞭若指掌，而且對他的能力激賞有加。我可以理解，但仍然沒有太過興奮。但是那場音樂會感動了我。對我而言，他和觀眾之間的情感聯結是龐大而獨特的。當我聽說他去世時，我很驚訝自己會那麼難過。

甚至當時的美國總統歐巴馬都評論道：「今天，世界失去了一位極具創意的偶像。很少有藝術家能對流行音樂的聲音與發展，產生如此鮮明的影響，以才華感動如此多的人。做為當代最有才華和最多產的音樂家，王子全做到了。」

他為什麼能如此深刻地打動這麼多人？理由很多：仰慕他的創造力、獨樹一格、勇氣與好奇心。然而我相信人們與王子如此緊密聯結的一個原因是，他在音樂中所投入的自我。莫拿－扎卡克認為音樂的表達，傳達了有關音樂家本身情感狀態的訊息。每個元素都各有功能——文字傳達了語義，而旋律、舞蹈和各種不同樂器中的不同音色，又傳達了更多的含義。我們情感中複雜而微妙的特質，在這個例子裡說的是王子的情感得以傳達，讓我們發揮「同理心，無需出自有中介的認知過程，而是出自我們自發的、即時的『動作辨認』，或是從內在模仿他人的行動」。39 這種反應讓我們能夠感到與音樂家以及彼此之間有聯結，就像人們運用創造力聽到相同故事時的反應一樣。

因此，音樂家是樹立榜樣的好例子，他們的創造力透過鏡像思考與我們的情感聯結。他們也可以教導我們如何運用想像力來進行創造。以王子為例，他對自己的想像力並不設限。然而，我們中間有許多人認為創造力是遙不可及的，但是我們每個人都可以學習讓鏡像神經元發揮功用，開發我們的創造力。

這種時候，後設認知（metacognitive）技能的發展——對能夠轉換進出白日夢的能力更刻意、更有自覺的控制——是有幫助的，並且透過練習，逐漸增強我們運用它的能力。我在我所輔導的創意人士中見識過這一點：儘管他們可能一開始並不具備這種程度的後設認知控制，但他們確實具有這種技巧，並且經常使用這種技巧。我們可以用類似的方式來學習使用認知同理心，來調整我們對情緒同理心的經驗。這種控制程度的影響在二〇一九年的一項研究中證實了，這項研究檢視了聖地牙哥（Santiago）八所智利高中的228名學生，使用名為「吉爾福德替代功能測試」（Guilford's Alternative Uses Test）的方法來評量創造力。

結果顯示，能較佳地控制注意力，又能有意識地運用白日夢的學生，更具創造力。這項研究的主要作者，心理學副教授大衛·普瑞斯（David Preiss）指出，「創造力可能取決於可控制思考與自發性思考的特定組合」。[40] 雖然這項研究中的某些學生具備這項技能，某些學生則否，但是這種技能是可以經由練習而提升的。這種練習必須包括透過刻意的練習，或是類似正念冥想的方法，來發展後設認知的技能，後設認知技能攸關意識狀態到無意識狀態之間的流暢轉換。

善用白日夢——反省

各領域的領導者經常使用的另一個想像力要素是反省（reflection）。反省放在做白日夢的標題下或許不覺得是個自然的組合，但是辛格認為這是個十分重要的元素。更重要的是，儘管未經驗證，但我們可以假設這是一項需要鏡像思考的心智活動——透過在腦中重建過往事件，實際重歷既往。如同精神分裂症一樣，如果我們對其失去控制，或深陷在事件中時，這種重建可能是負面的。患有創傷後壓力症候群（Post-Traumatic Stress Disorder, PTSD）的人也經常發生這種情況，但是對大多數的人而言，這可能是個有力的工具。

反省很可能是在下意識中發生的：當你發現自己坐在辦公桌旁，像做夢般地回味剛結束的假期時，或是當你試圖想清楚，某人早些時候對你說過的某些話的意涵時。這樣做很有幫助，因為這會為過去的事件和經驗賦予意義。例如，同事有一天出其不意對你大呼小叫，這類的「心理重建」或許會幫助你想起，他們那天早些時候曾經提到自己特別疲倦，壓力很大——因此你的大腦把他們異常的反應放到脈絡中，讓你理解這個狀況。這種形式的白日夢對於很多社會情緒技能發展都很重要，包括同情心、道德推理、理解我們自己與他人的行為和情緒反應、以及考慮別人的觀點。41 雖然你可能甚至不會注意到，但是你會使用這些技能，它們在任何人際互動中都是很重要的。它們對於領導者更為重要，這讓他們能夠影響、參與、談判，而且如果有意識地加以運用，它們可以成為更加有力的工具。

當我記錄分析別人時，我其實是要求他們重溫過去，以便讓我能預測他們未來的行為。我們都會反省過往——昨天、上週、去年所發生的事情——但是當我們忙碌時，這件事可能會在待辦事項的清單、疲倦、以及需要專注把這個星期忙完再說等事情之下而被遺忘。把自傳走過一遍需要自覺性的反省，用一種我們多數人有好一段時間都沒經歷過的方式來進行，但是這種反省無可避免會提供深刻的見解與啟示。我認為自己只是一個從旁協助的人。通常，這些洞見來自我們自己的重新評估，我們只需要有時間和空間，秉持建設性的態度即可。

有一次，我為一家全球性的石油公司服務，幫助他們公司重整一個擁有數千名僱員的部門。有一位我在德州休斯頓市（Houston, Texas）會面的人員，顯然不適合他的職務，這份工作他已經做了十五年了。我必須寫一份關於他的資歷，以及他和未來的組織形態是否合適的報告。問題是，無論我以何種角度衡量，他都不適合。我真的不喜歡做這樣的事。我懷疑會有任何人喜歡這樣做，但是我為此十分煩惱，甚至為了這件事開始失眠。當我要飛回美國去提交他的報告時，我為此憂慮。我在他對面坐下，把文件遞給他，等他翻閱。然後他開始哭了。這個壯碩魁梧的男人在我面前哭了起來。我真是提心吊膽。我深深吸了一口氣，開口問他是否還好，有什麼想法。他只是簡單回答：「我感到如釋重負。」我嚇了一跳，但是他緊接著說：「我從事不合適自己的工作已經很多年了，我只是做一天和尚撞一天鐘，甚至沒有意識到這一點。我覺得自己終於可以自由去找真正喜歡的工作了。」多數人在人生的某段時間裡，都有類似的感覺——只是一天又一天，做著例行公事。不是每個人都有財務上或是實務上的自由，來追求自己的夢想，然而被困在一份不適合的工作或生活中，並非是我們人生進化的目的。當我們遠古的祖先把白天的時間花在狩獵、聚會和維護安全，他們晚上的時間會圍繞在營火旁，不僅是說故事，還會花時間反省一天的生活，凝視火光，思考，瞭解過往的錯誤，以及下次可以改正的地方。

我們很容易把反省認為只是想起過去生活中所發生的事情，不管是發生在昨天還是數年前。這麼做或許是一樁美事，並不會真的有何後果。然而，上個世紀初，美國哲學家約翰・杜威（John Dewey）將其描述為更像是一種有目的的活動，「一種動態且刻意的過程，深刻地影響著一個人的經歷」。他說：「我們不是從經驗中學習。我們是從反省經驗中學習。」[42] 這種觀點現在已得到數十載研究的支持，這些研究顯示，反省比只是無意識的白日夢還要複雜，而且有目的的反省，可以顯著改善學習與課業成績。[43] 事實上，如果我們已經對某個領域具備某些知識，反省之於學習的重要性，就如行動或經驗一樣，甚或是更為重要。有一項研究以外科醫生為例，描述了這種現象：

以考慮一名心臟外科醫生的在職訓練為例。她在老師的指導下已經完成了十次手術。這名心臟外科醫生能盡快進步對每個人都有好處。想像一下，她對下兩個星期的手術計劃可以有所選擇。她可以把這段時間花在做另外十次手術，或者她也可以把同樣的時間，交錯花在多做幾臺手術，和花在反省檢討這些手術，以利更加瞭解自己哪裡做對或做錯。[44]

雖然花在反省上的時間讓她無法實際執行手術，幫助她的工作單位，但研究顯示，反省比再多花上幾個小時在手術室裡工作更為有效果。花在從事深刻反省的時間，將會使她成為一名更優秀的外科醫生，最終會對她的病人產生正面的影響。這是一個慢工方能出快活的例子，而且運用鏡像思考來完成。

科學家指出，這與我們大腦自然運作的方式契合。如果我們從事刻意的反省，大腦具有更好的能力來發展我們的認知（就是思考與解決問題）能力。[45] 我們開始更佳理解我們的工作，也增進了完成工作的信心。如果你看看世界上那些最偉大的領袖，反省是他們每天或至少是每週例行公事的一環。

舉例來說，班傑明・富蘭克林（Benjamin Franklin）每天都以反省做為一天的結尾，或是納爾遜・曼德拉（Nelson Mandela）、愛因斯坦、瑪雅・安傑洛（Maya Angelou）或柴可夫斯基（Tchaikovsky），這只是其中的幾個例子。反省需要想像力來重現原來的事件，回想事件，仔細考量並整合其中的情緒與意義，高潮、低潮，以及所得到的教訓。

因此，花時間去反省——刻意做白日夢——無論我們身處人生的哪個階段，都會產生巨大的效果。但是，除了將反省做為學習的工具之外，這種鏡像思考的形式，可以藉由幫助我們以建設性的方式處理煩憂與疑慮，而對我們的心理健康和人生福祉產生正向的影響。它使我們變得更有自覺，所以我們能夠注意到讓我們耗損心力或帶來麻煩的事情，能知道如何持平看待事情：欣賞我們所擁有的事物，記取快樂時光，記住那些曾說過或做過的善良事情。

反省也讓我們能更清楚自己是什麼樣的人，想做什麼樣的事，讓我們能夠明白自己可以發揮所長的地方、自己擅長的事物以及自己的最愛——這表示我們可以計劃花更多時間專注於我們生活的那些面向。如果我們不駐足思考，可能會像石油公司的那位男士一樣，一不注意就讓人生和我們擦肩而過。

儘管有這些明顯的好處，但反省並不是社會所積極鼓勵的事情。事實上，有些專家擔心，由於科技社交媒體對人們注意力的高度要求，會剝奪我們做白日夢和反省思考的機會。尤其當想到兒童，這就更令人憂心。科技的快速發展，不僅有可能剝奪孩子和課業相關的學習機會，為早已過多的課程加添額外的壓力，而且還可能剝奪他們最基本的社會情緒學習的機會，如同我們先前所探討的那樣。[46] 它限制了孩子面對面的互動，並阻礙反省，反省通常能讓我們從經驗和人際關係中，產生個人的意義。[47] 一項加拿大的研究對 2,300 名十八歲到二十二歲的大學生進行研究，發現在五年的期間，增加發簡訊的頻率與反應能力降低有關。他們還發現，發簡訊頻率較高與較低程度的道德反省，例如提倡社會平等或社區正義的動機相關，也和對誠信生活重要性的信念較低相關。[48] 這些發現有其道理，因為發簡訊與社交媒體啟動的是反應型大腦，而不是觀察型大腦，而觀察型大腦比較是受意義驅動的。

考慮到我們在學校裡給予學童的社會情緒教育已經低於應有的程度，這真的是一件我們應該要主動積極面對的問題。引導性的反省配合公開的榜樣提供了另一種管道，來提升人生各階段的社會情緒技能。例如，護理學校的學生經常被鼓勵寫日記，把他們的想法和感受記錄下來，捕捉他們在創傷事件後所經歷的事情，以幫助產生理解、洞察力、與自我意識。他們發現僅僅是坐下來寫東西的這個行為，也可以幫助理解創傷的經驗，並有益健康。這是我們人人都可辦到的事情，只需要很少的指導，並且很容易就可以在校園中進行，只需要很少的訓練或經費。

我們也可以利用說故事的自然機制，和周遭的人進行更有力的溝通，有效地樹立榜樣，傳遞更能獲得共鳴的訊息。除此之外，我們都有能力藉由鏡像神經元對白日夢和想像力的強大功用，而更善用自己說故事的能力。如果我們想要打造一個更美好的未來，那麼能夠預想一個不同的未來，並且知道如何付諸實現；能夠同時把外在世界的多樣元素寄存腦中來解決問題，並且能夠將創意帶給世界，都很重要。同樣地，給自己機會來思考自己的本質、自己的長處及其原因，能幫助我們理解與學習，並且可以激勵他人也這樣做。

第七章 觀察的藝術

一九七五年十月一日上午十點，有史以來最受矚目的事件之一即將登場。全世界六十八個國家的觀眾興奮等待著。在菲律賓（Philippines）阿蘭內塔體育館（Araneta Coliseum），擠滿觀眾的禮堂裡，充滿等待的低語。體育館觀眾的容量是六萬人，但更多人潮擁進走道間的空隙。體育記者肯・瓊斯（Ken Jones）人在現場，他說：「宣布在場人數似乎毫無意義，因為當參賽者在個人的角落就位時，每一吋樓地板空隙都擠滿了人。沒有走道的空間，只有汗流浹背的人群蜂擁而至，到處都是人。許多大膽的觀眾甚至爬到牆樑上。」1

沒有空調的場地，擠得水泄不通的人群和聚光燈，讓原本已經夠悶熱的菲律賓更加炙熱，酷暑的陽光灑在鋁製的屋頂上。現場的溫度估計超過攝氏49度（華氏120度）。2

這場被參賽者穆罕默德・阿里稱為「戰慄馬尼拉」（Thrilla in Manilla）的拳擊賽，即將開始。喬・佛雷澤（Joe Frazier）和阿里拳賽三部曲中最後一場決賽前的大肆宣傳，讓全世界的人對這場比賽的賭注和期待從數週前就開始升高。當ＨＢＯ的主播同時也是本場比賽的主持人唐．鄧菲（Dun Dunphy）說：「我知道喬．佛雷澤正從更衣室走向拳擊臺。」觀眾間的低語愈來愈大聲。一道閃爍的白光橫掃過屏幕，鎂光燈和攝影機搜索佛雷澤從走道出場的身影。但是很難看到，因為他被人群遮蔽了。當佛雷澤接近拳擊臺，從繩索間鑽入拳擊臺，大家清楚看見他了，從觀眾席傳來的聲響愈發興奮。

在比賽前幾個星期，阿里曾在媒體曝光，毫不留情地把佛雷澤奚落一番。在一次採訪中，他一遍又一遍地用挑釁的幼稚言語譏諷他的對手：「當我在馬尼拉打倒大猩猩時，會成為殺手，讓他不寒而慄，讓他嚇破膽。」他笑著打了玩具猩猩一拳；媒體也笑了。他把玩具猩猩放進口袋裡，拍拍口袋，示意佛雷澤，那才是他所屬的地方。佛雷澤覺得被阿里背叛了，他支持阿里拒絕接受越戰徵召加入美國陸軍。這對他而言，真是太過分了。直到三十六年後他去世前，才原諒阿里的羞辱。儘管如此，這一切的演出，只是為即將到來的拳賽更增添焦急等待。

鄧菲說：「隨著阿里的出現，呼聲隨之而起。」相機的閃光燈照亮了阿里的路徑。掌聲、歡呼聲、口哨聲、反覆的口號聲四起。「穆罕默德．阿里以刻意的姿態走向拳擊臺。這才是進場的方式，如何出場是一件很重要的事情。穆罕默德．阿里在這個史詩般的時刻。」[3] 阿里的臉突然變成全景，幾乎布滿整個屏幕，被很強的鎂光燈打亮。他銀色的袍子鑲著藍綠色的領子，和他的膚色形成對比。這個通常喜歡開玩笑、尋開心的男人，用一種難忘的凝視，十分嚴肅地望向遠方。當他爬上拳擊臺時，本來就很喧鬧的人群，變得更吵雜，體育館裡充滿震耳欲聾的嘶喊。

兩個男人在拳擊臺的中央面對面，目光鎖定對方。這兩個巨人聳立在身形矮小，身著七〇年代風格的藍綠色襯衫，和打著海軍領結的裁判之上。在他們甚至都還沒開打以前，阿里就不停嘲諷著：「你不夠格，喬，你不夠格。我要把你擊倒。」

阿里出拳的速度很快，比佛雷澤所預期的還快。這意味著阿里在起初的回合中掌控局面，但是佛澤雷沒有放棄，也沒有屈服。他不斷戰鬥，把阿里逼到角落，逼到挨著繩索。在《獨立報》（*The Independent*）的一篇報導中，肯．瓊斯寫道：

> 到第四回合時，阿里的拳頭已經慢了下來。他累了。熱浪、耀眼的燈光、那種悶熱、缺氧環境、和佛澤雷的難纏，都讓他精疲力盡。雙方攻防進行得粗暴猛烈，大家的疑問凝結在空氣中。佛澤雷還可以挨幾拳？阿里還剩多少力氣？到第六回合時，佛雷澤仍屹立在阿里眼前，而更糟糕的是，佛雷澤正逼進他身邊，向他的身上揮來一記要命的鉤拳。[4]

這個拳擊賽為什麼如此引人入勝？想想看，這會在觀察者的大腦中發生什麼事。想像鏡像神經元的活動。當你看見有人被打，你有什麼感受？興奮、腎上腺素，你會皺眉蹙額嗎？你會低頭閃避嗎？一場體育賽事就是一個在你眼前上演的故事。肯・瓊斯寫到：

他們兩人繼續以無情的兇狠行為互毆，以致於你開始擔心起他們的性命，驚嘆他們的勇氣和他們獲勝的意志。在第十二回合當中，阿里重新獲得主動權，讓佛雷澤再次招架不住。在第十三回合中，一記猛烈的左拳，把佛雷澤的護齒打落，飛到人群裡。佛雷澤吐出血來……他再也無法阻擋或閃避阿里的出拳。5

到第十四回合時，阿里和佛雷澤兩人都無法站穩腳步，勉強想要直起身子。阿里有一次出拳之重，打中佛雷澤，以致佛雷澤的右眼腫得幾乎完全張不開。由於十年前的一場車禍，佛雷澤的左眼幾乎看不見。但他們拒絕停止。那場面簡直慘不忍睹。

佛雷澤的教練艾迪・法奇（Eddie Futch）在第十五回合之前制止了比賽。他真的替佛雷澤的性命擔心。但是佛雷澤的回應是大喊著說：「你敢停止這場比賽試試看！」當法奇問佛雷澤，他豎起幾根手指頭時，佛雷澤無法回答他。阿里後來說：「那就像死亡。我所知最接近死亡的情境。」當毛巾被丟進拳擊臺時，阿里跪了下來，精疲力盡。

這場比賽被譽為有史以來最偉大的重量級拳擊賽。回到一九七五年，當時並不是每個家庭都有電視，也沒有人使用電子產品收看直播，但是有十億觀眾觀看了電視轉播。[6]這些人絕大多數一生都不曾打過拳擊。據估計，當今全球觀看足球比賽的觀眾總數為四十億，板球的觀眾有二十五億，網球則有十億。但是，我們在全世界並沒有四十億足球運動員、二十五億板球運動員、和十億網球選手。[7]為什麼這麼多人自己不運動，卻對運動賽事如此入迷呢？

觀看運動賽事令人興奮、著迷、熱血沸騰。每個國家都有很大一部分的人口，以自己覺得自在的方式，參與體育活動。例如，如果你是名足球迷，你可能會每個月長途奔波，只為了觀賞你所支持球隊的比賽，你可能會花很多時間和支持同一支球隊的人聯誼，你會購買相關商品，閱讀球員的新聞，廣泛注意那項運動的消息，並鼓勵孩子也這樣做，這很自然地成為你自我認同的一部分。

觀看運動比賽也是學習和提升表現的關鍵，能提升我們自己的能力。運動將觀察、學習、與實踐結合在一起。我們和運動的聯結是很自然、很興奮的，這是改善健康的一種手段，是可以從中學習如何從事對身心有益的方法。

運動把我們帶回到鏡像神經元的基本原理——鏡像神經元是由神經科學家賈科莫・里佐拉蒂及其團隊在義大利首次發現。當研究人員看到鏡像神經元，因為觀察某位團隊成員拿起午餐放進自己嘴裡而激化時，他們就發現了當我們觀察體育活動時所發生的事情，以及我們如何參與其間，並學會操作自身的行動。

著名的神經科學家馬可．亞科波尼（Marco Iacoboni）說明，觀看一場體育活動的進行，例如一場棒球賽，複製了我們實際打球時大腦反應的許多面向：

> 當我們看見球員接球時會激發的某些神經元，在我們自己接球時也會激發。就彷彿透過看球，我們自己也在打球一樣。我們瞭解運動員的動作，因為我們大腦中對這個動作也有一個範本，一個按照我們自己的動作所打造的範本。8

即使我們從未學習過，也從未參與過某項活動，或許只是透過觀看像馬尼拉大戰之類的活動，我們仍然對它感到熟悉，感到興奮。在人生中的某個時刻，大多數人可能都曾經伸手打人或拍打東西，即便只是像學步期的孩子要拿回某個玩具時所為。這是一個我們大腦所熟悉的舉動和動作。我們所有人都可以快速移動，不管是玩打仗遊戲、跳舞、還是當我們急著上廁所時，當場急得跳腳！

拳擊手做出的許多動作都有亞科波尼所說的「相似動作屬性」，他們會啟動的肌肉群和大家都會做的動作所使用的肌肉群相近。我們知道當我們生氣時和別人怒目相向的感覺。我們都經歷並感受過身處人群中的興奮，無論是在音樂會、足球比賽、還是派對中。我們知道將自己逼到極限那種筋疲力盡的感覺。我們就是生活在運動、比賽與期待的故事當中，因此我們能完全澈底投入。勝負未定，結局未知，然後看著故事在我們面前鋪陳，隨著鏡像神經元的激發，只會更加添興奮與現實感。

有時候，不只在於我們實際所見，而是在於哪些感官發揮了功用，讓鏡像神經元能高度投入，並且連結到更深層模式的觀察性學習。許多想看這場比賽的觀眾無法實際觀看，因為「馬尼拉大戰」在美國無法透過一般電視節目看到。許多觀眾要不就是延後觀看這場拳賽，要不就是付費到美國各地的電影院中看實況轉播，或是收聽收音機的廣播。《華盛頓郵報》（*Washington Post*）的體育專欄作家湯姆．博斯韋爾（Tom Boswell）和許多人一樣，沒有去觀看這場比賽，而是聽評論員的轉述，隨著比賽的進展來陳述這個故事。博斯韋爾回憶說：

> 無論是在這場比賽之前還是之後，我在任何體育賽事中，都不曾像我在佛雷澤與阿里的拳賽時，從頭到尾都那麼緊張……而且，按照你所支持的選手——而且每個人都非常在意，因為佛雷澤與阿里在各方面都是時代的象徵——你的心顫動著，想著「他被打得有多痛？」不明就裡真可怕。但是這樣也很好，這個不知道的神祕感，增添了另一層的緊張。[9]

為什麼用聽的更勝一籌呢？鏡像神經的功能充分發揮；聽眾不僅聽到所發生的事情——現場群眾在嘶喊，廣播人員持續解說——而且還必須在自己的腦海裡，想像與重現這場拳賽，這對某些人來說，將會增強「與人群同在」的臨場感。當我們聽到和別人所做的與動作相關的聲音，而不是非動作的聲音時，聽覺鏡面神經元會特別被活化，而且這被認為與同理心有關，能讓我們想像那個人的感受。[10] 當所聆聽的其實是一個故事時，不僅大腦語言處理區中，關係到在故事中所提及的不同部分會開始運作，大腦的感官區域也會開始運作。回想一下佛蘭妮卡．布蘭格的研究，她的研究發現，當人們分別聽到和運動與質地相關的語彙時，就會觸發大腦的某些區域——例如運動皮層和感覺皮層。廣播評論員在詳細描述正在發生的事情時，會提及所有的感官，比起只有觀賞但缺少如此詳盡的描述，這可能會導致在更多大腦區域的刺激。

鏡像神經元在預期的過程中也扮演著極為重要的角色。[11] 我們知道人們其實會從期待中獲得快樂——期望本身就饒富趣味。[12] 大腦的許多區域在這類情況下都會參與其事——我們不止於觀看和預測，我們還會將整體敘述中的各個重點連結起來。瞭解參賽者的背景和故事，會在觀眾／聽眾和選手之間產生個人聯結。觀眾會覺得自己正在為某個朋友、某個角色、某個人加油——這個人甚至可能是他們未來想要成為的那種人。

但是，我們如何從運動觀察者的角色，進展為自己真正學習運動呢，無論是在學校、社團、或是職業層級？還有，我們一旦瞭解基礎知識以後，又該如何追求進步呢？答案還是一樣，正是鏡像思考使我們能夠學習如何執行與運動相關的不同動作——我們的大腦鏡像映射出我們所看見的，正是發展我們能力的重要基礎。而這就產生了一個關於鏡像神經元及其如何運作非常重要的一個問題——你在閱讀本書之際，可能已經問過你自己了！要如何才能只憑眼見，如同我們為學習而觀察，卻不實際親手動作呢？我們的大腦如何能保持活躍，向肌肉發送訊息，但是在觀看網球賽時不會做出發球動作，或是在觀看拳擊比賽時，不會揍我們鄰座的人一拳呢？大腦中一定存在某種機制，能控制這一切。所以，那個機制為何？

這個答案，或者至少是一個建議性的機制，可以在回顧亞科波尼的研究中找到。在絞盡腦汁和許多詳盡的研究與調查以後，亞科波尼得出了相同的結論——一定有一種機制在控制我們較基礎的鏡像神經元功能。控制的意義至少是在觀察時抑制其活動，例如防止我們在看別人扔球的時候就扔球。這是大腦活動的一個面向，不僅可以抑制神經元激發，而且基本上還應該「退居二線」，以便將所有的動作，例如構成網球發球的所有動作，組織成一套協調的動作。這讓大腦能夠理解所發生的事情，對其進行安排與調整。[13]

二〇一〇年，亞科波尼把鏡像功能的職掌歸因於他所謂的超級鏡像神經元——在額葉中的細胞，該細胞存在於較進化、運作較緩慢的觀察型大腦區域。這些神經元具有「超」能力——如果你喜歡的話也可以這麼說，它們是其他鏡像神經元的領導者與協助者。無論這個假說多麼具有說服力，可是亞科波尼無法證明此一假說。要證明，就要記錄單個神經元的活動，而正如我們之前討論過的，這在人類身上是不可能做到的。

當亞科波尼仔細思考這個難題時，他碰到了一位老同事，這位同僚是舉世聞名的神經外科醫師伊扎克·福瑞德博士，他即將進行複雜的神經外科手術，因緣際會下，這可能是驗證這個假設的一個機會。福瑞德獲得他一些病患的同意，在他們大腦難得可供一窺的情況下來進行研究。他所施行手術的區域，正是亞科波尼認為超級鏡像神經元所在的區域。

手術的目的是試圖減輕21位病人嚴重的癲癇症狀。這項研究涉及福瑞德將微電極植入患者的大腦額葉，這樣就可以記錄來自驚人的1,177個細胞的細胞外活動。與亞科波尼合作，這是一個絕佳的機會檢視，當人們只觀察而不執行動作時，大腦的哪些區域仍然活躍。在研究中，他們要求患者只要觀察某人的手握住某項物品（以提供控制與對照），然後用患者自己的手握住該物品。結果顯示，亞科波尼所提出的假說是正確的：有一小群的鏡像神經元，他稱之為超級鏡像神經元，在觀察外在活動的過程中，抑制了本身的動作。

亞科波尼認為這個證據表示，超級鏡像神經元將簡單的模仿動作，組織為更複雜的動作、行為、與情感組合。這就提供了一種機制，透過這個機制，我們能夠觀察某人扔球而自己不扔球，並且可以將扔球的不同面向，安排成為更複雜的模式。所以為了學習如何執行運動的某個動作，我們需要鏡像神經元系統。例如，我們觀察一位網球教練示範網球的發球動作，它會遵循以下的內容：

1. 把腳放到正確的發球位置（注意到這一開始就假設你已經看過、並且知道如何遵循此步驟）。
2. 把重心稍微往前，放在前腳，把球在你面前彈丟幾次，並且卸除手、手臂和身體的緊張。用指尖輕輕握住網球，然後將手移到準備位置（這裡再一次假設你已經知道準備位置看起來是什麼樣子），輕輕地讓球碰觸你面前的球拍。
3. 開始慢慢將身體重量移到後腳。
4. 當重心移到後腳時，開始轉換成獎杯姿勢（trophy pose）（這是另一個需要先看過才能知道他們所說為何的例子）。
5. 雙手一起放下，然後用肩膀將投擲臂向天空抬起。用肘部引導並保持手臂伸直。一旦手臂伸高至頭頂的位置，把手張開，將球拋出。

6. 當你的投擲臂向上移動時，讓握住球拍的優勢臂像在身後的鐘擺一樣向後擺動，然後繼續向上擺動到頭部後方。
7. 膝蓋彎曲，以便在手臂完成動作前，膝蓋能完全彎曲。[14]

僅僅遵照這些文字說明，要理解網球發球都很難了，更不用提要完成完美的發球。我們需要看到有人示範發球，以便學習如何做，因而能運用鏡像神經元。不僅如此，只有文字說明，會錯過許多其他的面向——如何維持手腕和肘部的姿勢、手臂哪裡應該施力、拋球的時候手臂的哪個地方應該控制方向、手指究竟應該如何持球、球應該在手的什麼部位、球應該握多緊、什麼時候該拋球、球應該拋多高、不同發球方式的作法為何。我們需要指令加上觀察，來做出正確動作。

的確，在二〇〇二年，希臘德莫克利特斯大學（Democritus University）體育與運動科學系（Department of Physical Education and Sports Sciences）副教授伊蕾妮・利陶（Eleni Zetou）博士發現，提高排球運動員技巧「最理想」的方法是，透過觀察「模範」行為並佐以口頭敘述。[15]而且即使是在新手階段，這一切都需要好好安排，才能以正確順序來執行，並且注意適度的力道和各項細節。這怎麼辦到的呢？這就得拜超級鏡像神經元之賜，把成千上萬的訊息組織起來。超級鏡像神經元，或是相仿的機制，將鏡像神經元所收集的一切複雜資訊，組織成我們可以理解的訊息。

超級鏡像神經元不只負責運動與肌肉活動，它們還被認為能幫忙組織我們社交世界的複雜性——你和某人之間的互動，以及你和一群人之間的互動。在社區裡或是職場中，這能讓我們記得哪個人對誰說了什麼話、哪個人具有善意、哪個人不懷好意、哪個人可以推心置腹、哪個人具有左右大局的能力。超級鏡像的功能讓我們能夠記錄所觀察到、聽到、和感覺到的資訊之場景。[16] 這當然也與運動相關，因為在運動中，我們需要瞭解並預測對手和隊友的行為，才能管理與瞭解對手團隊的動態，並記錄我們自己的想法和感受。

一旦我們學會了任何運動的基本原理，而且更加熟練以後，總會有更多地方可以去理解，局部調整、精益求精、更臻完善。我們需要觀察以提高自己的能力。為了獲得瞬間的優勢，我們必須運用感覺動作微調，才能預測毫秒之別。我們所做的很大一部分是為了發展我們的鏡像神經元系統，好讓我們不僅能提升自己的表現，而且還能提高自己預料對手下一個行動的能力。或者以我自己喜愛的單板滑雪運動為例，我們需要有能力去預期、預測、以及決定如何因應斜坡、岩石、各種地形、還有變化中的雪況。

我從小開始滑雪，但是直到二十多歲才開始單板滑雪。我在澳洲各地衝浪時，遇到了其他的衝浪同好，冬天的時候，我和他們一起去了紐西蘭。我的朋友認為，我應該滑單板而不是滑雙板——單板滑雪和衝浪有很多共通點（當然，他們自己也是單板滑雪者！）因此，我們去租了滑雪用具。他們在半山腰的地方留我一個人，讓我自學，然後自己上山去了。從觀察、嘗試、跌倒、站起來，我一次又一次、又一次反覆練習。那年冬天，我成了一個相當勝任的單板滑雪者。

我在紐西蘭認識的一個好友，多年來一直在法國阿爾卑斯山經營一家單板滑雪學校。她經常會遇到從英國來的人，試圖向她炫耀自己的滑雪本領。她自己本身就是一位很棒的單板滑雪者，雖然她沒有參加滑雪競賽，但是她和一些世界級的頂尖好手一起滑雪板。她和那些她口中狂妄的「衣食父母」開的小小玩笑就是讓他們小小炫耀一番，然後毫不費力地超越他們。無論他們怎麼努力追趕，都無法追上，他們最後通常會像個雪球一樣滾下山坡。單板滑雪奇怪的地方在於，許多人認為他們可以滑單板，並且在某種程度上，他們的確可以做到——他們可以順利滑下山，但他們卻不知道該如何展現最佳表現。事實上，大家經常認為，因為這是一種甚為悠閒的運動，所以並無所謂「恰當」的方法。我很後悔自己有一陣子也落入這種思考模式。然後我受訓成為一名滑雪指導員，看見自己所有錯誤的作為。

在我單板滑雪的生涯中，一個關鍵的轉捩點是，在受訓期間真正從影片上觀看自己滑雪。我能夠親眼看到自己把重心放在滑雪板的何處，以及我何時轉換重心準備轉彎。這是我自己滑雪時的一面鏡子，一個看見自己倒影的機會。依此，一旦我知道優秀的單板滑雪的真正樣貌為何，我就能夠進行剖析。如果缺少超級鏡像神經元，這就無法辦到，因為超級鏡像神經元會阻止我們在觀察的時候有所行動，也會讓我們理解所觀察到的事物。

對於運動專業人士而言，影像分析已經很普遍；以正常的速度和慢速度重播某場足球比賽的片段，某場網球賽或短跑起跑，都能夠對技巧進行細部的視覺分解。當運動員看見自己可以改進之處時，他們能夠更有效地學習與應用。正確學習一項運動，對照以好玩的方式教導自己某項運動，提供了一個清楚的例子，說明什麼是有自覺，什麼是在有意識的情況下關注某件事。

有自覺的觀察、有自覺的練習、有自覺的做某件事情、以及有自覺的反制鏡像作用，都是完善技術過程中的一環。我花了多年時間坐在滑雪場的纜車上，觀看單板滑雪者，但那只是做為消遣。我也看過我的朋友單板滑雪，但是透過有自覺並且刻意地分析每個步驟，讓這從一件隨意的事情，變成幫助我更懂這項運動。

在沒有指導的情況下，我會用觀察性學習的方式學習，就像在生活中許多不同的環境中常常不經意發生的那樣。然而當我有了指導原則，有自覺的觀察變得更為專注、更加認真、仔細推敲、深具意義。對於頂尖的運動員來說，這已成為培訓中不可或缺的一環：不斷精密調整他們表現的各種小細節。我們在生活中所遇到的許多事情，尤其是社會情緒方面的事情，也需要我們進行同樣精密的分析。

但是，大多數時候，我們都毫無所知，沒有察覺。例如，解讀某人的臉部表情需要大腦加以精密的分析。每一次的互動都會塑造我們的神經網絡。如果我們忽略繼續使用這些能力，我們會錯失全面開發鏡像神經元系統的機會。我們的社會情緒技能會退化，如同停止關照細節的運動員一樣。但是，如果我們至少能在某些時候仍然注意到這些技能，那麼它將為我們提供一個更佳的機會持續精益求精。

看見成功

運動專業人士還使用另一種重要的方法來運用鏡像神經元，改善他們的運動表現——意象化。史丹佛大學（Stanford University）社會科學與心理學的榮譽教授亞伯特・班杜拉（Albert Bandura）是許多觀察學習研究的原創者。他的假說是，那些將所聽見的文字或是指令和解說，轉換為視覺圖像的人，比那些不做這種轉換的人，可以獲得更好的成績。[17] 這個發現獲得了鏡像神經元研究的支持。當我們學習的時候，鏡像神經元將觀察到的動作細分為單一動作，然後再將其重組為一系列的動作，讓整個動作序列得以重新複製[18]，再將活動映射到大腦的特定區域。

這些鏡像神經元接著活化大腦中相同的神經底質或行為通路，無論這些動作是實際的表現、在別人身上觀察到的，還是想像出來的。[19] 運用這種想像或意象化的能力，被證實了的確可以提升該行動在「現實生活」中的表現[20]，而這就是讓頂尖運動員得以在他們的技術上保持優勢的關鍵因素之一。即使在休息或受傷的情況下，他們還是可以用一種可掌握的、有良好成效的方式，練習自己的技巧。這對他們的表現有著頗為可觀的影響。

在排位賽之前，一級方程式（Formula 1）的賽車選手經常會坐在車裡，闔上雙眼，意象化他們即將駕駛的車道，思考每一個煞車點，在千分之一秒內做出決定，找到每一個彎道的彎心。在幾英哩長的一圈中，這可以使排位相差數個排名。

在二〇一二年倫敦奧運會潔西卡・恩尼斯－希爾（Jessica Ennis-Hill）贏得七項全能比賽的金牌之前，她利用意象化的技巧來「思考完美的技巧。如果我能在腦中獲得那個完美的影象，那我希望它會影響我的實際表現。」大家都知道，英國網球冠軍安迪・莫瑞（Andy Murray）在準備溫布頓（Wimbledon）網球公開賽時，會到一個空無一人的球場做準備。他說：「我坐在空無一人的中央球場裡，稍做思考，想想這個球場，思考我在那裡曾經打過的球賽。」把這些想法投射到將來的賽事，他讓自己進入正確的心態。他補充說：「我想確保自己有好心情，讓我能有一個很好的公開賽。」[21]

運動心理學家史蒂夫・布爾（Steve Bull）博士在接受《獨立報》採訪時說：「意象最重要的是要利用多重感官，像是聲音、視覺和氣味。」他所指的是足球選手韋恩・魯尼（Wayne Rooney），他也是以非常依賴影像為人所知，他說過：

像魯尼這樣的球員，讓他與眾不同之處是他的想像力。當他想像自己進球時，他能夠感受到自己的腳踢到球，腳下草皮的味道，以及群眾發出的聲音。這種令人難以置信的生動影像，有助於運動員的心理建設，提高他們的信心、專注力、以及思考的清晰度與速度。這可以幫助他們為任何情況做準備：我如何應對群眾？如果我們以 1-0 落後怎麼辦？在某特定情況下，我應該踢什麼樣的球？但是意象化也會向肌肉群發出神經衝動，為採取行動做準備。腦中的影像愈生動，大腦就愈能有效地預備肌肉，在實際比賽中完成相同的體能與技術動作。22

以這種方式來運用鏡像神經元，在意象化過程中連結感官知覺——聽覺、嗅覺、視覺與觸覺——能更進一步提升表現。在進行完美的踢球、撐竿跳、或反手拍時，以相同的影像、聲音、氣味予以刺激與練習，更能強化這些大腦中的模式。

為了支持亞科波尼所提出的實用假說，意象化（其性質是在身體未實際執行某動作的情形下，一遍又一遍地進行這個動作）也必須依賴超級鏡像神經元。超級鏡像神經元控制並調節大腦某些區域的活動，例如不同的感覺和肌肉群的活化，以使意象化能運作。

當大腦出錯時

綜觀生活的各種層面，雖然有無數種方式讓我們無意識的加以觀察與模仿——在交談中雙腳交叉，同儕對我們的談吐和穿著的影響——但也有等量齊觀，如果不是更多的情況，我們觀察後毫無反應。我們同樣也處理了精密複雜資訊，其程度我們自己甚至毫無所悉；我們只是以世俗、合乎場合的方式加以回應。

我們還無法直接測量這些大腦機制。當對確切機制缺乏明確認知時，學者試圖深究大腦這些複雜面向如何運作的一種方式就是，把諸如亞科波尼所發現的資訊，與大腦功能異常的研究相結合。當某人腦部受到損傷，或是有某種形態的心理功能障礙時，他們非典型的行為與他們看待世界的方式，為神經科學家提供了有價值的資訊。他們不瞭解或不能做的事情，對應到大腦無法運作的部位，告訴我們該特定大腦部位的功能，在健康人身上通常是如何運作。

早在我們對大腦還所知不多的年代，最具歷史意義也經常被引用的例子，就是費尼斯·蓋吉（Pineas Gage）的案例，他是十九世紀美國的一位鐵路工人。蓋吉是一個工班的領班，他們的工作是使用炸藥清除岩石，以便鋪設新的軌道。一八四八年九月十三日，他們正準備爆破岩石，工作包括開一個孔洞並且用鐵棒把炸藥填裝在孔洞的內部深處。通常，之後會再填充惰性物質，像是黏土或沙子，所以爆炸力道會朝向岩石，而不是向外。但是蓋吉的鐵棒不知怎麼地在岩石上引起火花，炸藥粉末爆炸，讓那個一公尺長的鐵棒刺穿他的左臉頰骨，通過他的眼睛後方，然後從左側額骨穿出來。爆炸的威力如此巨大，鐵棒在十公尺外落地。令人難以置信的是，蓋吉在這次可怕的事故中，倖免於難，他真的能夠起身離開現場，一位名叫哈洛（Harlow）的醫生替他療傷止痛。蓋吉因此一隻眼睛失明，但是除此以外，傷口癒合後似乎還頗健康。[23] 然而，哈洛繼續治療蓋吉的傷口數個月，卻被蓋吉的行為嚇一大跳。他描述蓋吉使用最下流的粗鄙言語（這並非他往常的習性），對同伴幾乎不顯敬意，當事與願違時，對約束或勸告頗為不耐，有時冥頑不靈，反覆無常且猶豫不決，制定許多未來的計劃，這些計劃馬上就又被其他似乎更可行的計劃取代。他的智力和表現如孩童一般，他是一個具有動物熱情的壯漢。[24]

在事故發生之前，蓋吉一直是個受歡迎、溫暖、可靠的人，他「有毅力執行他所有的計劃」。[25] 蓋吉的案例讓大家對大腦額葉所具有的功能有粗略的洞悉，其中以計劃和情緒調節最為顯著。雖然我們現在知道這是事實，但蓋吉的病例比較是做為一種說明，而不是事實的記載，因為這個案例是發生在一個正確紀錄不像現在如此嚴謹核對的年代。但是，這個案例清楚顯示，大腦區塊的損壞或功能異常，能夠幫助我們瞭解這些區塊主司的功能。值得注意的是，蓋吉腦傷的區塊，正是亞科波尼測試超鏡面神經元功能時，所調查的同個大腦區塊。

如今我們所能獲得的資訊更加正確，而且我們能夠將其與大量現有的知識相結合，並使用極其精密的成像技術，來指認大腦中更特定的區域。我們對大腦的大致功能已經有了很多認識，在某些案例中，我們對更詳細的功能，像是鏡像神經元，也獲得更清楚的理解。但是我們仍然還有許多不確定的地方。雖然我們約略知道屬於超級鏡像神經元，或與其相等功能的機制，所負責的大腦區域，但是它們如何作用以及運用範圍的真確細節，仍尚待確認。

除了運動，同時依賴鏡像神經元與某種控制機制的另一個領域被認為是，我們如何維持自我與他人之間的區別。就像能夠觀看或意象化，卻不執行任何動作一樣，一定有某種東西使我們能夠瞭解別人的意圖和感受，又同時知道這些感受並非我們自己的。例如，當我們對某人的失落產生同理心，如果他們感到悲傷，我們的大腦可能會在某種程度上鏡像映射出他們的情緒，但不一定只因為他們哭泣，我們就會熱淚盈眶。我們如何能鏡像映射他們的情感，卻不受制於這種情緒呢？我們如何知道這是他們的感受，而非我們自己的感受呢？我們對學術界所稱為「自我—他人」（self-other）的理解極其複雜。這一定得依靠某種形式的管理與控制。

在日常的互動中，我們不斷嘗試利用臉部表情、語言、手勢、身體姿勢與心情等因素，來理解別人的目的，以推論他們的意圖。在此同時，我們也試圖預測這些因素將如何影響他們接下來會說的話，或會做的事情及其理由。這和同理心有很大的關係。維也納大學（University of Vienna）生物心理學教授克勞斯．拉姆（Claus Lamm）和他的同僚二〇一六年在皇家學會（Royal Society）發表一篇論文，論文探討其背後可能的機制——我們能夠偵測、選擇、記錄這些複雜的社會線索。[26] 他們其中一部分的討論重點在於缺乏同理心的臨床患者。辨認出在尋常的同理心經驗中，他們大腦中有哪些部位不會活化，這有助於研究人員辨識在健康的人身上所涉及的大腦部位為何。他們研究了自我-他人損傷最明顯的例子——心理變態（psychopathy）患者。

心理變態是一種與缺乏自責或內疚相關的疾病。當我們大多數人接觸到身體或情感遭受痛苦的人時，我們自己會多多少少感受到或鏡像映射出他們所受的痛苦。簡單來說，心理變態患者則否。拉姆引用芝加哥大學心理學和神經科學教授簡．德賽迪的一項研究，德賽迪在二〇一三年藉由檢視121名心理病態病情程度不一的男性受刑人，對此進行研究。德賽迪和他的同僚們使用核磁共振成像技術，在受刑人觀看涉及痛苦場景照片的同時，掃描受刑人的大腦。這些痛苦的場景是包括一隻腳踩到釘子，或是手指被抽屜夾住。他們使用核磁共振成像技術掃描受試者的大腦，當他們就只是看照片，其中顯現的影像先是自己遭遇這個痛苦的景況，然後這個痛苦經驗又發生在另一個人身上。這就是所謂的觀點轉換技巧（perspective-switching technique），它使用了我們所說的自我——他人區別。在健康的成年人當中，這通常會引發同理心反應。

受刑人的大腦在想像自己遭受痛苦時，與任何其他健康的人的反應方式相同。但是，心理變態傾向最嚴重的受刑人，在想像別人受苦時，其大腦活動程度卻和一般人有很大的落差。[27] 與這個現象相關的大腦特定區域是杏仁核（amygdala）和腹內側前額葉皮質（ventromedial prefrontal cortex）；杏仁核就是大腦處理恐懼的部位，而腹內側前額葉皮質，正如我們在蓋吉的傳聞中所見，對於規範情感、同理心與道德感極其重要。[28]

拉姆解釋說，關於證據中「有些矛盾」的是，儘管在像是德賽迪這樣的研究中，心理變態病患者並沒有表現出正常的大腦活動；但是其他研究卻顯示，心理變態患者在受到指示時可以具有同理心。他認為，這指向某種「由上而下」型態的機制，可以彌補缺乏自動同理心反應的狀態，而這就讓我們回到亞科波尼的假說：「鏡像神經元的較高階功能可以稱之為超級鏡像神經元，但這並非因為它們具有超能力，而是因為它們可能被概念化為傳統鏡像神經元『之上』的功能性神經元層，控制並調節傳統鏡像神經元的活動。」[29]

但是，儘管對於這種重要的神經認知機制如何運作，超級鏡像神經元是非常可信的假說，但是我們仍然無法確認。對於這些神經傳達過程依舊待解的問題，甚至還被稱為社會神經科學的「暗物質」（dark matter）。[30] 我們仍有大量的探索與理解尚待推進。

我們能確知的是，儘管研究尚未能複製這些發現，但亞科波尼和福瑞德所認定的某種形式的超級鏡像神經元，存在於大腦的額葉皮質中。這些區域負責調節情緒、同理心與道德感，而心理變態的受刑人在這個區域的神經連結則屬異常。這是讓我們能夠在情緒、意圖與預測行為方面，區分自我和他人的神經網絡所在之處，有其道理。

我們到底是自私還是無私？

亞科波尼和他的同僚們最近所進行的一項研究[31] 可能指出，另一項在未來研究中或能直接歸因於超級鏡像神經元的功能。不管它確切的機制和名稱為何，這項研究的意義無疑是開創先河，值得在樹立榜樣的脈絡中進行探討。他研究我們是本質良善抑或邪惡。我們會自然而然示範親社會行為或是自私行為呢？

關於人是生而道德還是邪惡的爭論，經久不衰。亞里斯多德認為，人並非天生就具有德性，道德是後天的學習。聖奧古斯丁（St. Augustine）宣稱，人類不斷被邪惡所誘惑。十七世紀的英國哲學家湯馬斯．霍布斯（Thomas Hobbes）提出，人是邪惡的，只有在我們避免或控制這種邪惡時，才有益處。而勢均力敵的其他人，像是哲學家尚．雅克．盧梭（Jean-Jacques Rousseau）則聲稱，我們天性溫和純潔，只是受社會污染。然而現在隨著神經科學、生物學和心理學知識的進展，我們對這些問題能夠尋找更明確的答案。亞科波尼和他的團隊負責找尋有助於揭開真相，令人深思的證據。

在神經科學家李奧納多．克里斯多福－摩爾（Leonardo Christov-Moore）的帶領下，亞科波尼的團隊使用了一種最先進的技術來檢查，當額葉特定區域的功能被破壞時，會發生什麼事。[32] 當我和亞科波尼碰面時，他生動地描述了這項研究，他們使用了一種稱為「高速經顱磁刺激」（theta burst stimulation, TBS）來干擾觀察型大腦中兩個區域的活動——就是右背外側前額葉皮質（dorsolateral prefrontal cortex）和背內側前額葉皮質（dorsomedial prefrontal cortex）。

他們要求受試者使用一種稱為「獨裁者賽局」（dictator game）的經濟學遊戲，受試者自行決定和另一位玩家分享十美元。另一位參與者是以大頭照的形式呈現給受試者，上面並顯示他的年薪、他們的收入顯示有高和低兩種可能。這些照片是居住在洛杉磯的真實人物的照片，他們真的會收到受試者所分配的金額。這個研究的問題是——慷慨行為是否會根據對方的社經地位和被認知的需求而有所不同？受試者有五秒鐘的時間觀看對方的照片，接著受試者會再有五秒鐘的時間來決定他們要給對方的金額，額度是在鍵盤上按下一個介於 0 到 10

之間的數字。實驗設計方式可以讓他們的決定保持匿名，這樣可以避免他們基於「討好」或「符合期望」的需求來做決定。

亞科波尼和他的團隊發現，當前額葉區域的訊號被干擾，從而限制了大腦以我們稱之為觀察型大腦所進行的緩慢理性思考能力，慷慨行為的程度就會提高。因此，當受試者無法運用觀察型大腦，而依靠反應型大腦的衝動，他們因而對同伴有更多親社會、合作及有益的舉動。而且和高社經地位與低社經地位的人分享金錢時，情形都一樣。亞科波尼和他的同僚的結論是，這顯示人類的自然傾向是親社會的，這說明了在我們年輕時，自我最大化和親社會的傾向並存，但是在我們進入成年期後，這種狀況會改變。

因此，當我問及人類根本上是自私還是無私的時候，這個發現再加上所累積的大量證據指出，我們其實是天生無私的，這真是一個好消息。我回去找亞科波尼，詢問他是否認為超級鏡像神經元負責控制我們的慷慨行為。他回答：

> 很難說在獨裁者賽局慷慨行為的研究中，我書中所謂的超級鏡像神經元是否已經受到鏡像系統的干擾。這件事情的事實是，我們無需假設超級鏡像神經元的參與。這些區域中的「一般」前額葉神經元可能已經足以減少慷慨行為，而且它們的活動很可能已經受到鏡像系統的干擾。

無論其腦中的機制與確切功能為何，這項研究對於人類而言，是令人無比興奮，並且充滿希望的，只要我們好好應用，不要讓進步的世界反而成為一種阻撓。亞科波尼的研究也和當今的演化心理學（evolutionary psychology）一致，演化心理學強調我們是厚植的社會物種，我們的生存與他人攸戚相關。雖然這只是一項研究，但也獲得其他研究機構所做的研究中愈來愈多證據的支持，這些研究機構有，例如耶魯大學[33]、北卡羅來納州的杜克大學（Duke University）[34]、德國萊比錫（Leipzig）的馬克斯普朗克認知與腦科學研究所（Max Planck Institute for Human Cognitive and Brain Sciences）[35]，哈佛和耶魯大學在發展心理學、道德哲學與生物學方面的專家，在《自然》（*Nature*）期刊上所發表的一項跨領域研究，也得出相同的結論，讓這個概念更增添份量。人類的本能是採取合作的行動，而不是自私的行徑。[36]

鏡像神經元系統對此的描繪是，我們以獨特的方式和其他人彼此連結，我們自己的行為、意圖、與信念被鏡像映射到其他人的大腦裡，而反之亦然。我們想要保護自己，也想要自己有好的成就，因此，合理推論，我們應該在直覺上也希望別人好。

的確，亞科波尼和他的同僚所得出的結論是，我們利社會的主要動力可能是「同理心的反射模式模糊了人與人之間的界限」[37]的結果。他以此結束了我與他的最後一次對話，他說，不管這些神經元的名稱是什麼，「我們認為這些神經元的作為是為了保持自我的意識，並且為了控制不需要的模仿」。這可能從動作，像是觀看某人擲球而自己不照做，一直到各種復雜的情緒。瞭解自我與他人之間的界限，在我們如今認識了鏡像神經元系統，以及我們對每件事（包括我們所接觸的每個人的情緒）照單全收的傾向之後，益形重要。

第三部

借鏡的是與非

第八章 壞榜樣

二〇〇七年十一月七日早晨，十八歲的佩卡－艾瑞克．奧維寧（Pekka-Eric Auvinen）應該在學校裡上課。奧維寧在芬蘭圖蘇拉（Tuusula）一個名為約凱拉（Jokela）的小鎮長大，他在那裡出生、成長。他就讀當地的中學，學校裡還有另外四百名十二歲到十八歲的學生。

奧維寧與父親伊斯摩（Ismo）、母親米卡拉（Mikaela）、及弟弟住在一起。[1][2] 他的父親伊斯摩是在芬蘭鐵路公司工作的業餘音樂家。伊斯摩對音樂充滿熱情，因此以芬蘭吉他手佩卡．耶爾維寧（Pekka Järvinen）和英國搖滾樂及藍調吉他手艾瑞克．克萊普頓（Eric Clapton）的名字為兒子命名。奧維寧在學校是一名中等生，他有朋友，也不惹麻煩。但是那天早上，他翹了第一堂課。他沒去上學，而是在家裡上網，上傳影片到Youtube。十一點二十八分，他關掉電腦，騎了1.7公里的自行車，從家裡到學校。那天天氣很冷，天色陰霾。

當他到達學校時，他沒有從學校正門進去，而是通過餐廳下層地下室的一扇門，有些學生正在那裡吃午餐。他從那裡走到教室的走廊，在走廊上，猶尼・奧爾頓寧（Joni Aaltonen）和努爾米・薩米里（Nurmi Sameli）等著上英文課，兩個人正起勁地聊著。[3] 在接受《衛報》（*Guardian*）採訪時，猶尼回憶起接下來所發生的事情：

「他平靜而緩慢地走向我們。我們並沒有真的注意他。然後他停在離我和朋友約兩公尺的地方。我抬頭一望。他正注視著我們。他舉起手來。用槍瞄準我，開始射擊。[4] 猶尼躲掉了，但他最要好的朋友努爾米來不及逃脫，被射殺了。在接下來的六分鐘裡，校長還來不及在廣播系統上宣布：『立即進入教室，把門鎖上，躲起來』以前，奧維寧又屠殺了另外五名學生：然後，奧維寧走在走廊上大喊：『我要把你們都殺死。』他總共發射了六十九枚子彈，殺死八個人——五名男孩、兩名女孩，還有校長。他把最後一槍留給自己。」

一名警察描述現場一團混亂的景象，他說學生們從窗戶跳下來，爭先恐後找地方躲藏。[5] 奧維寧的一位老師說：「那種感覺很不真實——一個我教過的學生朝著我跑過來，大聲嘶喊，手裡還拿著一把手槍。」奧維寧把自己在十一月七日早上上傳的影片稱為「約凱拉高中大屠殺」（Jokela High School Massacre）。

怎麼會發生這種事情呢？這是來自芬蘭一個看似正常、穩定家庭的男孩子，一個以和平著稱的國家，擁有世界上數一數二的教育體制。他的行徑並非向他的朋友、老師、或任何在他身邊的人鏡像模仿而來。到底是否有他所鏡像模仿的人呢？如果有，那是誰？又是為了何種原因呢？

屠殺事件發生後，司法部彙編了一份報告，檢視攻擊事件發生前的線索。報告說，奧維寧在學校變得愈來愈難交朋友，變得更加孤立與退縮。他們認為這可能和奧維寧父母的行為有關，因為他們發現，奧維寧父母的價值觀已經「和年輕人脫節」。奧維寧的父母甚至還聯絡其他學生的家長，告訴那些家長他們失職了，他們孩子的行為表現很糟糕。雖然我們所知不多，但奧維寧多少會鏡像映射出他父母的信念和態度，因而只會加劇他和同學之間的差異。接受採訪的老師們認為，在奧維寧家中所鼓勵的觀點，讓他和其他男孩子的相處更加困難，而且導致他因為自己的特殊愛好而受到霸凌和嘲諷。6

我們選擇的人際關係

如同我們所瞭解的，我們是一個極渴望與別人建立關係的親社會物種。如果我們在某個環境中無法尋得所想望的歸屬，我們會另覓他處，否則就得忍受孤獨的後果，而這會對我們的生理與心理健康產生重大影響。奧維寧對歸屬感的尋覓，使他轉向網路，他在那裡參與網路社群有關學校殺人事件的討論，和網友閒聊。這是一個讓他覺得有歸屬感的地方。這件事，再加上家庭的影響，導致奧維寧的同學把他視為局外人，屬於外團體。

在本書前面章節，我們討論過我們對待不同人的戲劇性變化。神經科學家格里特．海因指出，如果某人是我們內團體中的一員，當他處於痛苦中，我們對他會具有同理心，更有可能幫助他。但是相反地，海因也證實，對那些非內團體成員的人，我們不僅對他們具有較少的同理心，而且我們其實會從看見他們受苦而從中獲得快感，雖然我們無法將這些影響直接和恣意殺人做連結，但這種心理因素，會隨著時間推移，在惡性循環中積累，最終導致駭人的後果。

奧維寧的理解本來就會與他在網上認識的人趨近，因為他們成為他的內團體；他信任他們，也花很多時間和他的網友接觸。所有樹立榜樣的元素顯然都具備了。此外，青春期的大腦對社交需求、團體歸屬、以及來自內團體的影響，有著特別顯著的敏感性，這使得他們極容易做出鏡像模仿的行為。

維吉尼亞州喬治梅森大學（George Mason University）的共同研究者瑪倫．史川茲歐克（Maren Strenziok）所領銜的一篇期刊論文，檢視觀看暴力媒體素材對青少年大腦的影響。史川茲歐克和她的同僚使用功能性磁振造影，讓受試者觀看內容愈來愈暴力的影片，發現，受試者所觀看的內容愈多，他們對內容就愈不敏感，而那些在日常生活中經常接觸暴力媒體資訊的人，則表現出最高程度的減敏感度（desensitisation）。這因而轉化為讓他們對暴力受害者有較低的同情心與同理心，也讓他們轉而對帶有暴力線索的情況感興趣。同時，這也會導致他們對各種處境做出更加暴力的回應。

大腦較高階的區域，特別是左旁側眼眶前額葉皮質（left lateral orbitofrontal cortex, LOFC），通常會注意到背離社會規範的現象，致使某人重新調整其行為，以符合團體的期望。但是，假以時日，人們對何謂正常的看法會改變，因而，接觸到最多暴力的青少年腦中的左旁側眼眶前額葉皮質，會愈來愈沒有反應。換言之，他們對何謂正常的認知改變了。[7] 青少年接觸到愈多暴力的素材，或是接觸到愈多暴力型的榜樣人物，殘酷行徑就顯得愈正常，而且他們對其所造成的影響，就愈不自覺。

奧維寧開始參加的新團體，改變了他鏡像系統所模仿的行為規範，脫離與同儕一致的行為規範，轉而與這些新朋友更 冒險的態度與信念，同流合污。這也可能使他對愈來愈極端的暴力減少敏感度，產生了一種惡性循環。這讓他與同年齡層的人愈來愈格格不入，使他與開始接觸的極端群體日漸投合。隨著奧維寧愈來愈脫離同儕的「交往原則」，這也可能排除了控制暴力的某一自然機制（即左旁側眼眶前額葉皮質）。

荷蘭格羅寧根大學（University of Groningen）的賈帕．庫爾哈斯（Jaap Koolhaas）研究了攻擊行為對大鼠的影響，並且說明敵意的表達通常受社會規範的控制或修正。[8] 人類中的「社會規範」包括了文化、習俗、道德價值觀、信仰和法律。然而，當脫離了社會脈絡時，這些行為的控管就不再以相同的方式運作了，事實上，平時用以約束暴力行為的安全閥會消失，正如史川茲歐克的研究所顯示的。奧維寧脫離了同儕的規範，暴力不再受到節制；事實上，暴力受到他新朋友們的讚美。而其結果是，我們可以假設，奧維寧甚至可能利用大屠殺的暴力，做為一種社會溝通的手段，發洩他對受到排斥的絕望。

當調查人員回頭檢查他在網路上的互動時，很明顯地，他沉迷於美國學校的槍擊事件。他景仰大學航空炸彈客（unabomber）希歐多爾．約翰．卡辛斯基（Theodore John Kaczynski），並且在網路上貼出有關希特勒、納粹、和科倫拜恩高中（Columbine High School）槍手艾瑞克．哈里斯（Eric Harris）以及迪倫．克萊博德（Dylan Klebold）的影片。[9] 美國心理學家暨學校槍擊事件專家彼得．郎格曼（Peter Langman）指出，奧維寧大部分的寫作都是以這些人的文章為模型：「奧維寧和哈里斯的文章之間的相似之處數不勝數，無法一一列舉。」[10] 我們只能假設，這顯示他們的行為是透過奧維寧腦中的鏡像系統直接鏡像映射。

郎格曼還說明，約凱拉與其他的大屠殺，不能夠簡單地用媒體經常描述的方式形容為「模仿性」殺人。這其中牽涉到許多其他複雜的因素：對某位殺手著迷、不經意提及以前的屠殺事件、某種同情、實踐別人的意志、尋求名聲、並與殺手一起開創風潮等。[11] 然而，一個共同點是，這其中有很大一部分涉及某種形式的鏡像映射與模仿；根據郎格曼的說法，兇手「出於種種個人原因而被先前的行兇者所吸引」。[12] 正如在本書中一直所討論的，這種與榜樣的聯結，使人更可能鏡像模仿他們的行為。與此相關的，我們還可以看到其他複雜的社會性與神經生物學元素在運作：團體的歸屬感、年齡和大腦對同儕影響的脆弱性、以及攻擊性行為。

芬蘭土庫大學（Turku University）發展心理學教授凱．比約特維斯特（Kaj Björkqvist）也撰寫了有關約凱拉槍擊事件的文章，提醒大家注意對向來和平的芬蘭日益增加的學校槍擊事件的威脅。例如，在二〇〇八年九月二十三日塞納約基大學（Seinajoki University）發生考哈約基（Kauhajoki）槍擊事件之後的兩個月內，警方報告了兩百起的威脅。而考哈約基槍擊事件本身則完全是受到約凱拉事件的啟示。[13]

比約特維斯特認為，不僅是因為看到了這些案例，使這種情況更加惡化，而且也是因為媒體上出現的暴力大幅度增加了。亞科波尼，一位探索鏡像神經元功能方面的全球頂尖專家表示，許多研究的結果都「明確指出：暴露於媒體暴力行為，對模仿暴力行為有強大的影響」[14]，這個發現適用於各年齡層、各族裔的兒童。其間的關聯是如此強大，遠超過了二手菸與肺癌、骨質密度與鈣攝取量、或接觸石棉與癌症之間關係的強度。[15] 亞科波尼解釋說，這種暴力模仿的潛在神經機制的證據，現在已經逐漸顯現，這種關聯比諸從前更具分量。雖然我們所提出有關奧維寧行為的某些假設並無法得到證實——畢竟我們無法採訪他，也無法利用功能性磁振造影技術觀察他的大腦，但是有更多證據連結媒體暴力與鏡像作用的神經生物學基礎，只會讓這是出於鏡像思考的結果的說法更具分量。

社會的激進角落

和單一殺手的行徑相去不遠的，就是恐怖分子的行為。雖然他們的動機不同，但是他們的行為機制卻有許多驚人的相似之處。一個孤獨的人（在現實生活中不屬於任何社會團體的一員）開始尋找一種歸屬感和聯結，而在網路上尋獲了這種歸屬。的確，研究發現，這些新加入的成員想成為內團體一員的心，更勝於他們與那種意識形態本身的關連。[16]簡．德賽迪和他的同僚克里福德．沃克曼（Clifford Workman）[17]說明，在個別的槍擊事件中，激進化所涉及的因素很複雜。德賽迪和沃克曼說，恐怖活動需要透過演化論、社會心理學、人格與認知心理學、政治學和神經科學來探討。就像檢視奧維寧的案例一樣，我們需要特別檢視包括團體互動、人際關係的過程、價值觀與個人自述、以及微觀社會學的過程等領域。

令人驚懼的是，恐怖分子組織招募年輕人的方法，與其他極端主義分子團體的程序相比，更為謹慎與深思熟慮。雖然他們的技巧可能沒有事實根據，然而它利用了許多我們所探索過的機制。

以所謂的伊拉克和敘利亞伊斯蘭國（Islamic State of Iraq and Syria, ISIS）為例，他們的「理由」是透過仔細構建的漸進社會性影響的過程來傳達的。這個組織最初淡化了公開的暴力行為，因為暴力行為違反了「公認的」社會規範，因而可能使人們為之卻步。他們透過提供有關恐怖主義運動宏觀而動人的故事，來吸引年輕的新成員，當然，透過說故事這個強而有力的機制，可以讓人經由鏡像系統而受到吸引。漸漸地，新成員接觸到愈來愈多看起來很「酷」的極端與暴力的攝影內容，讓他們覺得這非常值得模仿。這會開始重新調整他們對社會規範的看法，而這個「酷」元素會提高他們在團體中的社會地位。藉由為新成員提供受景仰的領導者，有利直接的鏡像模仿，也會提高社會期許與吸引力。

史丹佛大學專門研究網路行為和社會影響的羅珊納·瓜達諾（Rosanna Guadagno）博士[18]解釋其所屬成員且被認為是值得尊敬的人，就會被公開表彰為領導者。這些領導人向可能被吸收的新成員分享人生傳記，提供精神感召，讓他們透過直接的管道瞭解，若效法這樣的人生道路，他們也可以受人推崇。在同儕對自己的看法是如此重要的年紀，這對年輕人來說是極大的鼓勵。他們因而會在神經學的層次鏡像映射這些行為，鉅細靡遺地將他們所推崇的人[19]的行動映射到自己的腦中。假以時日，可能被吸收的新成員，開始強烈認同這些恐怖分子。他們不僅成為恐怖分子的內團體成員，而且恐怖分子的志向、目標、信念和態度，在他們自己的腦中也成為有內在表徵的榜樣。雖然招募年輕激進分子一事，無法僅透過檢視大腦某些特定區域就能加以解釋，但我們知道，鏡像神經元在所涉及的許多複雜因素中有其功能。

當談到更廣大的族群時，網路及其做為樹立榜樣平臺的影響力，以打破地域限制的方式，吸引其他心無所屬的人們。在我們遠古祖先的時代，除非是很有影響力的人，否則信仰異端的人會傾向於重新調整自己的觀點，以符合部落規範，求得歸屬；不然就會被自然的族群演進所淘汰。而後者將無可避免導致死亡的結局，因而會有強烈的動機來同化，或至少自我保留極端意見。結果就是，每個人都會鏡像模仿被認可的行為模式。

團體中的新成員會將這些行為當作標準。我們可以這樣想：如果你一直在大家都穿著套裝的辦公室工作，你通常就會穿著套裝；如果你之後去了一家可穿便服的公司工作，大家一般都穿牛仔褲和圓領衫來上班，你還會繼續穿著套裝嗎？可能不會。因為你會和你剛加入的團體保持一致。你很正常，你想要有歸屬感。

如今，那些具有狂熱想法的人，可以透過網路與數千英哩外理念相同的人往來，建立自己的內團體。社會上其他人是否反對，並不重要，這不會威脅到他們的生存。這些社群團體對於不合理的信念，不會提供社會「停損」點，反而會強化它們，建立新的「規範」。結果，分散各地的人群加持了大量的激進行為。雖然就公司穿著而言，這也不見得是壞事——如果你想繼續穿套裝上班，你可能會在公司的另一個部門發現也有人穿套裝——然而當事涉激進行為時，後果則更為嚴重。

《扼殺所有正常人》（*Kill All Normies*）的作者安琪拉．納格（Angela Nagle）[20]談及社會和政治歧見正日益加劇中。「正常人」（Normies）就是像你我這樣的人，有著一般品味、意見、政治見解、談及日常新聞的來龍去脈、並且生活在現實世界中的人。我們就是那些極右派與其他網路上匯集的激進非主流文化所稱的「正常人」——我們是那些他們認為「不可能向其說理」的人，因為「我們是無知與不可理喻的」。現實世界中的「正常」不等同在網路上的「正常」，納格所指的是生活在網路世界中的許多成年人，而不僅是沒有投票權的年輕人。她在接受《經濟學人》（*The Economist*）採訪時說：「殘酷競爭的個人主義，被應用在浪漫與私人的領域中，而且極度反社會化。」[21]這只是「壞」榜樣的一個例子，這些榜樣鏡像映射並深化彼此的行為、信念與態度，並且是藉網路之便。

不良影響

「壞」榜樣還會對不上網的人們造成傷害，尤其是受到強勢又具說服力的領導人的影響時。許多人認為，唐納．川普總統對支持者有「不良」影響，例如美國調查報導中心（Center for Investigative Reporting）顯示，川普掌權美國後，幾乎所有無法容忍的尺度都被激化了不少——從反猶太主義、恐伊斯蘭症，到基於膚色、國籍和性取向的暴力仇恨犯罪，多有報導。[22] 一項使用時間序列分析（按時間順序所列出的一系列數據點）的研究證實「川普效應」（Trump effect）的假說。川普的當選和全美仇恨犯罪的報導，和統計上的顯著激增有關，即使在控制了另類解釋之後，仍舊為真。[23] 在他就任後的十八個月，遍及三十九個州出現超過一百五十份以川普為主題的嘲諷與攻擊報導。

川普是位強而有力的影響者。從表面上看，許多人認為他是一位自由派與公正的總統，但是相反地，他藉由建議某些民主黨女性國會議員應該「回歸」她們出身的「完全破產與犯罪猖獗的地方」[24]，而表現出對立的價值觀，並且指稱墨西哥移民犯罪者及「強姦犯」[25]「感染」美國[26]；他還說，應該「完全澈底禁止穆斯林信徒進入美國」。這些態度無可避免地被鏡像模仿。我們知道，以鏡像神經元的作用為基礎的模仿，是獲取文化的關鍵[27]，而人們更有可能模仿那些展現地位、聲望或成就的人——這些面向都與川普擔任美國總統的身分密切相關。

相較之下，我們更可能模仿與我們相同種族的人，這也很可能是加劇「川普效應」的原因。加州大學洛杉磯分校的社會神經科學副教授伊莉莎白．雷諾茲．洛辛（Elizabeth Reynolds Losin）和她的同僚，在二〇一二年進行了一項研究，檢視種族如何在模仿過程中，調節神經活動。這項研究使用功能性磁振造影來檢查受試者的神經傳導活動，參與研究的人會複製和自己同種族及兩位「種族外團體」——和自己不同種族背景——的演員所做出的手勢。受試者都是歐裔美國人，觀看了分別來自三個不同種族演員的影片，包括歐裔、非裔及華裔美國人。受試者被要求模仿演員所做出的手勢動作、或是只觀察動作卻不模仿、觀看演員的「靜止」影像、甚至是只看著中間打了個黑色叉叉的白色螢幕。

研究人員發現，與觀看種族外團體相比，受試者在看和自己同種族的演員時，神經活動的程度會有明顯差別。某個特定的大腦區域在各種狀況下都會受到刺激，這表示，有一個「族裔資訊處理」區域，可能會調節模仿系統內的活動。研究結果還顯示，受試者的大腦在觀看華裔美國演員的手勢時，比觀看非裔美國演員時更加活躍。神經科學家對此下的結論是，這可能與其社會地位有關——在美國文化中，華裔美國人被視為比非裔美國人更高階，因此與其相比，受試者更可能模仿華裔美國演員。這項研究提供了實驗證據，以顯示種族如何透過模仿與鏡像作用來形塑我們在學習上的偏差。

在川普當選為位高權重的歐裔美國總統後，鏡像作用的種族效應迅速傳播，在「真實生活」環境中上演。在我們這個科技進步的世界中，人與人之間以及個人與外在的連結速度非常快速，因此這種情況會急遽且大規模的發生。雖然我們不完全確知，但是我們現在所討論的這個研究指出，佔美國人口多數的歐州裔美國人，會更強烈地認同並模仿川普的信念、行為和態度；最令人擔憂的因素之一是，這種仇恨的模式不只散播於極右派人士和成年人，而且已經散播到教室中。網路新聞平臺 BuzzFeed 發現數十起學童使用川普說的話霸凌拉丁裔、中東、非裔、亞裔以及猶太裔同學的案例。[29]

幫派填補了空缺

無論是誰執政，每個社會都有一群比較不幸或比較富裕的人。在英國，像是倫敦的哈克尼（Hackney），伯明罕（Birmingham）的漢茲沃思（Handsworth），和曼徹斯特（Manchester）的摩斯賽德（Moss Side）等地區，它們就類似蘿安．強生任教的加州貝爾蒙特（Belmont）地區。當你和家人正與貧困搏鬥，在一個因失業率過高而掙扎的社區中求生存，並盡可能避免衍生心理問題時，幫派——就像恐怖組織一樣——提供了一個有歸屬感的地方。在這些地區成長的年輕人，例如強生的學生勞爾．桑却若和艾米利奧．拉米瑞茲，將幫派成員的身分視為一種獲得尊重與權力的方式：一種逃脫貧困宿命的途徑，脫離失業的難堪處境。對捲入幫派的孩子，影響最大的是他們的同儕。如果年輕人與「反社會」的朋友混在一起，那自然會限制他們與比較親社會的人相處。直接看見別人示範暴力行為，在社區內也會產生鏡像模仿效應。例如，目睹槍械暴力與暴力行為有強烈的關連。[30] 那些目睹暴力行為的人，會開始學習不同的行為規範——強化他們的反社會信念和態度。研究中所謂的「偏差榜樣」（deviant role models），是某人加入幫派最為密切相關的風險因子。[31]

然而，我們還是可以抱有希望。二〇一五年所進行的一項發人深省的研究，超過兩萬六千名學生參與了加州健康兒童調查（California Healthy kids Survey），結果顯示，同理心減輕了身邊有同儕是幫派成員的不利影響。作者將這種現象歸因於具有高度同理心的少年人，更有能力在幫派之外建立社會聯結，因而減低對幫派歸屬的陪伴與支持的需要。[32] 強生所展現的同理心，是老師如何產生這種影響力的一個軼事典範 [33]；但是研究也顯示，這種同理心通常來自家庭成員。[33] 所以，雖然鏡像系統的運作可以導致負面作用，吸收負面榜樣的行為，但同一系統的另一個面向，則可以用以減輕這些不良影響。

除了世界知名的領袖與幫派之外，媒體上的知名人物也可能加劇種族歧視、仇恨與暴力，助長原先可能不受矚目的刻板印象和規範。泰森．福里（Tyson Fury）、O. J. 辛普森（O. J. Simpson）、普勒斯科．布瑞斯（Plaxico Burress）、瑞．萊斯（Ray Rice）、路易斯．蘇亞雷斯（Luis Suarez）、和史坦．科里摩爾（Stan Collymore），都是以暴力行為引起轟動的高知名度運動員。我們已經討論過運動員做為榜樣人物具有多麼強大的力量，因此強化了年輕男孩對暴力的接受度，並且視其為理所當然，自然是不足為奇。換句話說，接觸較多媒體暴力的兒童會表現出較多的模仿暴力。

那年輕女孩呢？

雖然我們知道有些年輕女孩也加入了恐怖組織，但我們一向的發現是，女性較不可能加入幫派，也較不易受到暴力影響。青春期的女孩較常將流行歌手列為家庭成員之後次要喜歡的榜樣人物。而最近的研究也新增了網紅入列。

那名媛對她們的觀眾具有影響力嗎？二〇一五年，紐西蘭的研究人員檢視女孩與日常生活中的「青少年」流行文化，研究所謂的未成年少女和女孩的早期性別化（early sexualization）。研究指出，這會導致虐兒與性侵的風險，並讓女孩暴露在「偶像影響下的性早熟傾向」。這不只是擔心少女穿著短裙和化妝的問題，而是已經提升為公共議題，所以在二〇一三年，英國、美國以及澳洲發表了一系列的政策，強調少女性別化及「戀童癖」（corporate paedophilia）議題[34]是迫切的社會問題。

這種性早熟並不是由於少女的父母在家裡賣弄風騷所導致的——一般認為這是直接來自她們在媒體上所看到的名人。這種被紐西蘭維多利亞大學（Victoria university）心理學副教授蘇・傑克森（Sue Jackson）稱做「性別與『性別化』情色時尚展示」的流行音樂媒介[35]，比其他媒介更具滲透力。自從千禧年以來，露骨的色情材料明顯增加。例如，麥莉・希拉（Miley Cyrus），她的職業生涯從十一歲演出迪士尼影集《孟漢娜》（*Hannah Montana*）開始，十七歲那年以一支名為《無法抵擋》（*Can't be Tamed*）的影片跨行進入音樂界，影片中她穿著暴露的黑色緊身衣，拿著皮鞭，仿照性虐待的裝扮，大跳鋼管舞。儘管她後來解釋，自己是被男性主宰的娛樂界所利用，並且對其心理有不良影響，然而她的演出仍然造成影響。[36] 少女看見自己認識、信任、數年來觀賞過長達數小時電視演出的偶像人物，其腦中的鏡像系統會重現所觀察到的動作，並不斷吸收她們所看見的內容。

鏡像神經元也會讓年輕觀眾瞭解性誘惑的意圖。許多孩子不會刻意去模仿，因為我們都會不由自主下意識地推敲別人的行為，在將其納入自己的心智模型之前，會對其進行評量。這種推論是理解社會日常的要件。[37] 但是，有些少女卻可能會公開仿效。無論前者或後者，大多數注意到的人都會受到某種程度的影響。

荷蘭拉德堡大學（Radboud University）的社會心理學家阿普．迪克斯特修斯（Ap Dijksterhuis）教授說明，雖然我們可能沒有刻意模仿他人的行為，但對某人行事的認知，會導致一系列無意識的行為調整，期間別人的行為模式會微妙地融入自己現有的世界觀與行為方式。[38] 以少女為例，這在本質上會使她們將性別化的行為，融入自己的系統，同時也將其正常化為一種社會認可的行為方式。從集體的層面來看，這表示女孩會學習她們的偶像，不管是希拉或是其他名人，當她們在學校或在朋友間重現這些行為，就將這些行為傳播到他們這一代的文化中。

年輕的大腦，特別是青少年的大腦，對社會互動特別容易受影響，特別有反應。例如倫敦大學學院（University college London）[39]認知神經科學研究所（Institute of cognitive neuroscience）的研究人員說明，「社會腦」（social brain）——與「社會知覺歷程（social perceptual processes），包括解讀臉部表情、偵測生物運動與推論他人」的心理狀態相關的大腦區域——在青春期所經歷的重大變化。作者參考許多神經造影與行為研究，他們證實當兒童發育為青少年，但尚未過渡到成年萌發期（emerging adulthood，編註：指十八到二十五歲）時，在神經學的層面，會發生各種行為與認知上的變化。這些變化導致在探索與尋求新穎性、情感不穩定性（emotional lability，情緒快速變化）、以及社會顯著性（social salience，對社會情緒資訊的敏感度增加）的提升。[40]

大腦造影指出，處於青春期初期的兒童，對他人情緒的表達特別敏感，這可能導致他們更容易受到傷害，但也可能——假設被導向正向的榜樣與同儕時——使他們提升調適行為的發展與大腦發育。例如，華盛頓大學（University of Washington）的心理學家發現，當這些大腦區域活化程度愈高，社交焦慮愈低，社會問題也愈少。[41]倫敦大學學院的研究人員認為，增進我們對這些社會能力發展的理解，以及這些能力如何在大腦中互動，可以讓我們理解，為什麼有些青少年能夠順利過渡到成年期，而有些青少年卻會遭遇瓶頸。其中一個關鍵因素，可能是他們的榜樣人物正向或負向的程度高低；神經網絡對社會資訊的處理及資訊由來的脈絡，對瞭解青少年心理健康的風險，特別有關聯。

儘管沒有直接的神經學證據來說明鏡像系統確切的運作方式，但到目前為止，我們從神經科學和社會心理學所獲得的理解，讓我們能推論出，名人具有巨大的影響力。不僅是在女性主義與性觀念方面，還會影響到我們所有人對生活方式、健康、如何對待自己的身體、購物、以及日常生活中許多其他事物的選擇。《紐約郵報》（*New York Post*）上的一篇文章聲稱，十年來，豐臀金們（Kardashians）已經「澈底改變了美國」，創造了一個「過度色情化的青少年和青少女，在網路上傳色情簡訊和過度分享，『網紅』成為一項能賴以為生的職業選擇」的世代。[42] 二〇一四年在南非（South Africa）普利托利大學（University of Pretoria）進行的一項研究結果揭示，接觸這類榜樣所產生的兩個常見的主題：首先，女性更常認為利用自己的身體牟利是正常的；其次，女性的身體可以做為一種獲得權力的手段。

金・卡戴珊（Kim Kardashian）以芭黎絲・希爾頓（Paris Hilton）造型師的身分受人矚目。二〇〇七年，金・卡戴珊做為媒體小演員暨網紅出道，是藉由與前男友饒舌歌手雷・杰（Ray J）外流的性愛錄影帶——大家普遍認為這是宣傳的噱頭。不管是真是假，這個事件絕對替那年後來上演的電視實境秀節目《與卡戴珊一家同行》（*Keeping Up with the Kardashians*）吸引了觀眾的注意力，這個節目的主角是她和她的家人。她的氣勢持續上升，二〇〇九年《花花公子》（*Playboy*）刊登她的裸照，同時發行健身錄影帶——《星期五之前穿上合身牛仔褲》（*Fit in Your Jeans by Friday*）。影片中她的動作遲緩，卻聲稱模仿她的動作將會「消除贅肉」，幫助你在星期五之前穿上合身的牛仔褲。

對成年人來說，這似乎不可能是真的，而且沒什麼說服力。但是，對一個迫切想要融入並想方設法讓自己成為時尚一族的少女而言，她可是會精神為之一振，相信這個富有、面容姣好、而且擁有社交聲望的人是值得模仿的。因此，如果金．卡戴珊說你必須外貌亮麗並且保持良好身材，這就是聖旨。在我撰寫本文時，金．卡戴珊在 Instagram 上擁有 1.47 億位追隨者——為數眾多的人深受她的影響。然而她所描繪的並非實際可行；並非每個人都可以成為名人，也不是每個人都能擁有她的身材，尤其是考慮到她聲稱自己已經花了七萬英鎊動手術，來改變自己的體態。

一位學者認為，像金．卡戴珊們這種女性形象，所宣傳的是「女性要具備某種外型才能被接受、欣賞、讚美、成功和快樂」。[43] 這就是問題的癥結。無論你我是否同意卡戴珊們的價值觀，但每個人都希望快樂；快樂加上健康，就是我們對人生的根本渴求。即使是成功，終究也不過是一條通往快樂的路徑。我們從大規模的研究中明白，幸福與心理健康的根本元素，來自人生的意義與目標——一種對自我、自己真正的信仰、以及自己如何能貢獻世界的深刻理解。但是，如上所述的宣傳活動，卻是背道而馳。他們說幸福和成功建立在以下的基礎上：a.無法達成的目標；b.推銷無效的作法；以及c.宣傳人生的膚淺面向。瘋狂包圍這些女性的媒體鮮少強調「透過教育和知識來裝備自己，而是多所強調女性的美麗與性感，以期獲得成功」。[44]

鏡像模仿——螢幕

研究顯示，孩子每天平均花超過七個小時[45]的時間盯著螢幕看——而剩下的在校和休閒時間，則是和同樣盯著螢幕、看著相同影像的同儕一起度過——因此，名人與網紅正影響著我們的社會與文化規範，實在不足為奇。問題是，當女孩和女人將這些外型的觀念內化時（這是由於鏡像系統的運作方式而產生的），事實證實，這對自我評價、自我形象[46]、與對自己外型不滿[47]形成重大影響。這也導致一種危險的循環，大家愈來愈想變瘦，飲進障礙（symptoms of eating disorders）例如暴食症（bulimia）也愈來愈多。[48]甚至連男性都是如此，其原因是為了顯著且始終存在的雄性完美形象。[49]

但是，被名人所擄獲的不只是兒童和青少年；我們在某種程度上都深受名人吸引。廣告商和市場行銷人員明白這點，並且有十分充足的理由，經常尋求名人為產品代言，這樣可以有益於行銷。然而，原因何在呢？杜倫大學（Durham University）的人類學家傑米・特拉尼（Jamie Tehrani）博士專注於文化演化（cultural evolution）50，他認為我們迷戀和渴望模仿名人，可以歸結為人類獨特的特徵——聲望。聲望取決於數千年前有助於生存的某種社會學習（social learning）——而社會學習則有賴於鏡像神經元。

想像一下我們正生活在遠古時代。在非洲草原上，你最關心的是生存與傳宗接代。好一陣子以來，你一直想要獵取特定品種的牛羚，但是你似乎無法用對方法投擲長矛來捕獲牛羚，每次都被牠們逃脫。部落中有一個人，我們姑且叫他福瑞德（Fred）好了，福瑞德特別擅長打獵。他在部落中大有「聲望」。有一天他帶回了你一直捕捉不到的牛羚。隔天，你問他是否可以跟他一起去打獵，並觀察他如何投擲長矛，不只是針對獵捕這種特殊品種的牛羚，而是全面的觀察：打獵時他會做什麼事？他如何接近獵物、站姿如何、怎麼出手投擲長矛？他使用哪一種矛頭？在開始追逐獵物前他會觀察多長的時間？觀察哪些事情？

你和福瑞德在這幾個星期中一起出門了好幾天，你鏡像模仿他的行為。然後，賓果！你終於獵殺了一直讓你困擾的牛羚。那些知道你已經嘗試了好一段時間的朋友問你如何辦到的。你告訴他們。這讓福瑞德更富聲望了，並且在他狩獵時，有更多族人加入他的行列，大家都想向他學習。這也讓你在異性面前展現雄風——成功的獵人令人仰慕，並且被視為未來婚配的強力人選。你也會向別人展示你學到的知識——你的侄子、朋友的孩子等。其他向福瑞德學習的人也會如此做。這讓成功的狩獵技術得以在部落之間傳播，並得以流傳後代。每個世代都在這樣的知識基礎上累積並適應新知，讓技術與能力與時俱進。這是傳遞知識與專長的絕佳方法。但是，特拉尼說明：「由於這種策略有點籠統，可能導致人們採納偶像所表現出來的各種行為，其中也包括了與他們成就不相干的作為。」[51]

例如，福瑞德每天出門打獵前會單腳跳個幾分鐘。我們很難知道這是否有助於他成功狩獵，但因為他這樣做了，因此在你的方法之外排除這件事，可能會有失敗的風險。你沒有證據說這和狩獵無關，你沒辦法上網求證，你也沒有受過可以讓你明白其中原委的教育。所以，你也模仿福瑞德的跳姿，然後其他人也依樣畫葫蘆。經過數個世代的傳承，這變成了一種精緻的舞步，在任何狩獵遠征之前，不這麼做會招致不幸。現在我們看著一支祈福舞或一個幸運符，然後說這沒什麼邏輯，但是我們的祖先怎麼會知道呢？同樣地，後代子孫可能會看著我們這一代人，疑惑為什麼我們會把肉毒桿菌注射在自己臉上，儘管這樣看起來很怪異。

特拉尼假設，本於聲望的學習——因為某人是成功人士而追隨並模仿——是一種廣義的策略，看重偶像的整體，而不是使他們成功的特定因素。如今，儘管我們可能擁有知識來區分成功與否的要素，但從演化的角度來看，我們的核心驅力乃是注重人的整體——鏡像模仿每一個行為。如果大衛·貝克漢噴上特定的香水，即使毫無道理，而且也不代表噴上同樣的香水，就會讓你成為一名球技高超的足球選手、英俊或富有，一個仰慕他的年輕人，還會模仿他所能模仿的一切。如果我們所仰慕的人為某項物品背書，我們更可能掏錢購買這個東西。

在我們祖先的年代，在我們所學到的事情上，鏡像行為的好處應該是超過所模仿的壞處。這種學習也和適應行為相關。但是特拉尼說，今天我們模仿了許多「本身毫無用處」的行為，像是動整形手術。因為這樣，不難看出為什麼那麼多大品牌要贊助名人為其產品背書。名人藉由大量的媒體關注而受人矚目，大家全面模仿他們——他們的穿著打扮、他們所從事的活動。名人在知情的情況下接受品牌贊助，或同意穿著某家服裝公司所設計的服裝。我對此有第一手資料，因為我所輔導的一些設計師，千辛萬苦為奧斯卡、金球獎、或即將到來的演出，準備合適的服裝。因為他們知道成千上萬的人會模仿明星所為，想穿和他們一樣的服裝。

但是在多數情況下，成千上萬鏡像模仿名人的人，都是在不知不覺中這樣做。檯面上影響銷售的原因，卻是影響粉絲和追隨者更深沉的心理層面，影響了他們的自我評價、快樂、在生活中的追求、以及如何過日子。難道那些想成為好榜樣的名人沒有責任意識到這一點，並且應該尋找打破這種循環和規範的方法，而不是強化那些負面的作法嗎？特拉尼質疑：「我們之所以耽溺於財富與成就的形象，是因為它們吸引了我們對聲望的渴望，但名人其實真的是好榜樣嗎？」52

他們既不是優秀的獵人也非採集者，他們不是透過有效存積糧食或保護領土，來達到自己的地位。他們可能更善於社交，更長於吸引伴侶，但我們不會直接與他們互動，因此看不到他們行為中可能有助於我們在這些領域取得成功的那些小地方；然而我們仍然不由自主地鏡像模仿他們的行為，讓市場行銷人員和廣告商正中下懷，因為那正是我們大腦演化的作用。

那麼，責任的歸屬何在呢？產品是一回事，然而整體行為、價值觀和態度的選擇則是另一回事。儘管毫無疑問，父母和照護者在兒童和青少年的一生中，對他們的人格塑造比其他任何人都多，但孩子的目光會迅速落在運動員、流行歌手和社交媒體的偶像上。這些人有機會成為巨大的正向影響，這些我們將在下一章中檢視。這些偶像名人的存在可能只是提供娛樂和消遣，但他們在助長暴力、侵略性、性別歧視、種族歧視的過程中，也扮演某種對個人和文化塑造產生深遠影響的角色。

就是因為這樣的理由，當媒體已成為社會代言人，更需肩負龐大的社會責任。現在所宣傳與強化的不再是來自教堂、學校或家庭的價值觀，而是恐怖組織的價值觀，缺乏自身意義和目的的人們，以及讓人追逐某種浮華生活，而其中卻又不乏一些存心為善的人。然而，做為一個孩子，甚至是個大人，都很難知道該追隨誰、聽從誰，孰是孰非。

媒體本身也意識到這一點，許多卓越人才充分理解應負的責任及解決辦法。這同時也有待真實生活中的父母及他們的榜樣人物來說明，何者才是應該鏡像模仿的對象及其原因。父母應該討論其中的含義，那是否是他們真正想望的志向，以及原因所在。

在缺乏追隨的榜樣，或沒有歸屬的情況下，叛逆的少年人可能會加入幫派，轉為激進或甚至從事暴力攻擊。名人取代了那些曾經因其價值觀和能力——不是那種毫無意義的追蹤人數——而受到尊重的地位。網路世界提供了更多機會，任何人都可以在網路上成為矚目焦點，孩子輕易地接觸到那些在傳統社會中不被尊重或重視的人。因為我們的大腦被裝備好從事鏡像映射，所以我們需要有人引導，讓我們從青少年到成年萌發期這段易受傷害和容易形成印象的人生階段，進行鏡像模仿——如此一來，缺少正向榜樣、不好的人或事就會被取而代之。

第九章 好榜樣

鏡像映射的改造能力

賈米拉（Jameela）出生於一九八六年倫敦的漢普斯特德（Hampstead），父親是印度裔，母親是巴基斯坦裔。她因為是少數族裔，並且出身背景比同儕差[1]，所以在學校受到人身與語言霸凌。在某次採訪中，賈米拉說：「我求學時期忽胖忽瘦，體型和其他女孩不同。我比其他人高很多，皮膚很差，還戴著牙套。我因外貌而被霸凌；但是小時候受到霸凌的主要原因，還是因為我的種族背景，我受到非常粗暴的對待。」[2]

她出現飲食障礙，在十四到十七歲之間，一直為厭食症（anorexia）所苦。成年後的她，描述了這些無情的殘害如何被內化，使她對自己的出身與外貌感到羞恥。[3]

賈米拉在英國第四臺（Channel 4）接受克里希南・古魯－莫西（Krishnan Guru-Murthy）的

採訪時說，她小時候覺得自己「被一套不容辯駁的說詞襲擊。從來沒有任何女性會因為聰明才智而受到稱讚……而我所看的雜誌都在向我推銷減肥產品，或是告訴我身材要苗條。如果不夠苗條，我就毫無價值。」[4] 當時她沒有正向且具建設性的榜樣，也沒有標的人物可供鏡像模仿，或是告訴她：與眾不同也沒關係。

賈米拉．賈米爾（Jameela Jamil）長大後成為英國第四臺的節目主持人，英國國家廣播公司（BBC）廣播一臺（radio 1）的廣播主持人，最近則成為美國國家廣播公司（NBC）熱門節目《良善之地》（*The Good Place*）節目中的好萊塢明星。有了名人地位之後，她公開表明自己做為榜樣人物的責任，熱情擁抱因職位所提供的機會。她捍衛自己的信念，代表少數族裔的婦女，讓自己成為別人的借鏡；這類借鏡是她當初所欠缺的。

賈米爾在社交媒體上對各項議題發言，從「身體自愛」（body positivity）運動和女性主義，到種族議題和非異性戀者（LGBTQ）權利等。她不怕點名其他人士，從記者到高知名度的名人——這些人若是採取行動，就有可能對她的職業生涯造成極為負面的影響。例如，她在接受古魯 - 莫西採訪時，她稱呼金．卡戴珊為「披著羊皮的狼」；接著又說：「因為妳的外型是女人，我們相信妳，認為妳是支持我們的，但是妳向我們推銷的東西，其實並不能使我們感覺良好……妳向我們銷售的是自我意識。」她正打破漸成風氣的社會規範，樹立另一種態度和取向，做為借鏡。

二〇一九年的三月，賈米爾在 Instagram 上看到一則令她無法坐視不理的貼文。上傳的照片是排成一列的婦女，每個人的影像上都有一個數字，原來這個數字代表著婦女的體重。她在自己的部落格中寫道：「這就是女性被教導尊重自己的方式」。她接著又說：

> 我簡直不敢相信我所看到的影像……貼文問我們對她們的體重有何看法，然後問他的追蹤者「你的體重多少？」……這是哪門子無腦有害的瘋話？除了引起年輕女性對完全無關緊要事情的焦慮之外，這篇貼文還能有別的意義嗎？我們教導了這些女性何種價值觀呢？

賈米爾開設了一個稱為「我的價值」（I Weigh）的 Instagram 帳號做為回應，目的是不要秤斤論兩來衡量一個人，而是要透過一個人的特質和成就，來衡量一個人的價值。她想要鼓勵人們看到，一個人的自我價值是遠遠超過媒體世界所塑造出的完美形象或是一個人的體重。

在我撰寫本文時，「我的價值」有一百萬名追蹤者，貼文來自世界各地的男男女女。這個社群所展現的態度是：**要大家珍惜自己內在的秉性，不要僅憑外貌來評價，也不要覺得自己的外型必須像社交媒體上那些不真實的形象**。鏡像神經元會擷取並吸收這種態度做為心智模型，佐以如何審視自我價值的既有觀念。對某些人來說，這甚至會取代以前那種較為負面的心智模型。

我們可以說賈米爾是一個好榜樣。她以正向的方式為廣大群眾發聲，但是她常常出口成「髒」，這可能會讓部分父母反對孩子追蹤她的社群。也有人質疑賈米爾是否能作為身體自愛社群的最佳代表人選，因為她以前是位模特兒。這也提出了一個問題：究竟什麼才是好榜樣？好榜樣、壞榜樣是主觀認定的嗎？由誰來決定？畢竟，我們都可以從各種觀點來挑剔這些榜樣的立場、個人以及他們所說的話。

一個對榜樣人物寄予厚望的領域就是運動界。在許多家庭裡，從孩子童年到他們成年，這些榜樣人物和他們的生活方式與信念都是緊密結合的。可以這麼說：運動是獲得絕佳機遇的手段。以約翰．麥克沃伊（John McAvoy）為例，最初他是一位人盡皆知的武裝搶匪，被關在英國安全規格最高的監獄中；現在卻是替 NIKE 代言的專業鐵人三項運動員。

服刑期間，麥克沃伊開始熱衷於在健身房健身，他和一位特別支持他，做為他好榜樣的獄警一起健身，這位獄警鼓勵他發揮潛能，因而改變了他整個人生觀。這不僅使他遠離犯罪，而且在他獲釋後還成為一位職業運動員。麥克沃伊現在想要傳播的訊息是：運動的力量何等強大。他在接受《電訊報》（*Telegraph*）採訪時說：「如果按照我原來的生活方式過日子，那我早就死了。要不然就是他們把我關起來，並扔掉鑰匙，那還不是一樣的結果。運動拯救了我的人生。」[5]

在一次訪談中，他描述自己的犯罪生涯是完全沉溺於一個從鏡像模仿而來的世界中。他吸收了自己居住社區裡的態度、價值觀、信念和行動，特別是鏡像模仿他的繼父和叔叔，他們兩人都是慣犯。這是他腦中所知的一切。他是一個有決心、好奇和固執性格的人，在那種環境下，這使他成為一位「成功」的罪犯。當一個更健康的選項出現時，同樣的性格開始鏡像模仿一套迥異的價值觀、信念與行動。

麥克沃伊經常在學校演講，鼓勵孩子們參與體育活動。如果學校的體育老師關心孩子，成為他們的榜樣，開啟他們的技能與能力，可能會讓他們徹底改變，不僅是在自尊與自信，還會影響他們將來的成就。達米．凱莉．福爾摩斯（Dame Kelly Holmes）和單親媽媽在肯特郡（Kent）的一個公有住宅區長大，她不諱言，自己對學校適應不良。她對自己沒信心，覺得自己每件事情都不是很拿手。這種情況一直維持到體育老師開始注意她為止。看到她的跑步天分，老師鼓勵她要專注、努力，要相信自己，建立自己的自尊心。

這是福爾摩斯生命中的轉捩點，後續的努力和投入，使她成為二〇〇四年雅典奧運第一位在奧運殿堂同時獲得八百公尺和一千五百公尺金牌的英國女子運動選手。這並不代表所有的孩子都必須擁有像福爾摩斯所具備的才能，潛能可以透過其他不同的展現方式。就只是一個不是父母或親戚的成年人對孩子表示關心，表示對他們有信心，通常就足以幫助孩子步上人生正軌。這會引導他們的大腦鏡像模仿，朝著具建設性的目標前進。

如果他們最終能成就的地位是像福爾摩斯一樣，一旦他們做到了，他們也將承擔做為榜樣人物的重責大任。運動界的榜樣人物激勵成千上萬的人，群眾效法他們完成目標、奪冠、與克服障礙的追求，因而獲得了難以置信的大好機會。然而，榜樣人物擔負這種責任是公平的嗎？當運動專業人士成為各自領域中的佼佼者時，他們就應該承擔這種責任嗎？

為人借鏡的壓力

一九九三年，NIKE的一個廣告中，職業籃球最高殿堂的NBA球員查爾斯・巴克利（Charles Barkley）公開拒絕這種觀點。巴克利說：「我不能為人表率……我的酬勞並不是讓我做別人的榜樣。我的工作是在籃球場上大展身手。父母才應該成為榜樣。只是因為我會扣籃，並不代表我就應該教養你的孩子。」[6] 他當時的觀點是，做為一名出色的運動員與為人表率並不相干。然而無論職業運動員是否願意接受，這就是事實。

整體而言，不論是男孩或女孩，都會將父母列為主要的榜樣人物[7]，除此而外，運動員在也是名列前茅，尤其是對男孩子而言。[8] 在英國，這通常是指足球員，他們或許是在公眾領域中最鮮明的榜樣。他們能激勵人心，因為孩子們可以看見、並瞭解他們的作為。要明白企業界的領袖或是政治家的實際作為以茲參考，可要困難得多了。但是他們可以看到運動員通往成功的途徑，並且經常各種不同背景或出身，都能找到通往功成名就的清晰路徑。孩子們可以想像自己依循此道成就自我，再加上獲勝、競爭、受到成千上萬名觀眾矚目的興奮，伴隨著高薪而來的光鮮亮麗，甚且還有媒體的全程關注，報導他們的個人特質及個人生活的各種層面。但是，被當成偶像並不總是一件好事，這的確涉及必須承擔的重大責任。

二〇一九年一篇名為〈為什麼每位女性運動員都處於做好榜樣的壓力下〉（Why every female athlete is under pressure to be a role models）的文章被發表在足球網站《普羅斯特國際》（Prost International）上，文章指出「榜樣人物的困境在於，大家都不完美的時候，女性運動員卻被期待要完美無瑕。」談及「理想的」榜樣，這在某種程度上是真的。儘管我們有時候可能會為某些事情怪罪父母，但我們其實並不期望他們是完美的，我們也不期待我們的老師、熟人、或醫護人員是完美的，所以，期望職業運動員要完美零缺點是公平的嗎？這篇文章特別提到女子橄欖球隊中的英格蘭和薩拉森人（Saracens）隊的邊鋒，也是世界盃冠軍的瑪麗．帕克（Marlie Packer），她在二〇一八年兩度被判酒後駕駛。這可能會對她的年輕粉絲們的行為和態度造成負面的影響。帕克當然不是唯一。那些備受矚目的人，在運動表現上十分出色的同時，並不意味著他們在其他各方面都很完美。

然而，有某些行為和價值觀是他們一定要為之負責的。雖然這並非他們做為職業運動員所需的技能，但這是成為運動菁英分子必須具備的條件。當一個前景可期的年輕人接受訓練以期達到自己的巔峰狀態時，他們知道，如果他們實現了自己的希望與夢想，他們會成為焦點人物。如果那不是他們所希望的，那麼也許應該輔導他們另擇不同的職涯路徑。在引用帕克酒後駕駛的同一篇文章中，蘇格蘭足球員艾琳・庫斯伯特（Erin Cuthbert）正視自己的地位所附帶的責任，她說：「我們二十三個人現在都是榜樣人物。我理解我們對成長中的小孩所具有的責任。他們景仰我們。我們需要繼續在球場上獲勝。」[9] 這似乎是肩負一個偌大的負擔，但有鑑於他們所擁有的平臺，這必然得是如此。同樣無比重要的還有，當談論任何以下提及的人物：來自弱勢背景的非裔女性、女性橄欖球員和女性足球員，要記住，她們其中的任何一位都在打破新一代女性障礙和刻板印象方面，扮演了強而有力的模範。然而，她們和我們其他人一樣都只是普通人，沒有人是完美的。

在現實生活中，即使注意一下電影和小說中那些絕頂厲害的英雄、英雌們，其實完美的榜樣並不存在。例如漫畫書裡的超級英雄們：《綠巨人》（Incredible Hulk）、《超人》（Superman）和《蜘蛛人》（Spiderman）被賦予超能力，而且這些人也都有點神經質的傾向。X 戰警（X-Men）是變種人，與地球上的每個人都不一樣，這讓他們成為難以融入社會的局外人。即使是沒有超能力的英雄，也有缺點——詹姆斯・龐德（James Bond）酗酒、賭博、恐怖駕駛、勾引女性然後棄之如敝屣；哈利・波特（Harry Potter）裡的妙麗・格蘭傑（Hermione Granger）好爭辯，有時還一副高高在上的樣子，又固執己見，當她感到壓力大時，會把自己的挫敗感發洩在別人身上。如果沒有缺點，這些角色即使做為我們的英雄、英雌，就還是不夠真實。我們無法與他們聯結，無法對他們產生信任感或同理心——我們已經知道這些因素對於我們將別人當作行為範例，以及對鏡像神經元模仿他們的優點，極其重要。有缺點的角色讓我們容易理解，讓我們看到自己的相同之處；即使他們是虛構人物，仍然帶給我們希望，即使是不自覺的，當我們認為如果他們能夠做到，那我們也可以。現實生活中的好榜樣也是如此。

我們每個人都可以在某方面成為別人的榜樣。貫穿本書，我們探討過與此相關的基本元素：關係、信任、同理心和接觸，是成為榜樣人物的關鍵。然而，這一方面對於炸彈客、伊斯蘭國的領導人、和金・卡戴珊來說是正確的；另一方面，對聖雄甘地、德蕾莎修女（Mother Theresa）和賈米拉・賈米爾而言，也是正確的。我們討論了約凱拉校園槍擊事件的槍手佩卡・奧維寧如何與炸彈客聯結，如何與他的網友建立互信，對他們的企圖感受同理心；以及年輕的激進分子與伊斯蘭國的聯結方式，信任他們並熱衷觀看影片，產生高度接觸。金・卡戴珊的例子比較不那麼極端，展示了一個能迎合年輕女孩，分享讓青少年和剛成年者的大腦感興趣的事物：外貌亮麗，是圈內人的一員，有社會地位。當然一定還有更多相關元素。雖然這些元素有助於鏡像模仿，但這並不能保證這種模仿就是好的。所以什麼是好的模仿呢？

一個人就可以帶來重大改變

一個社會對於何謂好、何謂不好，會有種普遍的概念。其間的差異，則取決於文化以及我們所認同的團體。一般而言，「好」關乎對別人體貼與幫助別人，特別是那些比我們不幸的人；「好」，關乎個人的學習與成長，以期實現自己的潛能，貢獻社會，為後代打造更美好的世界。這些因素並不囿於某個宗教或哲學。但是我們已經看到，從生物學和神經學的觀點來看，有愈來愈多的證據指向同一件事——人類是親社會的物種。我們合理認為，這些因素是我們預期會成為「好」榜樣的動力。甚且，我們會期望有一個「好」榜樣，能瞭解並接受責任，保持開放的想法，保持某種程度的自我覺察，以便為自己和他人謀求最佳福祉。

在本書前面章節，我們討論過反應型大腦和觀察型大腦。總結來說，反應型大腦思考迅速且富直覺。它無意識，對環境中的線索反應迅速。正如我們在研究慷慨現象所見，我們對別人以良善相待——除非是受到威脅情況，其生存驅動力像是「戰鬥」才會出面迎戰。觀察型大腦與大腦新皮質（neocortex）有關，新皮質是大腦中緩速思考的部分，負責執行決策與計劃；並與大腦中的理性思考有關，主掌自覺與刻意思考的部分。它較少受衝動與原始驅動力，像是覓食、繁衍和保護領土等需求的驅使，更多是受到思考更高階目的所驅動。研究指出，人類處於福祉的巔峰時期，當我們運用觀察型大腦為更廣義的社會議程與一個人人和諧共存的社會有所貢獻時，我們會感到最為滿足。

我們或許會依此暗下結論，認為壞榜樣是因為受到其他驅動力所迷惑——例如金・卡戴珊的驅動力乃是透過性、吸引力與金錢（這與社會地位有關），來達到成功——又或者，他們本身就已經被強烈說服了，透過他們觀察型的理性大腦，做出不符合天性的決定。在我們休憩並感到安全時，我們較進步的觀察型大腦讓我們能夠深入思考，並理解這個世界，尋求更深層的意義。但是，我們可以推斷，現代生活以及持續加諸於大腦的壓力和緊張，可以推翻這種運作方式，就如我們所看到的壞榜樣所為。

的確，我視為榜樣人物的納爾遜・曼德拉，他的企圖始終是完全正向，就是要結束種族隔離制度與壓迫，但他最初為達目的所採取的手段，卻並非為有利社會的。我的婆婆在種族隔離制度下的南非長大，是一位講英語和南非荷蘭語的中國移民。她見識過曼德拉早年使用暴力對待別人，以追求自己的目標。身為非洲國民議會（African National Congress, ANC）的領袖，曼德拉在政府建築物和發電廠中放置自製炸彈，以使政府「端坐聆聽」。我們可以理解我的婆婆仍然將曼德拉視為一位恐怖分子，大部分的原因是她看到周圍的年輕人模仿了這種行為。他堅毅的品格以及他所擁有的身分地位，不僅增加他的卓越聲望，而且也提高大家鏡像模仿他的行為、態度和信念的傾向。而年輕人，正如我們前面所討論的，特別容易模仿暴力行為。

但是，在我的成長過程中，我知道曼德拉被不公平地監禁了二十七年，他出獄後為世界做了許多美善的事情。儘管我將婆婆視為我尊崇的人，但我也知道婆婆對此的立場。曼德拉在獄中經歷一段深刻漫長的自我反省過程：他沒有變得苦毒，而是變得更有智慧，並利用時間充實自己的知識。他雖受到殘酷對待，卻善加運用，做為檢查自己負面情緒的機會，甚至拒絕對逮捕他的人感到憤怒，還試圖理解他們的觀點（認知同理心）。他閱讀無數的傳記，研讀法學學位，並藉著與卓越人士的通信，獲取對世界更深入的洞悉。他學習自我控制與紀律的價值。極其重要的是，他還有著好奇與求知的心，驅使他去尋求從各種情況中所萃取的見聞與知識。從馬可・奧理略（Marcus Aurelius）到埃及的法老王，他對領導力這件事極感興趣。他吸取了數百年來的智慧，橫跨遠古至今，這使他理解了關於權力的陷阱。他以大量資訊餵養自己的鏡像神經元，這些資訊不僅透過他的行動，也透過他所傳講的故事，向別人展現如何成為一位優秀領導者，並吸引別人從事鏡像思考。

曼德拉重獲自由後，首要就是將一個分裂的國家團結起來。在這個分裂的國家裡，不同族裔的人世代都受到種族隔離制度所分隔，然而他運作的模式已經改變了。從前他的反應型大腦的暴力驅動力居於主導，但他後來開始運用鏡像思考，讓自己能夠設身處地為別人著想，並以同理心來理解對話的雙方，然後運用這些知識來進行有益與利社會的行動。這樣做讓他終於能夠理解，曾經驅使他的那些不自覺的衝動，也是同樣驅使著別人。藉由培養與領土相關的共有共屬的觀念，曼德拉建立起集體的責任感。

他受到世界各地數百萬民眾的愛戴，受到孩童的尊崇。但是他很有自知之明，多次指出自己「非善良天使」。[10] 他對自己做為榜樣的地位負責，並公開談及自己的過錯。這種做為普通人的人性與也會犯錯的本質，使他能夠與眾多民眾產生聯結。

當今能夠被認為是好榜樣的一個典範是安潔麗娜・裘莉（Angelina Jolie）。她一方面滿足了許多女性所嚮往，而男性被吸引的原始大腦的驅動力，被諸如《時尚》（*Vogue*）和《浮華世界》（*Vanity Fair*）等雜誌列在「世界上最美麗女人」的名單上。但是，比起成為一名才華洋溢的女演員，清楚表明並決心對社會產生正向影響，上述各種其他因素對她而言都是其次的。她在《古墓奇兵》（*Tomb Raider*）中飾演蘿拉・卡芙特（Lara Croft），一個極度性感的偶像角色，一些女性主義者可能會質疑她的代表性。但是裘莉拒絕原先劇組為她設計的電影劇服，她認為那些衣服太過暴露，會對少女發送負面訊息。這是一個蓄意規避原始性慾的例子，其目的是把更多焦點放在她做為一名矯健、聰明的考古學家的人物上。蘿拉・卡芙特和《古墓奇兵》最初是為電動遊戲所開發的，其角色企圖反制女性形象的刻板印象。

我們已經知道鏡像神經元如何與所講述的故事同步化，在樹立榜樣上，這會讓人們產生一種強力而直接的聯繫，特別是透過螢幕的媒介。

當裘莉二〇〇一年在飽受戰爭摧殘的柬埔寨（Cambodia）拍攝電影時，她看到人們的苦難，引述她所說的話：「我的眼睛開始張開了」。[11] 這使她開始探索世界各地的難民危機，之後她開啟了一趟到獅子山共和國（Sierra Leone）和坦尚尼亞（Tanzania）的十八天旅程，目的是去探訪難民營。裘莉提到，這是一場讓她對世界有了更深刻瞭解，並由衷渴望回饋世界的經歷。這種驅動力來自她對那些所遇到的人的同理心，而這是經由鏡像系統的運作。在接下來的十年間，裘莉以聯合國難民署（the UN High Commission for Refugees, UNHCR）親善大使的身分，前往三十個國家進行實地考察，並訪問難民營。[12]

她孜孜不倦為兒童移民、弱勢兒童的資助與教育、人權、與女權等議題努力。雖然起初是出於看見受苦民眾而有的反應，是親社會的反應型大腦的驅動，但後來她進一步使用觀察型大腦，用一種體貼又明確的方式，滿足自己回饋社會的需求。經過有意義的思考，而後採取行動，不僅止於廣泛的社會性議題，而是更普遍的**社會**議題，非常篤定地把焦點放在為人人和諧生活的社會貢獻心力。

但是，裘莉也是普通人，會犯錯，有缺點，就像我們一樣。對於她是否曾經做過臉部整形手術一直有些臆測；她也曾經公開談論過自己對性虐待的熱衷，而且她三度結婚又離婚。這或許也說明了，在私人生活和公眾領域之間，可能應該劃清界線。

裘莉，和其他人一樣，有權過她自己選擇的生活。我們如何鼓勵傑出的榜樣，分享自己做為普通人的某些面向，同時又讓他們享有受尊重的空間，過自己的生活呢？還有，我們如何告訴那些追隨裘莉或任何優秀榜樣的人，不要照單全收呢？鏡像神經元無法辨別好壞，這需要靠判斷，而對年輕人來說，這可能很難。從童年到青春期，然後進入二十多歲的成年萌發期，判斷的主要驅動力來自帶點天真的想融入周遭群體的需要，更勝於所謂的最佳選擇。因此，對於何謂好壞，何者可以鏡像模仿，何者應該反鏡像模仿的指南，或許對這個年輕族群會有幫助。

曼德拉和裘莉是我們大多數人都會認為是「好」榜樣的兩個不同例子。儘管裘莉只有四十多歲，但曼德拉出獄時已經七十二歲了。認識自己，管理自己的反應型大腦，並真正明白自己的目標，的確要花時間；然而有些人儘管沒有多少年的智慧，卻足以駕馭它。

格蕾塔．童貝里（Greta Thunberg）在十五歲那年聲名大噪，那時她開始逃學，坐在瑞典國會大廈外，手持寫著「為氣候逃學」（School strike for climate）的標語。馬拉拉．尤沙夫賽（Malala Yousafzai）做為巴基斯坦女性教育的社會運動家，成為最年輕的諾貝爾和平獎得主。馬拉拉享譽全球時也是十五歲。這兩位了不起的年輕人，在她們的角色中都遭受許多不當待遇。為了堅持女孩也有受教權，我們不可忘記馬拉拉被塔利班（Taliban）槍擊，頭部中槍。童貝里則一直受到惡劣的評論，其中最值得注意的是來自俄羅斯、美國和法國總統。

童貝里決定單獨採取行動乃受到羅莎．帕克斯的激勵，她說：「我發現她是一個內向的人，而我也是一個內向的人」，這個發現讓她理解到「一個人可以帶來如此巨大的改變」。她鏡像模仿前人所為，以追求自己的目標，但也展現出明智的判斷力。她從二〇一八年八月展開的每星期五的靜坐活動，開啟其他學齡學生的效法，在自己的社區中展開靜坐活動。有大量研究顯示，人們比較可能鏡像模仿與他們相似之人的行為。[13] 童貝里的抗議活動已經產生了跨世代的影響，但是對抗議活動的鏡像模仿，主要是在與她年齡相仿的學童。此外，隨著她知名度的提高，因為她的態度與行為而來的聲望也隨之提高，這使得全世界其他青少年也愈來愈受到吸引，並鏡像模仿她的行為、態度與策略。二〇一九年，全世界有數以萬計的學童，參與了為氣候罷課活動。二〇一九年三月十五日星期五，超過一百四十萬學生在全世界三百多個城市參與了這個活動。[14] 童貝里在二〇一九年九月至聯合國的演講中談到：「你們用空話偷走了我的夢想與童年……我們正站在大規模毀滅的開端，而你們卻只能談論金錢與經濟成長的神話。你們怎敢如此？」[15]

在這裡，我們看到了她在言語中所傳達的情感與意象，這會挑起聽眾的想像力。無論刻意與否，她運用說故事的方式，聯結別人與她所傳遞的訊息。正如我們在前幾章所見，這種說故事的方式，特別是其情緒語言，會透過鏡像神經元的系統，使聽眾的大腦與她的大腦同步。

英國饒舌歌手史托姆西（Stormzy）獲選為《時代》雜誌二〇一九年下個世代的領袖人物。二〇一七年，史托姆西被牛津大學的非洲與加勒比海社團（African and Caribbean Society）授予年度人物的獎項。在接受英國國家廣播公司採訪時，牛津大學非洲與加勒比海社團的會長芮妮．卡普庫（Renee Kapuku）談到了史托姆西入選的原因：「他是一個極佳的例子，說明年輕的黑人世代，在保存自己歷史淵源的過程中，也可以追求進步……他從來不畏懼對不公平的現象大肆抨擊，他在我們的社群中提倡正向價值。」[16]

史托姆西在二十一歲時成名；現年二十六歲的他感覺到自己肩膀上所承擔的重擔，並不一定反映出他做為一個人所達到的成熟階段，從心理學的角度來看，這是正確的——他仍處於成年萌發期。他在 Instagram 上寫道：

> 我有很多缺點，我仍然在學習如何成為一個男人，仍在尋找如何長成我需要成為的那種人，然而在所有企圖成為一個人，企圖成為一個超人的困惑與掙扎中，我的人生有其目的。而我的目的把我帶到目前的地位。[17]

這些說法本身對年輕人就是具有建設性的訊息，這只是做為說明他過去的過錯，並公開接受自己的責任的一個例子。其結果就是他正在示範，年少時犯錯沒有關係，只要你的目標是希望最終成為一個更好的人。

這所有的例子，無論年輕人或長者都顯示了良好的榜樣乃是透過正向的利社會胸懷所呈現，並發揮影響力。最初，這來自於反應型大腦與我們助人的天性。但是，有計劃和持續的行動，再加上對意義的追尋，以及渴望對社會做出正向貢獻，則是來自緩慢和更進步的觀察型大腦。這些榜樣人物主動選擇了承認自己的過失，並願意回應自己地位所具有的影響力責任。然而，當這種自我察覺與對責任的渴望並不存在，或是有一天消失了，會發生什麼事呢？他們還會是好榜樣嗎？

以身作則

優秀的領導者就是榜樣人物的楷模。我為領導者所提供的諮商，主要在於幫助他們更加瞭解自己，瞭解並修正自己對別人及對世界的影響。這在優化他們領導力的同時，還可以優化他們為別人所做的榜樣。他們需要思考，鏡像作用如何影響到企業文化與價值觀。在領導階層、名流和一般生活中，未持續自我覺察，或不為自己對別人的影響承擔全部責任的風險，範圍可能從限縮自己的能力，到以負面方式影響他人。

在日常生活中，如果我們令人不悅、不遵守社會規範、或觸怒他人，我們往往會被制止；但領導者和名流人士則進入另一種處境，在他們的世界中，這些有益的自然界限不再存在。例如，當某位領袖人物與現實脫節到某種程度時，他們會認為他們適用的是不同的規則。優秀的領導人也可能崩壞，即使是在最民主的國家。畢竟，領導者、名流與其追隨者，也不過是普通人。

為什麼一位特別是以良善崛起的領導者會轉而為惡呢？這通常源於所謂的「傲慢症候群」（hubris syndrome），這個名詞形容誇大的自豪與過度的自信，而這種狂妄直接來自於權力或名氣。

曾是醫生的大衛．歐文爵士（Lord David Owen）是一位英國政治家，他於一九七〇年代成為外交大臣。他親眼目睹權力對領導者的心理影響。二〇〇九年，歐文與北卡羅來納州杜克大學精神病學教授強納森．戴維森（Jonathan Davidson）合作撰寫了一篇論文，概論傲慢症候群所涉及的因素。[18] 戴維森的論述是，傲慢症候群是一種後天的人格障礙，無論其處境為何，不同於其他多數在成年期出現的人格障礙。狂妄的領導人被權力「沖昏頭」，相信自己幾乎是無所不能，同時對所面對情境中的細微之處，愈來愈不以為意。優秀的領導能力及擔當任何職責的關鍵點在於，要瞭解環境中較不具象的互動關係。這在傲慢症候群的情況中，幾乎付諸闕如。歐文和戴維森所概述的一些症狀如下：

- 對個人形象和表現過度關心；
- 對自己的判斷有過多的信心，卻輕視他人的建議或批評；
- 對個人所能做到的事情，有誇大的自我信念，與近乎全能的感受。

鏡像系統需要在社會規範的脈絡中運作。在我們遠古祖先的年代，沒有人能夠離群索居，而不受制於群體的期望。部落的自然秩序意味著，表現狂妄自大的領導者會被迅速去職。但是，如今一個城市的人口規模可以是數百萬人，而且科技讓我們能夠依存於「常規」，卻不必受制於「常規」，所以領導者更容易與現實脫節。然後，也基於同樣的原因，我們幾乎是不可能罷黜一位在遠古時代會被認為是對人民「有害」的領導人。

在歐文和戴維森所寫的論文中，他們尋找在過去一百年來，美國和英國政府領導人中，所顯現的傲慢症候群臨床症狀。他們發現在十八位美國總統中，有七位可以被描述為具有狂妄特質，而其中有一位總統——喬治・沃克・布希，實際上具有傲慢症候群的全部病徵。在英國的二十六位首相中，有七位具有狂妄特質，而四位具有實際的徵狀，其中包括大衛・勞埃德・喬治（David Lloyd George）、內維爾・張伯倫（Neville Chamberlain）、瑪格麗特・柴契爾（Margaret Thatcher）、和東尼・布萊爾（Tony Blair）。東尼・布萊爾可能是近代英國歷史上最耐人尋味和最引人側目的例子；歐文和戴維森描述了他們認為布萊爾變成傲慢狂妄的轉捩點：

> 東尼・布萊爾的傲慢症候群在一九九九年北大西洋公約組織（North Atlantic Treaty Organization, NATO）轟炸科索沃（Kosovo）的時候開始顯現，那是他上任後兩年。在某個階段，柯林頓總統（Clinton）惱怒地告訴布萊爾，要「節制一點」，並且停止「在國內

賣弄炫耀」。布萊爾開始對自己的判斷過分自豪。柯林頓的一位助手嘲笑布萊爾的「丘吉爾口氣」，而一位經常看到布萊爾的部屬說到布萊爾：「東尼做得太過火了，他太誇張，而且手勢過多。」柯林頓的另一位部屬則指責布萊爾「在早餐的玉米片上撒了太多腎上腺素」。19

雖然我們可以假設他是出於善意，但許多知情人士認為，有關布萊爾出兵伊拉克的決策並沒有聽取專業的忠告，甚至沒有來自其核心集團的商議。在深入研究其爾考特報告（Chilcot Report）之後，我與當時英國心理學會（British Psychological Society）主席暨利物浦大學（University of Liverpool）臨床心理學教授彼得．金德曼（Peter Kinderman）合寫了一篇論文給英國政府。在那篇論文中，我們概述了布萊爾在什麼時候開始與現實脫節，以及如何防止相同的錯誤再次發生。這其中很大一部分乃取決於自我察覺。布萊爾在那個時間點，已經從他早期職業生涯中，被標榜為一個機智、高情商和人際關係靈活的典範政治家，做了一次令人吃驚的轉型。

對於大多數的普通公民而言，問題在於，我們只能在事過境遷之後，才會知道領導者行為的全部真相，因而阻止了我們的民主進程，影響我們事後諸葛所樂見的改變。政敵與媒體評論員在開始出現堪慮的徵兆時，可能會加以報導——川普就是腦中浮現的現成例子，媒體有大量對他的評論——但有時候基於自己的盤算，他們往往也會息事寧人，而領導人的公關團隊通常能夠轉移這些公布的訊息。我們真的希望他們的核心團隊會表示憂慮，但是由於他們本身的職業生涯與領導者的成功攸戚相關，所以這種情況不太可能發生。

相形之下，曼德拉似乎瞭解傲慢症候群，以及，至少在後期的生活中，懂得如何避免這些症狀。因此，他沒有因為自戀而讓自己沉淪，而是追求那些他認為對自己國家大多數平民百姓是正確的原則。然而，這是來自他被監禁時多年以來沉思的結果——這不是大多數領導人、有聲望的人士、或我們之中任何人所經歷過的。正如他在《曼德拉：與自己對話》（*Conversations with Myself*）一書中所詳述的，他清楚認識那樣的人：

在現實生活中我們所面對的不是神，而是像我們一樣的普通人：男男女女，充滿矛盾，他們穩定且浮躁，堅強且軟弱，既著名又惡名昭彰，在他們身上所流的血液裡，糞蛆每天都與強力殺蟲劑爭戰。[20]

曼德拉尋求保持自我察覺。這種洞察的推動力來自他自己，不假他求。在他受刑期間，沒有人幫助他達到這種程度的理解，在他眼前並沒有明確規劃的學習或教育途徑。我們人人都可以從中領受智慧。

好榜樣的要件是什麼？

就心理學的角度來看，我們所討論過的正向榜樣，有個成就他們的關鍵共通點，那就是他們對自己所代表的理想，有著堅定的信念。他們對自己所支持的理想其背後的意義與目的，有著明確的概念。精神科醫師、神經科學家、與納粹大屠殺的倖存者維克多．弗蘭克（Viktor Frankl）在他所寫的《活出意義來》（*Man's Search for Meaning*）[21]一書中，為人生目的的重要性，提供了一個有力的例子。

他陳述了自己在奧斯維茨（Auschwitz）以及其他集中營的遭遇，以及如何因為找到意義感，讓他在甚至是最殘酷的經歷中繼續前行，給予他活下去的理由。弗蘭克訪談過數百位同被監禁的囚犯，他發現那些忍受煎熬並且能夠對抗病魔的人，對人生抱有更深的目的感。這就是支撐他們繼續前行的理由。弗蘭克的名言提及，在正常生活的脈絡下，缺乏意義的人會用享樂主義的愉悅感，填充他所謂的「結果性空虛」：權力、物質主義、沉迷、與強求——換句話說，是反應型大腦所追逐的事物，但卻無法從中獲得永恆的滿足。[22]我們可以這麼說，那些是世界上的卡戴珊主義者所追逐並鼓勵別人追求的事物。它們與我們希望由好榜樣為我們所示範的恰好背道而馳。

擁有人生目的的意識，並努力追求影響所及，超越自我的因素，這些能啟動高階大腦思考能力的事物，是如此強而有力，它們被證實有廣大的正面效果。在心理健康方面，人們更有能力抑制焦慮[23]，減輕憂鬱的症狀[24]，並且改善痛苦的承受力。[25]對身體的益處包括預防心臟病[26]，減輕阿茲海默症（Alzheimer's）的影響[27]，甚至可以延年益壽。[28]除上所述以外，意義是幸福感和對人生滿足的主要要素。[29]因此不難看出，這如何成為知名人士面臨某些壓力時，用以對抗的方針與憑藉。身為提供高階領導人諮商的心理學家，這是一件我們一定要探討的事情。但這對任何榜樣人物，以及對我們每個人來說，擁有目的意識來幫助引導我們的人生是有裨益的，這能保護我們的心理健康，讓我們能夠成為更正向的公民。

我們所探討過的那些榜樣人物的第二個共通點是，他們不僅對自己所具有的影響力負責，並且還保持自覺。我們每個人都有自己獨具的優勢與缺點。我們每個人都有瑕疵，有人愛之，有人不喜之，而且我們都會做對事、做錯事。重要的是，我們要瞭解自己因為在社會中所持的重要角色與隨之而來的責任，無論這個角色是來自傳媒的聲譽、政治地位、企業、還是為人父母。重要的是，要接受這項義務。這就是好榜樣應有的作為。例如，賈米爾公開承認自己並不完美，稱自己為「進步中的女性主義者」。[30]她承認，有些人可能會因為她的長相而懷疑她的企圖。但是，她勇敢地主張自己的立場，以及她希望利用這項特權來幫助別人，傳達他們的心聲。

對我們所有人來說，重要的是，不要將虛構或故事中所描述的有著完美形象的英雄和英雖與好榜樣的實情混為一談。沒有任何一個生活領域中的榜樣是完美的，無論是老師、醫護人員、父母、親戚、運動員、領袖人物或電影明星等。重要的是我們對這些缺點的作法，如何與之共處，如何告訴別人，這最後總歸於我們的自覺。這種態度以及我們的行動，會成為那些敬仰我們的人和那些就在我們周遭的人所鏡像模仿。

第十章
改變世界

二〇一九年十月五日，在泰國考艾國家公園（National Park of Khao Yai），有十三頭大象試圖越過位於高達一百五十公尺，人稱地獄崖瀑布（Haew Narok）或地獄瀑布（Hell's Falls）頂端的一條河。當時適逢雨季，暴漲的河水水勢湍急，特別兇險。當他們過河時，一頭三歲大的小象滑倒，摔落山崖。後來，在下游竟然發現了十頭大象屍體。英國國家廣播公司報導當地官員巴定・強斯瑞坎（Badin Chansrikam）的說法：「很可能是其中一頭小象滑倒後，成年大象試圖搶救牠，卻被河水沖走了。」[1]

英國廣播公司也訪問了紐約市立大學亨特學院（Hunter College City University of New York）心理學助理教授約書亞・普洛特尼克（Joshua Plotnik）博士，他的專長是研究大象行為。普洛特尼克說：「這當然可以合理懷疑，當家族中的一頭大象落入險境時，其他大象會盡一切可能去予以協助。」[2]

他們發現一頭母象和牠的小象在附近一塊岩石上掙扎，後來被園方救起。牠們是這個大象家族中的唯二倖存者。科學家們對倖存大象的情緒健康感到憂心，因為眾所周知，牠們對一頭大象的死亡感到悲痛，更遑論是整個家族的滅亡。普洛特尼克接著說：「大象是一種頭腦壯碩、聰明、具社會性、富同理心的動物……我認為牠們會遭受與我們同等的創傷。」[3] 科學家們還深切憂心知識的流失；如果該大象家族的母系族長墜死於瀑布，那表示牠們會失去好幾個世代以來，對自己所居住叢林的知識。他認為長此以往，這可能會影響大象的行為。

這和我們有什麼關係呢？大象不會透過記錄或互相教導行為模式來傳授知識，而是透過觀察學習，如同我們傳承社會情緒學習一般。身而為人，我們有能力透過擷取與分享來建立知識，尤其是科學與技術的知識，因而得以有重大進步。但是，我們的社會情緒學習仍然多半取決於伴隨我們成長的人、我們生活其中的文化、以及每一世代的人發展其鏡像神經元系統的方式。在《紐約時報》的一篇文章中，加州大學洛杉磯分校發展心理學教授派翠西亞・格林菲爾德（Patricia Greenfield）寫道：「鏡像神經元為文化的演進，提供了有力的生物學基礎；『我們現在』看到鏡像神經元直接吸收文化，每一代都透過社群共享、模仿與觀察來教導下一代。」[4]

一般認為，大象也和人類用相同的方式，是依賴鏡像系統來學習這些訊息。我們是否也會有喪失能力的風險？不是在叢林間穿梭的能力，而是瞭解全人類所處的社會世界的能力。

我們對科技和科學的日益依賴，是否為整體社會製造了和墜落崖邊瀑布同樣的潛在問題呢？我們是否正危及我們做為「人」的能力？

科技會打破借鏡嗎？

我們傳遞科技與科學知識的驚人能力，不僅在世代之間累積知識，而且也在同世代中建構知識，卻也同時讓社會失去平衡。這樣的科技，讓我們日漸依賴與沉迷於電子產品的螢幕，大大妨礙了發展鏡像系統的機會。阻礙了個人及社區分享並逐步發展對這個世界在社會情緒方面的理解。剝奪了我們做為人類蓬勃發展的能力，如我們在本書所見，這種能力需要我們不斷去適應規範人生的種種社交細節。少了這種合乎天性的為人方式，我們就會生病——心理健康狀況惡化，只是這些後果的一個例證。

如今，心理健康已成為全球整體疾病負擔的主要原因之一[5]，而且情況還在持續惡化中。對全球經濟的損失，估計到二〇三〇年以前會達到十六兆美元[6]。根據英國國民健康署電子報（NHS Digital）二〇一七年所公布的數字顯示，這個問題對年輕族群特別嚴重。在二〇〇四年，五到十五歲的兒童，十人當中有一人有心理健康的問題，到了二〇一七年，這個比例已經攀升到了九人中有一人有心理健康問題。[7] 在英國，十六到六十四歲的人當中，令人難以想像的，每六人當中就有一人有心理健康問題。造成這種情況的根本原因之一是，社會情緒學習機會、與他人的聯結、以及使用鏡像系統的機會逐漸減少。基於預防勝於治療的角度，我們要透過提高孩子的社交情緒技巧來保護孩子，所以要讓孩子持續接觸有助於發展鏡像思考的各種情況與人際互動。這不僅可以培養韌性，還能讓孩子按照天性，展現人類最佳本質。而另一方面，則可以利用榜樣人物，來幫助提高對既存各項問題的注意。

知名的榜樣人物在由醫療專業人士與專家所支持的數個活動中，公開述說自己的心理健康狀態。在英國，由英格蘭公共衛生署（Public Health England）所發起的，像是「每個人心理健康很重要」（#everyMindMatters）之類的活動，有很多榜樣人物參與，例如葛倫．克蘿絲（Glenn Close）、吉蓮．安德森（Gillian Anderson）、喬丹．史蒂芬斯（Jordan Stephens）、達維娜．麥考爾（Davina Mccall）和娜迪雅．胡笙（Nadiya Hussain）。皇室的第二代成員，威廉王子（Prince William）、哈利王子（Prince Harry）、劍橋公爵夫人（Duchess of Cambridge）、和薩塞克斯公爵夫人（Duchess of Sussex）共同發起了一項名為「集思廣益」（Heads Together）的活動，目的在於「停止汙名化，並改變關於心理健康的對話」。[8] 這些人物以及全球許多的榜樣人物，愈來愈願意公開談論自己的心理掙扎。例如哈利王子在接受《電訊報》訪談時說道，失去母親對他個人生活和職業生涯產生了「相當嚴重的影響」，以至他壓抑自己的情緒超過二十年的時間，使他「多次」感到「幾近完全崩潰」。因為這樣，他說，他開始尋求諮商，諮商讓他處境好轉。[9]

由傳統上示範英式「克制情緒」家族的某人，所做出如此公開的聲明，使大家更容易接受經歷難處。而且它對如何應對還提供了一個直接作法，對如何尋求幫助有了可以鏡像模仿的行動。然而，不幸的是，心理健康的課題很複雜。這些運動無疑開始改變社會看待這些問題的方式——對理解不同策略的集體鏡像模仿——但單憑這種改變，並無法帶來解決問題的方法。

在歷史的這個時間點上，我們比過去的任何時期都更能有效治療心理疾病。令人擔憂的是，儘管人們愈來愈願意尋求幫助，但是我們也看到心理疾病的處方用藥，正以史無前例的速度增長。而其所發生的速度指出，這不只是因為更多人挺身而出所致。科技、社交媒體、更快速的生活節奏、更為分散居住的家族、更少的社會支持、以及其他種種因素等，都使我們的生活與大腦的最佳進化方式不相符合。隨著西方社會愈加個人化的趨勢，我們所積累的神經科學知識，強調了我們對他人的高度依賴。正如亞科波尼所說，「鏡像神經元……顯示我們並不孤單，而是在生理上設定，進化上設計，彼此之間深深聯結。」[10]

明白了這點，我們可以知道，剝奪我們互相聯結的機會，就像是截斷我們的肢體，或是讓孩子缺少保持健康和成長所需的營養；其實也就是剝奪了我們為人的機會。

溝通的陷阱

我們複雜的數位世界，給了善意的新手發聲管道，也更加惡化和心理健康問題盛行相關的另一個問題。在我們遠古祖先的年代，部落成員中有不同的專家，他們積累知識而後分享，造福大家。例如，當族人生病時，懂醫術的人就予以協助；最棒的獵人搜尋最珍貴的肉食；造獨木舟的人鑿造最佳效率的船。事情一直都是這樣，直到最近，科技向數以百萬計我們不認識的人，開放了我們的世界。現在，資訊爆炸，除了醫學等傳統領域之外，我們不再知道該向誰尋求忠告。我們的自然機制失效。想知道部落裡大多數族人有特定問題時到何處尋求幫助，現在可以轉譯為誰在社交媒體上擁有最多的追蹤人數。但是，這種邏輯並無法賦予專業知識。誰言之有物，誰又是信口雌黃？例如，Instagram 上有超過一千三百萬條關於心理健康的貼文，其中有許多評論是像這樣的：

◆「用午睡來代替正餐或點心是種逃避。」（擁有 17,600 名追蹤者的帳號）
◆「如果你對別人告訴你的每件事都有情緒反應，那你會繼續受苦。真正的力量就是坐下來休息，用邏輯觀察每件事；真正的力量就是冷靜。」（擁有 36,000 名追蹤者的帳號）

這兩則陳述即使立意良善，但還真是無所裨益。他們沒有任何心理學的理論基礎，而且還可能導致成千上萬的追蹤者墜入心理健康的無底深淵。心理學特別麻煩，因為每個人都「認為」自己知道心理學如何運作，並且直到現在，因為心理學帶有污名化的標籤，大家竟不向心理學家求教。然而，我們的心智與行為頗為複雜，而大腦和我們所生活的世界失調的結果，甚至會讓事情變得更加複雜。

我們對心理健康要有種區分，而且我對這點很堅持。雖然公眾知名的榜樣人物分享自身經驗，並且說出對他們有效的方法，非常有幫助，然而只有專家才能夠提出建議。如果運用的方式正確，像是「集思廣益」和「每個人的心智都很重要」等活動，心理健康方面的榜樣人物可以產生巨大的正向影響，有助於鬆動社會長期固有的觀點，像是「男孩不應該哭」等態度。然而我們現在可說是處於也需要採取更多行動的時候。而這件事只有專業人士才能以負責的態度來做榜樣，在治療以及從根本原因防患於未然上提供建議。

我們如何在一開始就預防並減少這種情況出現呢？要做到這點，我們需要在人生的過程中，更有效地運用鏡像映照，而且要理解，學習如何為人並非與生俱來的。回想一下「野孩子」的案例，他們因為沒有機會鏡像模仿如人類一般地說話、走路和吃飯，所以根本無法如人類般行止。之後，無論「野孩子」學習了多少基本生活技能，他們總是晚了別人一步，而且和那些從出生就已經開始鏡像學習這些事物的孩子相比，很可能總是會有欠缺。同樣的，在沒有充分接觸機會來學習社會情緒技能的情況下，我們限制了自己發揮最佳潛能的能力——得以蓬勃發展。學者們稱呼傳承這種學習的能力為「累積性文化進化」（cumulative cultural evolution）。這讓我們能夠創造一個任何單一個人一生無法獨立創建的世界。知識是一代一代逐漸積累起來的，從周遭那些令人難以置信的各種進步，就明顯可見。然而，如果我們限制那些攸關軟性文化的學習，那些與我們的行為與心智相關的要素，那會發生什麼後果呢？我們的成長、行為方式、思考、理解別人的意圖、與周遭的人建立聯結的方式，都是透過鏡像映射人們的行動與信念到我們自己的大腦中。如果我們依賴電子產品的螢幕，過於忙碌而無法真正聆聽，汲汲於達成下一個目標，逼迫孩子追求學業成績，而且只專顧自己，那麼最佳景況得以實現嗎？

艾力克斯．梅索迪（Alex Mesoudi）二〇一八年對累積性文化進化的運作方式提供一項類比，他是倫敦瑪麗王后大學（Queen Mary University of London）心理學的講師。他以學習讀寫為例，讀寫能力本身能使我們提升智力。一旦我們能夠讀寫，我們就可以學習更多知識，並且能傳播所學，致使我們能進一步進化個人與群體的能力。[11] 我們學習運用與發展鏡像系統的方式也是如此。例如，當我們開始說話時，學會了少許言語，然後我們能夠問問題以學習更多知識。在詮釋別人的意見時，我們可以詢問別人那是否是他們的想法，並獲得回饋，這種回饋會修正我們的知識。我們能夠想像、說故事、具有同理心、瞭解我們自身的情感、並解讀如何穿梭在人際世界。但是如果我們沒有獲得足夠訊息，我們就無法最佳地，甚至無法充分地，發展這些能力，因而限制了我們的精神、道德、社會與文化能力。

不幸的是，即使教導孩子情緒幸福感也可能產生反效果。東尼・尤德（Tony Eaude）是一名獨立研究顧問，他對幼童的精神、道德、和社會文化發展特別感興趣。他指出，當快樂幸福本身被視為明確的目的時，它們通常會助長個人化、內省與脆弱感。而其結果是，善意的協助卻無法達到預期的效果。幸福的基本概念可能阻礙孩童置身於日常生活中複雜與模稜兩可的情緒反應中，因而限制了學習。

能讓兒童與成人具有韌性所需的技能，源自真實生活中的人際互動。這些技能需要按照合乎天性的方式來學習。到兒童時，尤德強調成人從情緒上理解孩子的重要性，以幫助他們建立良好心理健康的屬性，或是成為一名積極奮發的人。例如，瞭解另一個人的情緒經驗，並做出適當的回應，而這當然是取決於鏡像系統。一個有自信的孩子可能更有能力去嘗試和冒險；而一個比較憂慮的孩子可能需要更多支持和保證。要做到這一點，我們必須認識、並接受我們的獨立性與相互依存性。[12] 同時這也反映出對世界以及特別是對其他人，重新平衡和重新調整的持續必要性。這就是得以使我們的鏡像系統蓬勃發展的原因。我們需要彼此，而且為了個人的蓬勃發展，也為了文化的進步，我們需要同時在具有意義以及生活細節的層面上持續互動。

身處一個不符合自然法則的系統中（我們現今所生活的世界），想要行事正確，卻缺乏對事情如何運作及其原因相關研究的指導，也可能會在其他地方出錯。安潔莉娜．裘莉有利社會的存心，並利用自己的卓越聲譽做為行善的力量。二〇一三年五月，裘莉做了一個非常勇敢和誠實的舉動，公開談論她要施行預防性乳房切除術的決定，並為《紐約時報》寫了一篇專欄文章。裘莉在文章中說明她的母親死於癌症，她的孩子害怕會以同樣的方式失去她。她對乳腺癌易感基因一號（BrcA1）進行檢驗，發現她有87％罹患乳腺癌的風險，她罹患卵巢癌的風險則為50％。她的因應之道就是，進行雙側乳房切除術，並且公諸於世，以期使其他女性從她的經歷中受益。[13] 有人認為這樣是示範了十分有益的行為和意圖。

的確，《英國醫學期刊》（*British Medical Journal*）在同年十二月發表的一項研究結果顯示，乳腺癌易感基因的檢測在裘莉的文章之後增加了驚人的64％。在裘莉文章發表後的兩週內，美國醫療系統的花費估計至少達到了1,350萬美元。問題是，乳房切除術的比率並沒有相對上升，這表示，那些檢查並未因此提高乳腺癌的診斷。[14] 哈佛醫學院（Harvard Medical School）醫療政策的教授阿努帕姆．耶納（Anupam Jena）說道：「從醫生的角度看，當我們擔心預防性檢查或篩檢的使用度不足時，名人的宣告大有好處，因為這會使更多患者來就診……但是，對於可能被過度利用的檢測，名人的見證可能會讓問題惡化。」[15]

這不是裘莉的錯：她只是想幫忙，但我們只能假設，她的摸索並沒有得到正確的指引。她需要來自許多領域的專家指導，例如流行病學家、醫療專業人員、心理學家和媒體等。裘莉注意到這個後果，在二〇一五年發表了一篇續文，說明檢驗和治療都應該視個人狀況決定。名人是榜樣人物，能夠對社會產生巨大影響，但必須仔細籌劃，才能產生預期的影響。

除了個人以外，政府偶爾還會鎖定榜樣人物的潛在影響力，利用他們來尋找問題的解決之道。不幸的是，這樣的做法如果沒有妥善考慮到證據，以及所涉及因素的複雜性，這也可能會出差錯。

英國政府實施了一些顧問指導計劃，做為解決弱勢家庭社會問題的辦法。這些輔助措施的主要族群是「具風險」的青少年，其目的是要制止日後可能會演變成更嚴重議題的行為問題。倫敦大學學院兒童健康研究教授海倫．羅伯茨（Helen Roberts）檢視在沒有妥善理解研究和證據的情況下，實施這些計劃時的後果。

羅伯茨和她的團隊花費三年的時間追蹤一項計劃，她們發現，在接受指導之前曾經因為輕微罪行被捕的年輕人，在參加輔導計劃後，比未接受指導的年輕人，甚至還更可能再受到拘捕。[16] 問題出在於其中有許多方案之所以會被採行，是因為它們的表面效度良好——從表面上看，它們似乎是不錯的選項，但是這些方案在實施時，對其有效運作的機制缺乏清楚的瞭解。最常被提及的失敗原因是，導師與導生之間關係破裂。正如本書中一直討論的，信任對於指導關係十分重要，這對處於高風險中的孩子而言甚至更為重要。信任瓦解會讓年輕人甚至比他們在開始接受輔導前，感到更加絕望、孤獨和被排斥。這說明了鏡像映射是更為複雜的一環，尤其是在我們如此進步的世界中。如果在沒有考慮證據或自然過程的情況下，強迫施行榜樣制度，可能會造成嚴重錯誤。

社群的力量

雖然有些例子並未產生預期的結果，但也有些例子是榜樣行為對社會產生可觀的正向影響，儘管那並非其主要目標。例如，印度政府在一九九三年四月通過了一項憲法修正案，要求所有傳統上由高種姓男子組成的村務委員會所舉行的定期選舉，必須開放席次讓大家參與。另一個高度爭議的命令是，其中三分之一的席位必須保留給婦女。該項目被《紐約時報》稱讚為「史詩般的社會實驗」[17]，並被聯合國讚譽為「世界基層民主的最佳創舉」。[18] 這個命令影響了超過八億人民。[19] 在立法通過之前，只有5%的地方領導席位是由女性擔任的，但是到二〇〇〇年，這個比例已經提高到40%以上。[20]

這項計劃的直接目的在於增加婦女在政壇中的代表性；數百年來，婦女一直被排除在村落政治之外。然而在二〇一二年，發展經濟學家羅莉・賓曼（Lori Beaman）著手探討這項措施計劃外的副產品。賓曼感興趣的是，性別平衡的變化，是否對父母與孩童，對婦女在教育與職業上能夠取得成就的信念有正向影響。他們認為，這點有可能已經透過直接的榜樣效應應運而生。但是，這項命令能夠改變如某村民所言、由來已久的信念嗎？「女人應安分於家庭，男人應該是村落的領導者……女人的工作就是煮飯、洗衣服。」[21]

賓曼和她的同僚從距離加爾各答（Kolkata）約兩百公里遠的一個農村地區收集資料，其中包括來自495個村落的8,453名十一到十五歲的女孩。令人驚訝的是，他們發現教育素養上的性別差距完全消除了。控制了其他因素後，賓曼證實婦女在領導的職務上以及「她們的出現成為年輕一代的正向榜樣」，影響了女孩本身的志向，以及父母對她們的熱切期待。[22]

印度農村發展部司長蘇達．皮雷（Sudha Pillai）表示：「這給了那些完全默默無名以及自己無法白手起家的人機會。」[23]

正向榜樣的出現，不僅提供了示範行為的機會，而且也提供了示範態度的機會。沒有這些配額之前，父母和孩子都沒有見過婦女能擔任領導人的角色。他們無法想像那是什麼樣的景況。一個女孩如何想像自己能嚮往那類的職位，父母如何能認為那是可能的出路呢？一旦有了如此借鏡，它對相關社區就產生極大的正向影響。但是，為什麼這個樹立榜樣的例子，能產生如此正向的作用，而前述的其他例子，卻不能達到預期的效果呢？

最簡單的原因是，這是發生在一個既有的社區中，這個社區使這個學習過程能夠毫不費力地進行。社區中的人際關係已經就位，彼此間早就有聯結與互信，群組早已存在，並且有正常程度的接觸。這些與我們大腦進化至鏡像模仿的方式是可以配合的。

這不是說刻意樹立榜樣無法奏效，但是這提醒我們，在有些事情逾越自然形成的社群範圍，就得儘快使用研究的重要性。當然，顧問指導計劃是可行的，然而如果它們是來自社區外部的救濟措施，那就需要有專家的指導。有一個十分成功的顧問指導計劃故事淵源於上世紀初期。

恩尼斯特．肯特．庫爾特（Ernest Kent Coulter）出生於一八七一年俄亥俄州（Ohio）哥倫布（Columbus），他是一位醫生的兒子。他畢業於俄亥俄州州立大學（Ohio State University），一八九三年成為一名地方報紙的記者[24]，爾後成為《紐約晚間太陽報》（*New York Evening Sun*）的助理市政編輯。做為一名駐紐約的記者，庫爾特愈來愈憂心他看到孩子所經歷的貧困、犯罪、父母缺席、和教育不足。他想從事一些能扶助貧苦的事情，便開始把職業生涯轉往法律。但這還不足以讓他解除憂心，一九〇四年，他在一次當地教會的會議上發言，目的在建立實際行動：

只有一種可能的方法能幫助那位年輕人，那就是要有一位誠摯、忠誠的男性義工做為他的大哥哥，守護他，幫助他做正確的事；讓這個小伙子覺得，在這個大城市裡至少有一個人真正關心他，在乎他的死活。我要徵召一名志願者。[25]

庫爾特對鏡像系統有一種直觀的理解，這些孩子需要與過著更美善生活的人聯結，並且向他們學習。他團體中有四十名成員自願成為導師。庫爾特把他的計劃命名為「大哥哥」（Big Brothers），這個計劃不僅獲得動力，而且由於庫爾特做為終身支持者的澈底奉獻，而一直延續到今天。[26]

現在這個組織被稱為「美國大哥哥大姊姊協會」（Big Brothers Big Sisters of America, BBBS），它是世界上同類型組織中運作時間最長、組織最龐大的。與許多其他很有意義的計劃不同，它有證據來支持其工作內容、運作方式、與努力成果。現在美國大哥哥大姊姊協會把來自低收入背景的年輕人，和通常年紀介於二十至三十四歲之間，有大學學歷的成人義工配對。該計劃始於少年的父母或監護人申請義工協助。然後負責個案的社工篩選可能的榜樣人物，其中包括訪談，以確保他們有可能與自己的受輔導者建立正向關係、家訪和犯罪背景調查、與推薦人確認，來確保他們沒有安全疑慮。

一旦完成配對，導師和少年通常每個月會面二到四次，為期至少一年，而且會根據受輔導者的喜好而從事不同的活動（例如讀書、烹飪、運動）。每次會面持續三到四個小時。在第一年期間，負責個案的社工每月與導師、少年、及少年的父母保持聯絡，以提供支援，並幫助解決他們人際關係中的任何問題。他們鼓勵導師與少年建立支持性的友誼，而不是去矯正少年的行為或性格。[27]其成果中有許多感人的故事。

例如十一歲的特瑞爾（Terrell），據他姨媽說，他那時處於一個「真正陰暗的所在」，人生「有所缺憾」。[28]他申請參加這項計劃，並與泰倫斯（Terence）配對，泰倫斯自己年少的時候也曾經接受過導師輔導。泰瑞爾和阿姨住在一起，因為他的雙親都正在坐牢。他的弟弟在三歲時去世了，他沒有和哥哥及妹妹住一起。不足為奇地，他在信任和憤怒上有潛藏的問題，他總是以急躁與憤怒回應自己面對的艱難處境。特瑞爾的阿姨和叔叔想要幫忙，但對這項計劃也有所保留。有鑑於特瑞爾過去的經歷，用阿姨自己的話說，他們最怕的一件事就是，「將他介紹給一位可能不會在他身邊久留的陌生人」。特雷爾很沉默寡言，他談到當時的感受：「因為我的背景，我的人生所經歷過的一切，我對人並不太信任。」

但是泰倫斯忠於承諾，並且和特瑞爾建立起關係。因而能夠有助於他。他從來不強迫特瑞爾談論不想提起的事情，但是從頭到尾保持一致，讓特瑞爾知道他不會離開。他們認識一年後，泰倫斯回想起特瑞爾第一次對他打開心防。他們開車經過一處公墓，特瑞爾說：「我弟弟在那兒，他葬在那裡。」

阿姨回憶說：「泰倫斯就這樣走進了特瑞爾的人生，在我還來不及明白原委時，我就可以看到特瑞爾的生命中再度有了亮光。」特瑞爾說，能夠向泰倫斯敞開心門，有他做榜樣，已經改變了他的人生。當他的朋友翹課時，特瑞爾不會。他知道自己的人生想要什麼，並且專心一志要達成目標。「我未來的計劃是上大學、加入（美國）國民衛隊並成為一位牙醫。」特瑞爾說。他還想「像泰倫斯一樣，成為一位大哥哥，傳承下去」。[29] 有人可供模仿為特瑞爾提供了一個指導，讓他能夠向一個和自己十分相像的人學習如何做人，以及自己將來可能的出路。這是一個可以提供直接社會情緒學習機會的人，而這種機會在忙碌的家庭中通常少有。

泰倫斯所給予的同理心，很可能也緩解了特瑞爾環境中的負面影響。我們已經看到研究顯示，同理心對類似的情況能起緩和的作用。一位導師有能力運用自身的鏡像系統，提供富同理心的理解，不僅可以緩和問題，而且可以幫助孩童發展這種能力。雖然特瑞爾可能並不知曉神經學的機制，但他很清楚其實務效果，他說：「我向你保證，如果沒有這項計劃，沒有泰倫斯和我配對，然後我的叔叔也參與其中，我會在某個地方，在錯誤的團體中追隨錯誤的人。」美國大哥哥大姊姊協會計劃的影響，使用了隨機對照試驗，進行深入的分析。被選為研究對象的 1,138 名少年，是由56％的少數族裔所組成，其中43％的人生長在弱勢家庭。該計劃的影響是在少年與導師配對後十八個月所測量的。研究結果顯然是正向的，研究指出[30]：

◆少年人開始使用非法毒品的可能性降低46%，開始喝酒的可能性降低27%，出手打人的可能性減低32%；

◆他們逃學的可能性大幅降低；

◆對平均成績的正向影響幅度雖小但仍然顯著，對學業成績的信心增加；

◆信任程度提升，與父母、家人及同儕的人際關係也有改善。

從這些關係所衍生的其他保護因子包括：

◆接觸到反對反社會行為與濫用毒品的文化規範；

◆提升有益的信念；

◆設定目標並對未來有正面的方向；

◆對學業的態度更加正向，對自己的能力更有信心；

◆改善與親社會同儕的關係；

◆提升溝通、人際關係、決策、批判性思維、適應與自我管理等技能。

這個計劃顯示，如果能「正確」做好樹立榜樣這件事，這會對社會產生重大的正向影響。不幸的是，大多數的計劃因為沒有證據做為基礎，而且沒有考慮「最佳做法」，因此經常無法奏效。[31] 榜樣人物在樹立榜樣時需要予以支持，特別是在採取「干預性」模式，而不是自然而然產生的人際關係形式時。然而，當它奏效時，其效果是深遠的，不只是有助於減少負面的社會後果，而且還提供個人能夠發揮自己潛能的途徑。這對少年人及社會的長期好處而言，都有著無法估量的價值。

榜樣人物有可能在各種少數族裔中產生正向的影響，尤其是在青春期。無法看到或與任何感覺相似的人聯結，會讓青少年感到異常脆弱、自信心薄弱、而且對整體人生有不確定感。例如對非異性戀的年輕族群來說，缺乏榜樣關係到健康風險與行為風險的增加[32]，例如酗酒、自殘、甚至自殺。相形之下，有人做榜樣則有助於青少年的正向發展，提供了一種方法，藉以建立情緒韌性、自我價值感與對未來的信心。[33]

紐澤西州羅格斯大學（Rutgers University）社工系助理教授傑森．博德（Jason Bird）探討榜樣人物對非異性戀青年健康狀況的影響。博德發現，大多數受試者報告稱自己的榜樣人物是遙不可及的。在美國，非異性戀人數約佔總人口的3.5％到8.2％，這表示，從務實的角度來看，要找到「和自己相像」的榜樣人物來往是很困難的。然而即使年輕人能找到某位理想榜樣人物，這種不可接近性已經證實會增加他們的心理壓力。這是因為，做為一名非異性戀的年輕人，非常需要建議、安慰、以及安全的空間來分享想法與感受，因此，他們需要一種能夠互動的關係。看得見某人卻無法與之聯絡，會使他們感到更加孤立與孤單。

對這個問題所提出的一個解決辦法，正是利用那項在別處對我們有礙的科技。二〇一四年在多倫多大學（University of Toronto）所進行的一項研究，專門檢視了在非異性戀社群中認同形成（identity formation）所造成的影響。研究顯示，當以網路為基礎的科技，提供了與以前遙不可及的榜樣人物的直接聯繫時，其影響是重要且十分正向的。這使青少年能夠摸索並安於自己的認同，為他們提供所需要的支持與意見，也提供了一個他們可以在下線前分享自己感受的地方。[34] 這是一個很棒的例子，顯示科技是幫助，而非妨礙，同理心的聯結，並有助於提供榜樣的機會，而且在其他社群中這種經驗有可能被複製。

運動是一種超級有效的方式，來吸引大量人口共襄盛舉，創造正向的社會改革。我的成長過程還不算是太久以前，但是我不記得童年時期的任何女性運動員。女性在運動界的代表性有了令人慶幸的改變。就這點而言，凱莉．福爾摩斯、艾琳．庫斯伯特、和瑪麗．帕克都是例證。在最近的世界盃女子（足球）賽事中，英國電視臺對此有詳盡的報導，英國國家廣播公司報導說，有「破紀錄」的690萬觀眾收看。但相較於2,650萬觀看二〇一八年英格蘭男子足球淘汰賽的觀眾，這還是相形失色。[35] 而這還只是其中一例，正如某位學者所言：「女性在各種媒體的運動報導中，代表性不足與被邊緣化，向來都有足夠的證明。」[36]

參與體能活動的女孩比例比起男孩要少得多。[37] 這可能是因為多種複雜原因所致，但有一個明確的影響是因為運動界缺乏女性榜樣人物，即使我們剛剛列舉了那些女性運動員。在澳洲、美國、加拿大及英國所做的研究都發現，缺乏正向的榜樣，是阻礙女性參與運動活動一個極關鍵的屏障。[38] 而另一方面，澳洲的研究也顯示，接觸女性榜樣能鼓勵青少年參與體能活動與運動團體。[39]

在澳洲，珍娜．楊（Janet Young）博士領導了一項開創性的研究，專門研究這類現象。她是維多利亞大學體育與運動科學學院（College of Sport and Exercise Science）的健身與運動心理學家。楊博士和她的同僚檢視了七百三十位七年級（十一到十二歲）和十一年級（十五到十六歲）的女孩，詢問她們是否有效法的榜樣。榜樣人物不限於運動界，可以包括任何人。她們還被問及該榜樣的性別、年齡、榜樣的類型及其運動背景。受試者自身的體能活動也被記錄下來。這些女孩參加了為期三年的研究。他們的結果顯示，參與研究的大多數女孩都說，她們有可效法的女性榜樣，這些榜樣參與運動且年齡在五十歲以下。最常被提及的榜樣人物是家人、朋友、或運動界的名人。楊博士指出，這也反映出澳洲的文化。在澳洲，運動名人都非常著名。我們可以說，運動在澳洲比其他國家更為普及，所以女性在運動界的代表性較高，使得這些女孩更容易找到可供效法的榜樣。

極為重要的是，榜樣人物會從事運動的女孩，比榜樣人物不運動的女孩，在體能活動上更加活躍。楊博士的研究不僅強調了女性運動名人與體能活動之間的關係，而且也強調了家庭成員與同儕在從事體能活動的程度上，所能扮演的角色。這個論點的確很重要，並且在各種研究中被反覆提及——如果父母活躍於體能活動，那麼他們的孩子也比較可能仿效。如果你是一位榜樣人物，無論在何領域，那麼你從事體能活動的多寡，將影響你周遭的人，特別是孩子們。

相較於全國人口，其他人特別是澳洲原住民婦女，參與體能活動的人數則「低得驚人」。只有23.3％的原住民婦女參與運動或體能活動，相較於澳洲非原住民婦女的66.7％。年輕的原住民婦女描述，在媒體上缺少可做為榜樣的原住民女性運動員是一個重大的失落要素。[40] 同樣的問題也出現在非洲國家。有一項專門檢視「運動界榜樣」對提升賦權在性別問題方面的潛力，他們以馬拉威（Malawi）、尚比亞（Zambia）、和南非的研究來加以分析。研究結果顯示，運動界缺乏女性總歸於一個共同因子——缺乏女性運動員的榜樣。[41]

當情況在主流運動界稍稍改善的同時，少數族裔顯然還是缺乏代表性；無論在性別、族裔、還是性取向方面，具能見度的運動專業人士是十分重要的。無論籃球球員查理斯・巴克利的說法為何，現實是運動員就是榜樣人物。無論他們的行為舉止如何，孩子們都會景仰並模仿運動明星。當一切順利，當那位運動員來自少數族裔時，這就提供了一扇原本不可能存在、通往充滿機會的新天地的窗口。榜樣人物提升了夢想與抱負，增強信心，並為別人提供了一條可以追隨前人足跡的道路。但是那些真心誠意追隨的人，需要能夠看到他們的榜樣與

他們的相似之處，並且要真心認同他們的道路

運動界中令人仰慕的榜樣，對於來自任何背景的男孩與女孩都很重要。孩子們敬仰並且鏡像模仿他們的運動界榜樣人物，模仿他們的行為、價值觀和生活方式。運動員因為努力不懈、毅力、以及在面對困難時所表現出的韌性，而獲得獎勵——這些孩子們都看在眼裡。為了出人頭地，他們必須在一切作為中抱持成長心態，面對失敗、失望與運動傷害，然後重新振作，再接再厲。他們之所以出線，不是因為他們的長相，或是因為他們製作許多 Youtube 影片。運動員代表了太多正向的優點，對於孩子效法他們，我們只會感到高興。雖然這種鏡像映射，比我們到目前為止所討論過的例子都還更有距離，但這已經被證實對孩子的發展、性別認同、以及在世界上找到自己的定位，產生巨大的影響。而這在現今世界則愈顯重要，因為現在的世界由於社會的發展方式，我們和傳統上重要榜樣（祖父母、阿姨、叔叔）的互動，愈來愈少了。孩子們在媒體上所看到的那些榜樣人物，不但證實在孩子的成長上愈來愈具有顯著的地位，而且也愈發重要。哥本哈根大學（University of Copenhagen）運動社會學教授格特魯德．普菲斯特（Gertrud Pfister）說：

> 〔運動界的〕榜樣人物與偶像刺激個人對行為的模式加以辨認、模仿、與詮釋，因此他們在兒童期和青春期，扮演著不可或缺的角色：他們為兒童提供了，在環境中和社

會中，找尋自己出路的方法。我們有一種共識，那就是榜樣人物和偶像在青少年的文化中，具有極大的重要性，因為他們有助於形象，加強對「群體」的認同，並使「內團體」與團體外的分際成為可能。42

改變人心這件事

從宏觀層面的影響轉向仍然涉及大量少數族群的人員，我們要談的是那些做為僱主的企業。無論規模大小，這些企業的環境在成員的組成與期望方面，遠比一般社會還要有規則。但是同樣的問題依然存在。在各行各業中的少數族群、數理領域（科學、科技、工程和數學等學科）的女性、女性領導人、身障人士——儘管我們承認他們在經濟上和決策上的影響力，但他們都還是缺乏代表性。大眾意識到在這一切領域平衡代表性的需要，儘管如此，相同的問題仍然存在。為了打破循環，少數族群需要公開地被模仿，使他們的存在與融入，對大多數人還有對那些缺乏代表性的族群來說，都是「正常的」。要進行鏡像模仿，人們需要能夠眼見它的呈現，感覺自己能夠模仿那些行為。如果你是一位有才華、有志向的非裔女性，但是你從現在和過去都沒有見過其他非裔女性在自己的行業中擔任主管職務，要鏡像模仿這種行為就會困難許多。你不僅必須能夠靠自己想像，還要說服別人相信這是可能的，並且要一路披荊斬棘——這不是一件容易的任務。

能做到這件事的開拓者，通常具有極堅強的個性，做出別人不願意做的犧牲。在特定男性主宰的文化中，獲得成功的第一位女性，可能要花許多時間和精力升遷到她目前的地位，所以她從未生養小孩。一位年輕的女性可能會想：「我不想鏡像模仿她；我不想做出這種犧牲」。畢竟，我們的確傾向從整體角度來看待事情，而不是把和我們有關係的部分分解出來看。那麼，我們要如何確保第一個開拓者，會帶來真正的改變，而不是只成為一個異數呢？

為了要改變現狀，需要有一定數量的人突破現況，他們可以集體鏡像映射，他們可以為婦女提供不同的榜樣，各具不同的個性和喜好。隨著愈多女性成為成功的企業主管——包括不同的族裔和多元的背景——我們開始看見女性要實現自己的晉升之路，變得容易一些。假以時日，這應該形成較為良性的循環。而這對任何少數族群而言都是一樣的：單一的榜樣人物通常是不夠的。我們需要更多的榜樣，讓每個人感覺這種情形更像常態，也讓鏡像模仿更加親近與可能。「如果她看不到，她就不可能做到」這句話被運用在許多尋求創造多元與平權的活動中（儘管主角顯然並非總要是「她」）。幕後策劃這些活動的人可能不認識鏡像神經元，但是他們清楚意識到：沒有學習的對象，這種循環永遠無法被打破。

但是，要產生這些數量並不容易，而且這也不是一夜間就會發生的事情——這要付出可觀的努力。有一位曾經承擔這份挑戰，並在過程中成為一位榜樣人物，這個人就是布蘭達·

崔諾頓（Brenda Trenowden），大英帝國司令勳章（CBE）的受勳者。布蘭達從二〇一六年到二〇二〇年一月擔任30％俱樂部的主席，該社團成立的宗旨在於讓富時一百指數（FTSE 100）公司董事會中的女性代表人數至少達到30％。在這個角色中，她鼓勵、遊說、說服、並號召全球的企業執行長，理解與支持對多元化的需求。在二〇一九年九月，當英國一百家最大上市公司董事會中的女性董事人數達到30.42％時，這項活動達成它的第一個里程碑。[43] 這個改變創造了一個永續性的正向循環——愈多女性和少數族裔被看見，她們就愈能夠被模仿。布蘭達本人就是我和其他許多人的榜樣。她也是一位我有幸能夠稱為導師的友人。

多元榜樣的影響所及，遠超過執行董事會的會議室。例如，微軟的一項研究顯示，對理工感興趣的女生人數，會隨著教育程度增加而減少。儘管她們在入學時的數學程度與男生相仿，但她們有失去興趣的趨勢。而整體的結果是，女性在理工領域的代表人數不足，特別是在工程與電腦科學等領域[44]，而這些領域在全球各地都有高度需求。

世界經濟論壇（World Economic Forum）說明，人工智慧的急速進展，加上機器人以及其他新興技術，意味著工作性質正急遽改變中。未來的工作市場可能會在非電腦基礎的技能以及科技性工作之間更為明確劃分。[45] 他們的預測是，由於人、機器、和運算法之間的新勞力分工，全球至少會出現1.33億個新的職務，而就業市場需要女性很大的佔比。但是研究顯示，隨著社會變得更加富裕，性別差距縮小，女性甚至更不可能獲得理工科的學位。[46] 這被稱為

「性別平等悖論」（gender-equality paradox）。[47] 所以我們如何克服這個問題呢？

微軟的研究廣及十二個歐洲國家，包括了近十二萬名十一到三十歲的女性，研究結果顯示，當有榜樣人物激勵時，平均而言，歐洲各地對理工科感興趣的女孩和年輕女性的人數幾乎倍增。[48] 結果還發現，在某特定學科領域，例如化學，有可為榜樣之人，那在所有理工學科中都會呈現正向的提升。榜樣人物讓女孩和女性對自己在理工科取得成功的能力更具信心、對學科更有熱情、並且對從事科技領域的職業生涯更感興趣。如果她們能夠看到身處理工領域的女性，那她們就能夠透過自己的鏡像系統，更容易在同樣的角色裡看見自己。

我們在社會中可以善加利用樹立榜樣，來解決其他社會議題，像是霸凌。以學校的場景而言，這讓人聯想到，一個無助的小男孩被一個高高在上的惡棍和他的朋友們包圍著。不幸的是，霸凌在職場也很普遍，職場的文化規範——本身經由鏡像神經元所延續——經常有助於重複與支持這種風氣，更甚於在學校操場。霸凌也成為網路上一種令人擔憂的常見現象，不只對年輕人，對成年人也是如此。

社會心理學家，哈佛大學的講師暨作家艾美．柯蒂（Amy Cuddy）也有親身經歷，曾被人指控誇大宣傳自己的研究成果。這種說法是沒有根據的，但是那些人對此的執念卻是十分離譜，而且令人惶惶不安。在最糟的時候，她甚至受到死亡威脅。說這很嚇人還只是輕描淡寫，特別是考慮到這些人都是心理學領域中理性的、世界頂尖的專家。如果有人應該對人的行為有所瞭解，那麼無疑應該就是他們才對。

柯蒂勇敢面對那些霸凌者，以及更廣泛的霸凌議題。其實，這就是她第二本書《霸凌者、旁觀者、與勇敢的人》（*Bullies, Bystanders and Bravehearts*）的主題。艾美認為，榜樣人物對於瓦解霸凌者的勢力十分重要。不管是在網路上還是平時，透過介入，而不是扮演「旁觀者」的角色，榜樣人物可以對其他旁觀者，展現另類的行為規範。藉由對他們行為的明確立場，一個榜樣人物的作為可以有無比的力量，為其他人建立一種可以複製的典範。這又是另一個典範人物可以從微觀到宏觀層面，產生正向影響的例子，特別是在網路世界。49

社會需要自己的防範計劃

重視鏡像系統的驚人功用，在許多方面都是十分重要的。如果我們允許自己被快節奏的科技世界所驅使，忽略了我們對世界的社會情緒學習，就像那些大象一樣，我們也是冒著跌落比喻性瀑布的風險，失去做為人的能力。

雖然科技與科學可以很容易透過書面記載和指示，在世代之間以及在同世代的人之間分享，但是對於文化的大多數面向而言，卻並非如此：例如，人類行為的細微之處、情緒智慧、語言、傳講故事、或是創造力。我們還冒著愈來愈離群索居的風險，只能鏡像模仿零星行為，而不是活出鏡像系統所賦予的共同生活經驗。缺乏透過鏡子系統所賦予的社會情緒學習的損失估計，據說光在英國本地就高達一百七十億英鎊。

我們已經看到這對社會產生了何種影響，心理健康之類的問題變得愈來愈普遍。經由榜樣人物的行動提高人們對心理健康的意識，這的確很棒，但是無法防止問題的發生。我們需要防範未然，而不只是解決問題。

世界的複雜程度——接觸數以百萬計的人，遠超過一百五十人，這被認為是大腦進化所能適應的最多人數——我們對科技的依賴，與「全日無休」的生活方式，都會干擾自然的榜樣行為，以及社會情感學習。花愈多時間在螢幕前，就等同於無法充實鏡像系統的時間；愈來愈有隔閡的社區，等於剝奪我們彼此聯結與發展情緒智慧的機會，而這種智慧能維護我們的心理健康。人們為有歸屬感而努力，驅使我們轉向科技，卻反而使問題惡化，並傾向激進的反社會思想，接近那些鼓勵暴力的網路團體。藉由認清這點，並找機會運用證據來幫助迴避複雜度與科技的議題，我們可以重新啟動學習如何為人、如何聯結、親社會，因而增進每個人的生活，培養整體人類的能力。我們需要重新建構社區，並鼓勵支援親社會行為，以建立一種正向的鏡像映射循環。

隨著人工智慧在職場與在社會中的使用愈加普及，這會變得更加重要。因為在這種情況下，我們會比以往任何時候都更需要自己做為人類的能力，讓我們天生的潛能比科技的進步更勝一籌，而非相形失色。

除了保留鏡像系統做為學習如何為人的一種自然方式以外，我們也看到，在考量足夠證據的情形下，刻意善用榜樣，能夠產生驚人的正向影響。為了善加利用這個機制，我們需要實施經過深思熟慮、考慮周到、並且具體明確的對策，也要提升鏡像映射自然發生的機會。如果能做到這幾點，我們就可以看到成效。在地方層級、在既存的體制與社區中，政府有許多方法能幫助使其對社會成效更具影響力。例如，需要為實習老師提供榜樣，並且要傳授他們社會情緒學習的基礎機制。他們還需要有授課的自由，讓他們能夠分享如何為人，而不僅是傳授課程大綱的內容。如果不允許老師發揮自己的潛力，那他們又如何能將機會傳承給學生呢？

對醫療人員提供不同類型的同理心訓練，並佐以優秀正向的榜樣，而這些榜樣人物自身的作為也受到支持，這樣做的效果將是極為強大。來自不同專業的人，運動教練、經理人、主管等都可以從理解鏡像映射的基本效能而獲益，因而學以致用，產生正向影響。在社區裡，這種知識能夠幫助父母、親戚、朋友，優化他們在影響別人與正向塑造大腦方面的角色。我們擁有鏡像系統是有其道理的——我們是做為高度社會化的人而演進。然而我們正在剝奪這種為人的機會。我們永遠不會是完美的，但是具有這樣的知識，至少可以理解自己的信念、行為與態度，如何鏡像映射在別人腦中，尤其是那些和我們最親近的人。

運動明星、電影明星、音樂家、社會名流、政治人物以及所有擔任重要公職的人，都會從學習鏡像作用與自己所負的責任中獲益。在烏托邦式的世界中，他們都會有企業主管、教練來支持他們、鍛鍊自己的優點、減少自己的缺點，並且以正向影響成千上萬追隨者的方式，來展現他們的價值觀。雖然我們直覺地「感覺」這些人應該會成為優良榜樣，這在對公眾人物的新聞報導中十分明顯，然而他們也是人。就像任何人一樣，他們需要幫助以期更有自覺，並能瞭解自己的影響力。

對於任何意識到自己具有榜樣人物地位的人來說，結果都是極為正向的。其實這就是關乎做為一個人，並且和別人分享這種為人的能力，這是非常有意義的。這還會提供大家成長與發揮自己潛能的機會，讓他們更加瞭解自己，因而更為快樂、更成功、身心更加健康，同時也能帶給別人正向的影響。這就產生了一種良性循環。如果你擁有這種能力，並且和別人分享，這會讓別人也擁有這種能力，然後也和其他人分享。

第四部

運用鏡像思考的能力

第十一章 為人借鏡

二〇一一年七月，倫敦恩菲爾德（Enfield）長大的阿瑪尼・辛普森（Amani Simpson）在當地一家夜店外面，為一場即將到來的音樂活動分發傳單。這時，他的一位朋友為了一些偷竊物品和一群年輕人一言不合，隨著爭執加劇，阿瑪尼介入保護他的朋友。這些二十出頭，孔武有力的幫派分子，圍毆阿瑪尼，用刀劃破他厚重的外套，刺穿外套的布料，刺入他的身軀。他被猛刺了七次，傷口很深。當他躺在救護車上時，他不知道自己是否還能夠再見到家人。就是在這個時候，他對神和自己許諾，如果得以倖存，他要幫助其他年輕人，阻止他們被捲入暴力與犯罪。[1]

阿瑪尼拍攝了一部短片，強調在被攻擊時他腦子裡所思所想。影片顯示他如何拼命地尋找意義，質疑自己對上帝的信仰。現在他人生的使命就是與學童分享他的經驗。在接受《衛報》訪談時，他說：

我相信正向的榜樣，我相信我們需要更多少數族裔（BAME，黑人、亞裔和其他種族）的領袖。我在過去就讀的學校裡並沒有代表性，也沒有人瞭解我。你需要有人和你聯結。這就是為什麼我喜歡去學校和大學，鼓勵很一般的孩子，因為我可以告訴他們，我曾經和你一樣，我知道你的感受。2

榜樣不是只保留給那些受過苦、對抗刻板印象的人，或是世上傳統觀念中的那類領袖。我們每個人都是榜樣人物，我們都可以學習成為更好的人。這可能會令人望之卻步、感覺不習慣、或不在你的選擇中。即使是我所諮商的資深主管，也常常很難把自己視為榜樣人物，儘管知道這是大家對他們的要求。無論我們從事什麼工作，都是一樣的。我們都是榜樣人物，但我們都很難把自己視為榜樣。

「大哥哥大姊姊」計劃的其中一位榜樣人物辛瑞克（Cynric）解釋自己最初沒有報名的理由，因為他認為榜樣人物是對一切事情已經瞭然於心的人才能勝任的角色。他說：「做為一個人，一個關心社區的人，我總覺得我應該要做一名導師。但是有很長一段時間，我都不認為我是合適的人。」後來他終於理解到，正是那些他在人生中所犯的錯，以及他曾有過的經歷，才讓他成為一個更好的榜樣人物。現在他已經輔導同一名男孩七年了，這個男孩說：

「他（辛瑞克）幫助我度過那些困難的時光，現在我對自己很有信心。」[3] 這是一個我們大家一定都很樂於聽見的訊息。

為什麼要成為榜樣？

成為榜樣可以帶來許多益處。有一項關於榜樣的研究，其目的在於促進馬拉威、尚比亞、和南非國內的賦權以及解決性別議題。研究顯示，不僅是模仿榜樣的人受益，而且「互惠性賦權」（reciprocity of empowerment）[4] 也增進了榜樣人物自身的幸福感。付出與分享使我們成為「人」類的一環，而且有著偌大的心理與生理益處。

親社會行為，其中包括樹立榜樣，逐漸被廣為認知是改善社會各界心理健康與福祉的方法。非常多的證據顯示，專注於他人[5] 而非自我，總是會讓我們更加快樂。美國發展心理學家凱瑟琳・尼爾森（Katherine Nelson）在《情緒》（*Emotion*）期刊上發表她的研究，在六週的時間內，對照親社會行為與自我導向行為，對心情與幸福感的增強效益。這個二〇一五年的研究有四百七十二人參與，結果發現，測試組的親社會行為所帶來「心盛」（psychological flourishing）上的提升明顯大於自我為中心組。心盛在這種脈絡下代表，正向的情緒幸福感、極高的生活滿意度、良好的人際關係、在社會上被接納、並且人生具有目標感。[6]

俄亥俄大學（University of Ohio）社會心理學教授珍妮佛・克若克（Jennifer Crocker）於二〇一七年所進行的一項研究指出類似的發現。克若克說明，做為人類，我們的「本能」是根據我們的生存狀況，來提升自身利益，並關心別人。從進化的角度來看，要逃避獵食者時，自利會發揮作用，然而在物種的層面，生存意味著互相依賴，合群生活，彼此互助以保安全。她也說明，人類社會構建的本質意味著「付出可能是有意義的，即使有著明顯的物質代價；自私可能要付出代價，即使有著立即的物質利益。換言之，人類應該有這種心理傾向，要在付出中找到足以抵銷代價的利益。」[7]

克若克的評論顯示，在大多數的日常處境中，付出有益於我們的心理健康、身體健康、以及人際關係的品質。她認為使這些事情成為可能的機制包括正向的情感（也就是更樂觀的願景）、提升信心、與別人更強的聯結感、以及更明確的人生目標。[8]

蘇珊・惠特伯恩（Susan Whitbourne）是麻州州立大學安默斯特分校（University of Massachusetts Amherst）的心理學和腦科學的榮譽教授，她指出，**對別人的人生有所貢獻，是自我實現的關鍵面向**。她探討了中年人的幸福指數，發現無論他們從事何種工作，那些接觸年輕人並幫助他們克服人生難題的人，感受最高的自我實現感。[9] 換言之，那些參與某種樹立榜樣事務的人，感受到最多的幸福感。[10] 即使是自願成為榜樣人物的舉動，也可以增進福祉，進而有較佳的自我健康評比、提升生活滿意度、降低死亡率、較高的滿足感、以及減輕憂鬱症的症狀。[11]

在這個研究以外，在工作環境中做為榜樣人物，還被證實可以藉由下列方式獲益：

- 提供反省自己行為與行事方法的機會，這可以提高你的表現並提升自我覺察；
- 提升工作滿意度；[12]
- 增進情商與人際關係技巧；
- 提高同儕、追隨者、以及上司對你的重視；
- 讓你能夠傳授自己的知識與經驗；
- 從社會或政治的層面來增進你對周遭事務的瞭解，並學習從不同的角度來理解事情；
- 發展自己開發別人的能力（職業生涯晉升與工作滿意度的基本技能）；
- 藉由更瞭解如何激勵別人、吸引別人，來培養自己的領導技巧。[13]

為了成為一個優良榜樣，僅只是尋求提高自我覺察、與他人建立關係、建立信任、以及釐清自己的價值觀的這個過程，就提供了更多的正向益處。簡而言之，這是件值得做的事。

榜樣人物的三個層次

你可成為三種不同類型的榜樣：個人、情境或理想型。它們分屬以下範疇。

榜樣

	個人榜樣	情境榜樣	理想榜樣
模仿人物	雙親 手足 親戚 朋友	親戚 老師 運動教練 同儕 上司 醫療人員 社工 神職人員	名人 電視明星 網紅 電影明星 社會運動家 領導人 運動員 知名人士
其他可能人物	老師 運動教練 同儕 上司 社工 神職人員		虛擬人物
互動強度	高	中度	低
關係持續	長期	因人而異	因人而異
互惠性	雙方	有限度的雙方互惠	單方

摘錄自麥卡倫&貝額特曼（Maccallum & Beltmann，2002[14]）、麥爾（Meier，2013[15]）

如何樹立榜樣

研究顯示，要成為一個真正的好榜樣，無論是個人榜樣、情境榜樣、還是理想榜樣，都需要一些助力。如果無法接受訓練，這些建議會給你一些正確的指引。學習這些技能的最佳方法就是，找到一個個人榜樣或理想榜樣，這名榜樣人物在你學習為人表率、想提昇自己的幾個層面上，甚為優秀。

記住，在做為榜樣上，你不該做的行為和你所做的行為同等重要：例如，如果不希望孩子說髒話，那你就不要在孩子面前說髒話；不要使用毒品，如果你不認為這是其他人應該模仿的行為。如果你無法完全避免這些行為，那麼請私下進行。當我的孩子不在我旁邊時，我會說髒話，但是當他們在場時，我會盡量避免。

如果你是一位理想榜樣人物，這一點尤其重要。想想你自己對別人所示範的行為，特別是對孩子——無論你喜歡與否，這都是社會地位所屬的一部分。你的私生活可以隨心所欲，但是當你在公眾場合時，你需要注意你所傳遞的訊息。

個人榜樣

做為別人的個人榜樣，多半取決於藉由聯結、信任、同理心和接觸，來建立與導生堅定與高品質的關係。你可能要對這層關係很明確，真正提出要做為某人的個人榜樣；也或許這可能是不需要點明的關係，例如你是他的叔叔或阿姨。企業教練的某些要素可能會對這種型態的關係非常受用，我們將在下面詳細探討這些細節。除了基本要素以外，成為一個好榜樣可以歸結於我們在第十章所討論的元素。

首先，最好檢查一下自己的動機。你要小心，自己的動機不是為了控制別人的人生，也不應該是為了享受這個位置所賦予你的權力或優越感，甚至是為了讓自己看起來像個正人君子。**動機必須來自於真正想要有所貢獻**。良好榜樣所從事的是意義的追求，努力的目標在於像是幫助某人學習、成長、肯定自己、並發揮潛能等。

其次，你準備好承擔責任了嗎？樹立榜樣，雖然總是自然而然地發生，是一種責任，尤其當你是有自覺並刻意為之時。想要盡其在我，就表示要保持自我察覺，並尋求意見回饋。你應該對有效與無效的方法保持開放態度，而且為了幫助你的導生學習，你要準備分享自己的錯誤、挫折與生活經驗。

信任與聯結做為任何個人榜樣關係的基礎是絕對重要的。在某些狀況下，做為別人的榜樣別無選擇，例如對為人父母者而言——這種關係往往衍生出與孩子間的自然信任與聯結。但是花點時間去思考這點，對你們關係的品質大有助益。

而另一種截然不同的情形是，如果你要成為某位素昧平生的人的個人榜樣，尤其是和你有著截然不同背景或個人狀況迥異的人，那就必須建立好信任與聯結。這可能需要花點時間與耐心，這是要產生正向影響，極其重要的元素。你必須要常伴左右，並且要履行自己所做的所有承諾；如果你讓別人失望，信任很快會消磨殆盡，特別是當他們比較脆弱的時候。

動機

如上述含意，重要的是，要有自覺，並主動專注在導生的目標，而不是導師自己的目標。當我輔導客戶時，我必須仔細注意這一點——我的期望或我認為最好的事情，不一定對我所輔導的人就是最恰當的。例如，我可能認為某人應該申請更高階的職位，然而當我與他們更深入探討時，我得知他們對工作與生活的平衡有顧慮，也擔心會對家庭造成影響。把我的目標或對處境的信念視為優先，是錯誤的設定。這樣可能會在無意中說服他們從事某些不符合他們需求的事情。用開放的心態，去探討導生的志向，真的很重要。你所尋求的目標應該要符合他們的最佳利益，而非你自以為是對他們的最佳利益。

聯結、信任、接觸、與責任感——以情商做為優良榜樣的工具

無論你從事什麼工作，情緒商數或是如我所稱的情緒智慧是一項管用的技能，而且對樹立榜樣特別有幫助。具有較高程度的情感智慧，就能更有效管理自己的情緒，與人溝通更為成功，和別人發展更有意義的關係，順利度過情緒難關，並減輕衝突。良好的情緒智慧更能幫助你處理壓力與焦慮，讓你有餘裕做出更為清晰的判斷；這也表示你可以更好地幫助你的導生，有更好的工作效率來追求他們的目標。[16]

說到樹立榜樣，情緒智慧是建立聯結與信任的重要基礎，也是塑造你與他人發展認知同理心的基礎。

所有的人際關係都受到我們的情緒影響[17]，因此，為了正向影響某段人際關係、與某人建立聯結、建立信任，我們必須對自己的情緒有更透徹的瞭解。重要的是，要有意識地察覺到情緒如何影響我們，並能解讀別人的情緒反應，以便能夠應對合宜。例如，我們說的話令某人看起來焦慮、不悅，我們還要繼續談論那個話題，還是把對話轉移到別的話題上呢？哪種做法會提供最佳結果？

讓「情緒商數」一詞普及化的心理學家丹尼爾．戈爾曼，將情商分解為四個組成部分，我把它們修改成以下四元素，以符合樹立榜樣的需求：

◆ **自我覺察**——有能力辨識自己的情緒，並瞭解它們如何影響你的思想與行為。
◆ **自覺的樹立榜樣與自我管理**——對自己做為一個榜樣人物的行為，及對所產生的影響有自覺，並且能夠以利人利己的方式，管理衝動的感覺和行為。
◆ **同理心**——能夠注意到、並恰當回應情緒線索。正如我們之前所討論過的，這可以進一步細分為情緒同理心和認知同理心。理想的情況是能同時駕馭兩者，讓你能夠與導生建立情感聯結，感受到他的情緒，卻又不會因無法承受而不知所措。
◆ **建立信任**——有能力與人有效溝通，有效互動；善用社交技巧來建立可以長期維繫的人際關係。

這些或許聽起來像是你不具備的技能。這就是為什麼我稱它們為「情緒智慧」的原因，因為研究顯示，這些元素都可以被開發，我們都可以提升這些能力。情緒商數不是像「商數」一詞所隱含的那種既定的能力。如果你自己想多加探索這些元素，那麼我的上一本書《定義你自己》（*Defining you*），可以帶你按部就班開拓這些技能。不過現在讓我們先對這四種元素中的每一種元素，做更詳盡的說明，說明如下：

自我覺察

這是極為重要的基礎，得以據此打造其他三項技能。要具有自我覺察，首先需要瞭解自己，瞭解自己的個性及其對別人的影響，瞭解自己的優點、熱情、盲點、與價值觀。要知道自己在什麼地方、什麼時候需要幫助，從自己的錯誤中學習，找出自己需要改進的地方。自我覺察需要經常保持自覺，進行細部修正。這是因為我們的人際關係、我們所處的世界、以及置身其間的我們，都在不斷地成長與改變。

有自覺的樹立榜樣與自我管理

從神經學的角度來看，這是有關較為進化的觀察型大腦與較為原始的反應型大腦之間的聯結強度。前額葉（觀察型大腦）與大腦情緒中心之間的聯結，直到成年萌發期的十八歲到二十九歲期間，仍在持續發育。前額葉是管理情感的「決策」部位。這種連結愈發達，你就愈能控制自己的衝動、控制自己的情緒。[18] 退一步思考，觀察自己的情緒，不讓自己一直處於情緒中，都是需要時間來學習。這並非一件容易辦到的事，但是你可以在《定義你自己》與羅斯·哈里斯（Russ Harris）的傑作《快樂是一種陷阱》（*The Happiness Trap*）中，知道更多相關知識，這兩本書提供了一些非常管用的練習方法和技巧。你也可以透過有意識地察覺自己的情緒與冥想來提升自己。

談到樹立榜樣以及和導生建立聯結時，你需要嘗試緩和自己的反應型大腦及其所誘發的情緒，這樣才能讓自己與正在交談的人活在當下。在任何對話中，我們的反應型大腦會供給各式各樣的想法和情緒，例如決定接下來要說什麼話，需要打斷對話以便自己不會忘記剛剛的想法，對對方的思路驟下結論，對對方是哪種類型的人逐漸形成看法，決定晚餐要吃什麼，猜想對方的襯衫在哪裡買的等等。雖然很難，但重要的是，只要觀察這些想法，不要加以回應，不要多花腦筋，要阻止自己的反應型大腦自顧自的狂想，給你的導生有時間妥善表達他們的想法。這種行為本身就會開始提升你自己的能力，爾後你可以將這種能力應用到人生的其他領域。

同理心

能夠自我管理還可以促進情緒智慧下一階段的發展，也就是我們運用認知同理心與情緒同理心的方式。情緒同理心是我們本能的同理心反應，使我們得以立即感受到別人的感受；認知同理心，從大腦機制和我們自身的發展來看，則被認為是更進步的同理心，讓我們能夠從最初的反應中抽身而出，從更理性的角度來檢視事情，而不至陷入可能會讓人負荷過度的情緒層面。如果你想就這點對自己多加提醒，請回顧談論同理心的章節。

做為一名個人榜樣人物，你需要同時運用情緒同理心與認知同理心。為了真正瞭解，為了能在導生的立場設身處地，情緒同理心極其必要。但是，你也需要能夠使自己從他們的情緒中抽離，以免對你的心理健康與福祉產生負面影響。**運用同理心、建立聯結、傾聽、有所意識與自我覺察，都有助於建立信任。**

信任

信任涉及我們之前所討論過的所有元素，是一種為了能夠瞭解導生的情緒和計劃，而真正管理自己情緒和計劃的能力。信任同時還涉及信守與實現自己所做過的承諾與諾言。如果你的導生是容易受傷的人，那麼這一點尤其重要。背棄或不守承諾可能會讓別人處於一種比原先更糟的處境。

雖然情緒智慧程度較低，的確會讓樹立榜樣這件事更具挑戰性，但這不應該讓任何人打消嘗試的念頭，因為這種人際關係本身有助於你在這個領域中發展技能。仔細注意自己及別人的反應，都會為鏡像系統提供成長的空間。每一個反覆的互動，都會提升你的社會情緒技巧。你還可以透過探索利他的目標、展現真摯的關心、渴望認識別人而不加以評斷，來發展自己的情緒智慧，與做為榜樣人物的能力。最重要的是，要有耐心，讓導生以自己的步調敞開胸懷，這才能建立信任；而信任是創造成功結果不可或缺的支柱。

責任

你有責任持續一切努力，而不只是像曇花一現，而且要對自己所做的榜樣保持自覺，保持接觸的頻率。你還需要確保自己可以「言行合一」。這並不代表你要完美無過。「言行合一」的其中一環，就是要分享自己的軟弱、缺點與失敗。這不僅可以讓你建立更真誠的聯結，而且也可以幫助你的導生明白，即使犯了錯也沒關係。這會幫助他們瞭解如何面對錯誤，如何避免再犯同樣的錯誤。回想一下曾經參與大哥哥大姊姊計劃的導師辛瑞克，他告訴導生，他曾經犯過錯誤，在哪裡出了差錯，以及如何避免這些過錯。他說：「我可以感覺到——經由卡姆（Kam）所說的話——當他在思考如何處理自己生活中的問題時，他會想到我過去在和他相同處境中所犯的錯誤，以及我處理得好（或處理不好）的地方。」19

事實上，你是有意識地給予導生一個機會，來反模仿你的行為和決定。你吸引了他們的注意力，也吸引了他們的鏡像思考，將重點放在某個特定的事件上，提供機會，進行鏡像模仿和反鏡像模仿。

發展重點

如果你熟悉專業教練這個行業，你可能也會知道，如何與人進行連續性的有益對話。在這種量表的一端是規定性與指導性的風格，而另一端則是一種協助性、非指導性的風格。當個人榜樣的導師與導生互動時也是如此。非指導性的方式與前面所討論的建立聯結與建立信任的要素有關，這和指導性方法剛好相反，後者通常被稱為「囑咐」。

舉例來說，有一位家長急著要幫孩子完成水循環的地理作業，作業在當天早上就得交給老師。他們上學要遲到了，所以需要盡快完成作業。在這種情況下，由於時間壓力，父母比較可能使用指導式的方法，而不是非指導式的方法。最省事的方法就是把答案告訴他們——「蒸發需要寫在這個格子裡」，「降水寫在這一格」。但是，如果他們有更充裕的時間，譬如說他們是在週末協助孩子寫回家作業，那他們或許會採取一種比較非指導性的開放方式，問孩子對水循環的知識，問他們是否記得水循環的各個環節、水循環的運作及其原因等。

企業的經理人及主管，在有壓力或是極大的時間壓力下，通常會使用指導式的教練風格，囑咐別人該做的事務；比較有時間、或是比較有教練經驗的經理人和主管，則會以發問來引導下屬自行找到解答。一位有經驗的主管會運用兩種方法的組合，而熟練的榜樣人物亦然，會盡量傾向於協助端，而不是囑咐端。這種連續風格的囑咐端無法建立同等份量的信任或聯結，也無法建立同等份量的認同，並且也遠不及那麼激勵人心。想像一下你自己正受某人頤指氣使，或是吩咐你該做哪些事情。這不好玩，也不會是你想要的，除非你就是特地尋求意見或指教。

對大哥哥大姊姊計劃所進行的研究顯示，最有效、最持久的榜樣關係是在連續性的非指導端形成的。而相反地，位於囑咐端的人最有可能失敗。該研究揭露，當有人使用指導式的方法時，他們傾向於認為自己的任務是要「修復」他們的導生，要矯正某些缺失，或是將其引導至他們個人視為正向的價值觀、態度和行為。榜樣人物在沒有讓導生參與決策的情況下就設定目標，而且自己決定彼此間關係的進展速度。[20] 在這個連續性的指導端，榜樣人物不是很願意調整他們對導生的期望，或是對導生行為改變快慢的信念[21]，而這最終會導致他們關係的挫敗。

就像學校的老師、職場中的經理人、有孩子的父母、或任何試圖協助的人，我們在尋找解決之道時通常會遇到難題。但是我們的大腦和行為不能做如是想。我們不能「解決」人，不管是自己或別人，好像把他們當成一道問題。例如，就僅止於口頭告知一個運動量不足的人要開始運動是行不通的。對他們最有幫助的是嘗試理解根本原因：他們為什麼不運動，他們以前從事運動的好惡是什麼，他們運動時的感受如何。探討這些事情，可以讓別人自行找到解決的辦法；這不僅具有啟發性，而且賦予力量。給予開放性的情緒支持，為別人提供了機會，讓他們可以安全地探索，並且從不同的源頭鏡像模仿態度、願景、行為、與價值觀。

但是，在某些情況下，有人也許需要更多重要的回饋，然後幫助他們設定目標。例如在體育活動的情境下，對某個技巧或是訓練方法的教導性提點是必要的。在某些工作場合也是如此。例如，當我輔導商業界人士時，我通常會先聆聽再提問，然而有時候我也會從心理學家的角度，或是從我輔導其他主管的經驗中提供建議。我可能會說：「在我聽來，你好像是受到同儕期望的影響，而不是做你自己認為正確的事情。你為什麼不試著在下一次董事會上，以不同立場提出你的想法呢？」然後我可能會轉回啟發的角度，問他們：「那會是什麼樣的情況？」

做為個人榜樣人物，或許會有這樣的時候，你的導生正在尋求意見或建議，如果你不告訴他們答案，他們會感到沮喪。在這種情況下，你需要判斷，是否轉換到連續體更具指導性的那端會有所助益。但是，除非是在運動或目標設定的背景下，否則原則應該是要回到非指導性的那端。嘗試幫助他們找到自己的解決方法，更為有效。

接觸

論及樹立個人榜樣，除了有自然接觸的機會如父母和子女以外，其他情形則需要能聯繫

樹立榜樣的風格連續性

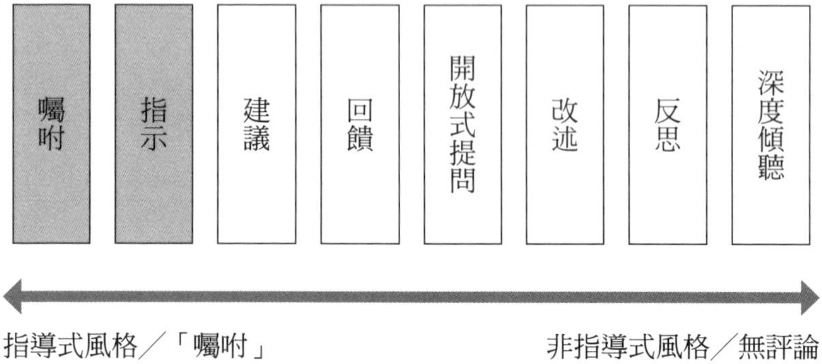

改寫自邁爾斯・唐尼（Myles Downey）的
《專業教練的風格連續性》（*The Coaching Continuum*）

得上以及堅守承諾，來確保接觸的機會。研究顯示，這對樹立榜樣關係的成效，造成無法想像的影響。如果你不是全心全意來做這件事是行不通的，而且會讓你的導生失望。你必須長期堅持下去，要平易近人（但要有明確的界限），要有耐心讓你們的關係順其自然地發展與成長。有時候事情看起來似乎沒有變化，你可能不覺得自己當下產生任何正向的影響，然而建立信任需要時間，而行為上的學習則需要反覆接觸到不同的態度和方法。

研究顯示，最有效的榜樣關係，會隨著時間而自然進展。如果你輔導的是年紀輕或是有情緒問題的人，那這一點更是特別重要。你或許記得，大哥哥大姊姊計劃中的一位榜樣人物說，他花了將近一年的時間，才讓導生向他打開心門。對一個人的承諾不僅可以建立信任，還可以建立他們的自尊心與信心。這讓他們感到自己有價值，然後能夠去探索自己的人生目標。收回這項承諾會導致得不償失的後果，通常會讓導生陷入比先前處境更糟糕的光景。

情境榜樣

情境榜樣人物要建立信任與聯結較為困難，通常是因為接觸較不頻繁。就醫師與護士而言，這表示他們要很快進入狀況。在這種情況下，樹立榜樣就是要迅速建立醫病關係，並且表現同理心。例如，醫護專業人員鏡像映射患者的行為，使他們感到安心，並且要讓病人將醫護人員所說的話放在心上。這也可以說是有關醫護人員對患者及其親屬，在尊重與關懷上樹立榜樣，希望病人康復離開後也能牢記在心。在這類關係中，信任在某種程度上是與生俱來的，也是專業地位的結果。然而如果發言欠缺謹慎考慮，也會很快瓦解。

情境榜樣人物要做的最重要事情就是，瞭解如何在不常接觸的情況下，快速建立關係，建立信任。這需要高度的認知同理心。其他元素則與「樹立個人榜樣」的章節中所概述的相同。

理想榜樣

理想的榜樣人物，像是運動明星、音樂家、演員、或是像小馬丁·路德·金恩之類的領袖，影響著成千上萬他們無法個別認識的人。但是藉由對閱聽大眾的理解和同理心，他們確實更有效地和他們聯結。在金恩博士的年代，他的閱聽眾幾乎是只透過電視和廣播與他接觸，但是現在我們有多種數位平臺，可供理想榜樣人物傳達他們的訊息——無論那是社交媒體、播客（podcast）、還是網路，各類管道都很充足。伊斯蘭國、卡戴珊們、安潔莉娜·裘莉、或賈米拉·賈米爾，他們所傳達的內容與方法，彼此之間差異頗大，但他們所做的是同樣的事情：他們發掘我們的情感，建立信任，並使用聰明的訊息來取得聯結。

如果你是位理想榜樣人物，那麼說故事就是和你的觀眾群建立正向關係的最佳選擇。想想看，即使在今日，只就捧書朗讀，金恩的話語也可以使意象與情感栩栩如生。或是馬雅·安傑洛（Maya Angelou），她的詩詞如何吸引我們，讓我們置身於另一個世界。故事無需複雜——最好的ＴＥＤ演講（Technology, Entertainment, Design, TED）是在十五分鐘或更短的時間內講完故事。

正如我們之前所討論的，故事透過鏡像系統吸引我們。要想出像這樣子來傳遞訊息的方式，會讓人為之卻步——但事實並非如此。畢竟，這就是最自然的溝通方式，而且是你每天都在做的事情，只是你沒有意識到而已。例如，向某人講述你的週末或是度假的經歷，那就是在說故事。

我們每個人都可以學習更善於溝通的方法。研究顯示，我們通常會高估自己是個比實際狀況更優的溝通者。我經常對我所輔導的主管們說，這是一個很容易被點名的開發領域，因為它適用於每個人——無論你有多優秀，你都可以好上加好。這是一項能幫助你，透過更深層的聯結，以為表率的技能。這也可以在其他方面幫助我們——在職務上，或在人與人的爭執中，更清楚地論證我們的觀點，幫助我們成為團隊中工作更有效率的一分子；改善我們和青少年子女關係的能力；和我們的另一半能良好溝通，減少爭辯，改善關係；又或說明我們最新的想法，讓其他人能瞭解、並對此感到興奮。基於種種理由，我們值得花時間來研究，如何成為一名更優良的溝通者，還有，如何講述一個好的故事。

以下是一些關於如何改善溝通的要點，特別是針對以說故事做為一種工具時。

如何營造開場

約翰．施拉姆（J. D. Schramm）是史丹佛商學院（Stanford Business School）組織行為學（organisational behaviour）的講師，他的專長是在溝通領域。談到說故事，施拉姆建議直接進入主題，無需贅言。[22] 他指出，最擅長說故事的人，為了捕捉觀眾的注意力，立刻就會讓觀眾融入故事情節。其實這就是打開鏡像神經元的開關。這不一定要太複雜或太多鋪陳：實際上，兒童讀物就給了很好的例證。例如，茱莉亞・唐納森（Julia Donaldson）屢獲殊榮的著作《怪獸古肥羅》（*The Gruffalo*）的開頭是：

「一隻老鼠在黑森林裡散步。狐狸看見老鼠，老鼠看起來很可口。」

就在這兩句話裡，唐納森已經捕獲了大家的注意力。一隻落單的老鼠在一個可怕陰森的地方，自顧自地遊蕩，然後，一個獵食者看見牠了，我們立刻油然而生一種危機感。仔細挑選的文字，簡單明瞭地把我們直接丟進這個故事裡。

故事結尾的技巧

我們的大腦在框架內運作良好。簡單又明瞭的事情更容易讓我們記住與理解。這並不表示我們不應該在故事內文加添色彩、加入緊張與熱情；但是在開場和結尾的地方，簡明以及精心選擇的話語，會讓整個故事在合理與不合理之間產生差別。被記得或被遺忘，有起心動念或拋諸腦後。

回到《怪獸古肥羅》的故事，最後兩句話說明這如何辦到：「黑森林裡一片靜好。小老鼠找到一顆堅果，堅果很可口。」我們無需讀過整篇故事，就可以知道小老鼠最後平安無事。雖然森林還是很「陰暗」，但一片靜好，讓人有種寧靜的感受。唐納森帶我們脫離危險，回到尋常生活——小老鼠找到一顆堅果，這帶來一種輕鬆的感受。小老鼠不再是菜單上的選項，反而為自己找到食物。

她用來做為起頭，也用來做為結尾的句子之間，可以讓我們的大腦來填空，即使我們對故事的其他情節一無所悉。

啟動鏡像神經元——開場與結尾之間

比擬、**隱喻**、**意象**——這些是造成一個故事說起來像是敘述你上個週末的流水帳，或是像有史以來最偉大的演說家發表演說的差別之所在。我們之前討論過比擬、隱喻和意象如何活化大腦各個區域的鏡像神經元，誘發我們的核心感官：視覺、聽覺、嗅覺、味覺及觸覺。因為在說故事時，吸引了各種感官知覺，因此聽眾也有愈來愈多的大腦區域投入其中。這會幫助觀眾在訊息中賦予個人的意涵，這對聽眾而言，比只是被告知某事要更能投入、更有動力、更有趣。

詩詞是使這種感受具象化的一種方式。施拉姆說明，詩詞使用較少的文字，承載更多的意涵。附加的好處是，詩詞為戲劇性的停頓提供機會，以便強調某個特定觀點。就和音樂的作法如出一轍，樂音之間的休止符和音樂有著同等份量，一個動聽的故事對節奏、重點和靜默的處理，也是如此。這是一種無需使用冗長解釋，就可以向大腦傳遞重大意義的方法。例如下面這首詩：

我想記住你（I am trying to remember you,）
又想（and）
讓你走（let you go）
在（at）
同個時刻（the same time.）

這首納伊拉．瓦希德（Nayyirah Waheed）所寫的〈哀悼〉（The Mourn），用幾句話就引發諸多想像。這讓我想到失去我父親時，我拚命想保留他的記憶，不讓他的影像逐漸消逝，然而我同時也發瘋似地想要接受現實，擺脫哀傷。這首詩有種令人難以置信的渲染力，立刻讓我重新聯結到自己過往的經驗。這首詩可能對你有著截然不同的意義。其他人讀到這首詩時，可能是想到一個已經分手的愛人，甚至是一個讓他們討厭的人。詩詞很容易入門，然後轉譯成我們自己的意義，蘊含著無比強大的力量。

在一場演講中，比擬、隱喻、和意象的使用，可能以不同的形式出現。例如，J. K. 羅琳（J. K. Rowling）在對哈佛大學學生演講中說：「責怪父母把你引領到錯誤的方向是有賞味期限的，當你年紀大到能夠自己掌握方向時，責任就在你自己的身上了。」

馬丁．路德．金恩博士對隱喻的使用又是另一個例子：「讓我們不要暢飲痛楚和仇恨之杯，來滿足自己對自由的渴望。」[23]

或是馬雅．安傑洛使用意象的方式：「……但是它並沒有隱藏起我瘦弱的雙腿，我用藍色瓶蓋的凡士林在腿上塗了一層油，然後再覆蓋一層阿肯色州（Arkansas）的紅色黏土。風乾後的顏色，使我的皮膚看起來像泥土一樣髒，教堂裡的每個人都盯著我瘦弱的雙腿。」這段摘錄自《我知道籠中鳥為何歌唱》（*I Know Why the Caged Bird Sings*）的文字，安傑洛描述了自己的屈辱。這本書是關於她自己的成長故事，在美國深南部（deep South）面對種族主義和虐待的生活。我們不需要知道整個故事，就可以很輕易地想像那個場景，想像她的樣子、她的感受、甚至她在去教堂的路上所發生的事。我可以繼續再說下去，但重點是，這些簡短的句子比典型的描述，帶有更多的份量和意義。使用這其中任何一種工具——比擬、隱喻、意像、或詩詞——都會對你所述說的故事，產生巨大的影響。

少即是多——檢視唐納森非常簡單的例子就可以清楚看出這一點。用更少的文字傳達更多意涵並非易事，但其威力十足。當你在準備與人溝通時，值得從頭到尾看一次，刪除無關緊要的想法，或是會讓故事偏離的「小節」。如果聽眾能夠將點和點銜接起來，那麼這個訊息會更有效力。這讓聽眾的大腦有機會進入故事情節中，自己去理解故事。他們會更加投入。

情緒上的聯結——社會心理學家布芮尼．布朗（Brené Brown）是一位說故事的高手。她也研究人際關係、同理心與歸屬感。二〇一〇年六月在休士頓的ＴＥＤ演講（TedxHouston）中，布朗給了一個經常為人引述的演講，這場演講的影片已經有成千上萬的觀眾欣賞過。她和自己演講的內容言行一致，說明自己必須看心理治療師，因為她在研究脆弱性時，發現了自己的某些事情。布芮尼也很風趣，這有助於柔化那些激動的訊息，使其感覺比較容易令人接受。她繼續演講，說明為什麼接受，而不是麻痺自己的脆弱性，使她能夠更有效地與別人建立關係。分享個人感受並表現出某種程度的脆弱性，會觸動我們的同理心，因此也取決於鏡像神經元。它提供了一種與觀眾建立聯結，並建立信任的管道，雖然——做為一名理想榜樣人物——她從未真正與觀眾實際碰面。由於ＴＥＤ所錄製的影片，布芮尼與四千四百萬人分享了她自己的脆弱性；毫無疑問，這個數字在未來幾年將會繼續攀升。

架構整個故事時，需要考慮到觀眾和你想要傳遞的訊息。你想表達的內容及對象為何？什麼事情令他們感興趣，什麼事情能激勵他們、令他們害怕、使他們興奮？例如，當邱吉爾（Churchill）在一九四〇年六月四日發表演說時，是針對大不列顛這個國家，在演說時稱為「我們的島嶼」：「我們將保衛我們的國家，不惜一切代價；我們將在灘頭戰鬥，我們將在登陸地戰鬥，我們將在田野與街頭上戰鬥，我們將在山野戰鬥；我們絕不投降。」

邱吉爾在傳達訊息時表示，無論付出多大的代價，繼續戰鬥都是極其重要的，他號召人民團結起來共同抵禦敵人及敵對團體，挑起聽眾更激昂的原始驅力。

有一些方法可以提升你在溝通和說故事方面的技巧，使之更有效果：

- **觀看別人的演講片段**——這會活化自己的鏡像神經元，幫助你學習，尤其是當你意識到自己想從事的事情，以及你想反鏡像模仿的事情。
- **閱讀偉大的歷史性演講之文稿**——這也會活化你的鏡像神經元。
- **瀏覽群書並摘錄引起共鳴的段落**——它們為什麼會引起共鳴？內容為何？如何闡述？
- **在自己的腦海中想像並排演這個故事**——運用鏡像神經元來呈現你述說的內容。
- **在鏡子前面練習或是為自己錄影**——播放所錄製的影片，以便修正你的訊息，強調你喜歡的部分，然後改進自己不喜歡的部分。

做為理想榜樣人物的所有要素都與個人榜樣人物相同，當然，除了一對一的互動以外。做為一位理想榜樣人物，你需要清楚自己做為榜樣的動機、價值觀與目標，要確定自己保有自我覺察。一旦處於這樣的地位，你就會開始發揮巨大的影響力，這是一件你必須負起責任的事情。

這種角色通常是偶發的，正如查爾斯．巴克利所說的：「我不是榜樣人物。只因為我會灌籃，並不代表我應該撫養你的孩子。」你或許不必撫養孩子，但是成功會伴隨著責任。請記住，無論你有意或無意，你的行為和每個舉動都會影響某個人。如果你對此有自覺，有目的性，它將產生更為正向的影響。

有證據顯示，親社會行為能增進福祉，即使與接受善行的對方並沒有直接接觸。因此這種責任對於做為榜樣的你有許多好處，同時對別人也予以好處。[24] 想想看你自己如何能運用做為榜樣這件事，繼續個人的成長與學習，並且以對受你影響之人有意義的方式而為之。

本章探討了如何成為榜樣人物，無論是個人榜樣、情境榜樣、還是理想榜樣。然而即使為人表率，你自己也需要有關注與模仿的對象，這就是我們在最終章將要討論的內容。

第十二章
選擇借鏡

在本章，我們將探討為什麼你會想要有個榜樣，應該選擇誰做為榜樣，在榜樣人物的身上應該注重什麼，以及如何做為一位榜樣人物的導生，才能受益良多。尋找榜樣人物不僅要考慮個人因素，也應考慮情境和理想因素。

為何要效法榜樣人物？

我們常常鏡像模仿周遭的人。在火車上，對座的人打哈欠，我們也打哈欠；走在路上，有人微笑，我們也不假思索地回以微笑；咖啡店裡鄰座的人交叉著雙腿，我們也是。我們還會鏡像模仿更為經久的行為：我們說話的方式可能是受同事影響，我們的意見是受到另一半影響，或是受到收音機裡某人提出觀點的影響；而我們的價值觀則是受到父母影響。一般來說，我們每天都在鏡像模仿旁人。無論我們是否存心如此，我們常常效法別人。

對鏡像模仿有所自覺，選擇鏡像模仿或不模仿的內容與對象，有其道理；帶我們朝著生活目標前進，不要在無意間偏離常軌。我們可以選擇能夠幫助我們成長與進步，能實現我們的潛力，並帶領我們朝人生目標前進的榜樣人物與行為。無論你現在多麼成功，總是還有進步的空間。即使不是為了追求飛黃騰達，我們還是需要一個榜樣，以示範個人實現，示範如何過更健康生活、如何更享受生活樂趣、如何建立更有意義的人際關係、成為更好的父母、在心理上更健康、以及其他許多正面的面向。

你的目標何在？

首先，最重要的是，無論你是誰，無論你的目標是什麼，你要尋找一位可以幫助你實現潛能的人——一位能夠幫助你朝著人生目標努力的人。如果你是不確定自己的潛力，或是不清楚自己的人生目標，你可以採取兩種方式——從事自我探索[1]，或是找一位可以幫助你探討和定義人生目標的個人榜樣。這兩者都需要一點耐心和堅持。你期望定義的基本領域是：

價值觀、優勢、熱情、需要加強的領域及盲點。然後，你會希望利用這些資訊，來幫助自己探討賦予人生意義與目標的事物，以及如何運用這些知識來實現自己的潛能。

成為導生的方法

確認上述各項要點後，十分重要的是，要時時以此提醒自己。不要擔心自己還未完全清楚所有重點，你可以借助榜樣人物，來幫助自己做進一步的探索；無論是向個人榜樣還是從遠距離觀察別人都沒關係。可以肯定的是：無論你以誰為榜樣，你不會想要完全照單全收。最終，你所學習的是行為與方法，但是你所擁有的核心價值和性格，應該要有定性。在某些情況下，你可能會發現某位榜樣人物的價值觀深深感動你，所以你重新調整了自己的價值觀，但即使這樣，你也需要忠於自己的本質。

另外，要記住榜樣人物不是用來互相比量的。我們永遠無法、也不應該試圖成為另一個人。只有在當這些面向與我們的性格、價值觀產生共鳴的情形下，我們可以鏡像模仿他們部分的為人處世方式。

處理任何關係的關鍵是，要抱持好奇與開放的心態，無論這個關係是個人、情境、還是理想榜樣。想像自己是一名偵探，透過觀察榜樣人物的特點，以助提升自己的行為。在這段關係中，你可能只需要榜樣人物的心理支持，或者你希望模仿他們的某些特質，以仿效他們達到目前的人生地位。例如，我看似外向，但事實是我不喜歡和人攀關係，其實我是個內向的人；因此，我應該找到一位內向、又能夠與之建立聯結，以期瞭解他們成功的方法。這可能表示我得觀察他們，或是和他們一起探討可行的方式，然後以對我有用的方法來應用所學。

以何人為榜樣

你應該以誰為榜樣呢？請記住，從你出生的那天起，你就一直以周遭的人做為榜樣。這並不是一件新奇的事，只不過現在你正要自我覺察地決定你要鏡像模仿誰及其理由。這真的要取決於你的需求。或許你只是想稍微修正自己某部分的行為：你可能想成為一名企業創辦人，因此想取法理查・布蘭森（Richard Branson），藉由閱讀他的傳記及媒體上有關他的文章。你還可能會同時找一位企業家，做為你的個人榜樣，或是觀察社區中的成功人士。

又或許你的需求是更為個人化，以及與情感相關的。例如，我們檢視非異性戀社群中的成員；當青少年試圖理清自己，瞭解自己的性別認同，決定何時以及如何向親友出櫃時，對他們而言，有人能夠理解、並且提供支持與建議是十分重要的。這種支持不會來自理想榜樣人物，而即使是個人榜樣，也要他們對你當下的處境有所理解與經驗才會有所助益。在這樣的情形下，如果社群中沒有你可以認可的人，那麼從網路尋求協助會更為容易。

先廣泛理解自己的需求，再研究誰是最能滿足這些需求，是找尋榜樣人物非常有用的方式。這個人應該是一位能夠支持你，一位你可以認同，並且表現出你所嚮往行為的人。這並不一定要歸結於單一個人。

當我輔導某些領導者時，他們通常很難找出效法的榜樣。在職業生涯的初期，他們可能尋找更有歷練的人，但是現在他們也躋身其中了。然而，他們仍然想要學習，而且他們仍然有能力學習：這可能代表著，要綜合許多不同人的特點來加以模仿與鏡像映射。也許學習馬丁・路德・金恩的溝通技巧，甘地以和平方式號召人們團結的能力，來自福特（Ford）的艾倫・穆拉利（Alan Mulally）帶領公司度過危機，亞歷克斯・佛格森（Alex Ferguson）的紀律與專注。他們也可能在領導圈子以外的運動界尋找——例如，貝瑟妮・漢密爾頓（Bethany Hamilton）在鯊魚襲擊中失去一條手臂後，還能復出衝浪——以至尋找像馬雅・安傑洛這類有智慧、勇氣與決心的人，或者是機長切斯利・「薩利」・沙林博格（Chesley 'Sully' Sullenberger）的冷靜與團隊合作，他在失去雙邊引擎動力後，還能把飛機降落在紐約哈德遜河（Hudson river）的河面上。

世界上有許許多多做出不可思議事情的人；我們只需要尋找，並保持開放心態，就能看見他們。他們可能甚至就在驀然回首之處。通常，我們可以以父母為榜樣，比起其他人，他們和我們之間有更多的共同點，我們可以思考他們做事的方法，或是特別擅長的事情，以及我們如何能更有自覺、更有效地鏡像模仿那些行為舉止。

你也可以找出那些你刻意想反鏡像模仿（某人身上那些你不希望相像的「小地方」）的人。例如，在醫學界，資淺的醫生經常說，他們是從見到資深醫生不道德的行為或輕率的批評，而學到對待病人不應有的言行。在這裡唯一要注意的地方是，要確保你的周遭沒有太多你想反鏡像模仿的人。我們無法總是察覺到自己所鏡像模仿、或從別人身上所吸取的所有事物，這就是為什麼選擇你想要鏡像模仿的榜樣人物是如此重要的原因。雖然某些資淺的醫生可能成功地反鏡像模仿，但其他醫生卻有可能鏡像模仿了不道德的行為。

如果榜樣人物無法幫助你成為最佳的自己，即使是「好」榜樣也不見得就是合適的榜樣，就算他們滿足了所有其他的條件。好榜樣人物的條件並非舉世皆然，因為我們每個人都有自己的個別差異。例如，我很欣賞格蕾塔·童貝里，但我大女兒和我先生並不怎麼欣賞她。但這無妨。我們每個人對世界都有自己獨特的偏好、需求與觀點。

你可以選擇一個人或十、二十、五十、一百個人為榜樣。這是你的決定。雖然人數太多了，你最後可能會有點無所適從。關鍵端看你的需求，找到可以滿足這些需求的人。你可以鏡像模仿三種不同類型的榜樣：個人榜樣、情境榜樣或理想榜樣。

他們分屬下列範疇。

榜樣			
	個人榜樣	**情境榜樣**	**理想榜樣**
模仿人物	父母 兄弟姊妹 親戚 朋友	醫療人員 親戚 老師 運動教練 朋友 同事 上司 社工人員 神職人員	名人 電視名人 網紅 電影明星 社運領袖 領導人 運動員 知名人士
其他可能人物	老師 運動教練 同事 上司 社工人員 神職人員		虛擬人物
互動頻繁度	高	中	低
關係持續時間	長期	不一定	不一定
場合	非正式	正式	虛擬
互惠性	雙向	有限度的雙向互惠	單向
鏡像思考			

個人榜樣

在個人榜樣中要注意一件重要的事情，那就是尋找一個讓你感覺自在的人。想想我們在本書中所討論過的要點；你要尋找的是一位能和你建立聯結，建立信任，你常見面或是在你需要的時候能夠撥出時間給你的人。在理想的狀況下，這個人也要具有足夠的同理心——這有幾個原因。比起同理心程度較低的人，足夠的同理心能使你對自己有好的觀感；可以為你示範社會情緒技巧，讓你能從中學習，因而幫助你更有效地建立人際關係。

你可能希望對你的個人榜樣明確表明你的需求，說明藉著這樣的做法，你試圖達成的目標。或者，你可能會發現，僅只是把他們當成傾訴的對象就夠了，就像是一位能與你分享他們的自身經驗，什麼可行，什麼不可行，原因何在的人。或許你可以選擇一位比較像是導師型的個人榜樣，然後其他人就只是你從旁觀察與鏡像模仿行為的人。

試著保持開放、好奇的心態，並考量哪些內容適合你的需求，為什麼適合你，以及哪些事情助益較少。觀察並學習。

情境榜樣

情境榜樣人物可能是你在近距離所觀察的人。或許是你所參加的健身課程指導者，觀察他激勵別人，或是他與班上成員互動的方式。也可能是你的家庭醫生，她的態度和方式讓你很自在；又或者是一位同事，你敬佩他的工作倫理。這些人是你可能會經常接觸到，卻沒有個人關係的人士。

理想榜樣

理想榜樣人物可以是任何人，但他們通常是你永遠不太可能碰面的人。這些人可能是歷史人物、社會名流、虛構人物、運動員、或是公眾知名人士。其中一個例子就是伊隆．馬斯克（Elon Musk），在他的眾多身份中，他以身為特斯拉（Tesla）的共同創辦人和 x.com 的創辦人（x.com 後來與 PayPal 合併）而聞名。馬斯克提出了關於將電腦與我們的大腦連結的絕佳概念，在洛杉磯的地面下建構地下隧道系統，讓汽車能以每小時一百三十英哩的時速行駛，或是太空旅遊，到火星上殖民，以及其他許許多多想法。這些想法現在看似瘋狂，但是 PayPal 和特斯拉在幾十年前看起來也是奇想。

馬斯克說起自己的童年：「我讀遍了我能買到的所有漫畫書。」[2] 他被漫畫書所包圍，完全沉浸其中。馬斯克的最愛是蝙蝠俠、超人、綠光戰警（Green Lantern）、奇異博士（Doctor Strange）和鋼鐵人（Iron Man）。一般認為，一九八〇年代的漫畫書中，以科學主導的故事情節，很可能激發了他對太空旅行、科技與能源的興趣。漫畫書作家暨漫畫學者大衛．路易斯（David Lewis）說：「我必須想像馬斯克吸收了這種觀念，就是有一類的英雄是聰明又具創意的人」[3]，鏡像映射蝙蝠俠和鋼鐵人的某些面向。路易斯還說：「如果他看漫畫書，那他會享受並接受其道德觀」，而這有可能「激勵他把自己想像成一個可能的超級英雄，撰寫屬於自己的超級英雄故事」。[4]馬斯克的榜樣人物成為他自己信仰體系的一部分，也就是他對透過科技為社會效力的價值觀與願景。

曼德拉代表一位結合了「個人」、情境、與理想榜樣的領袖人物。就曼德拉自己的理想榜樣而言，他閱讀傳記、聽聞歷史學家、參觀與他所欽佩或認為可茲學習的領袖相關的歷史遺跡。從馬可．奧理略到埃及法老王，他竭力閱讀與學習。他吸收了數百年的智慧，從遠古世界到現代世界，以幫助他理解領袖人物的陷阱。然後是當代的傑出人物——政治家、商界領袖與思想導師。無論你的理想榜樣是何人，你都無可避免地能夠在電視上看到他們，在社群媒體上看到他們，在新聞報導中讀到他們，而且他們很可能會在網路上發表談話，也可能有他們的傳記或自傳。

理想榜樣人物還包括運動明星、音樂家和電影明星。這些人透過自己的才藝和努力，才有今日的地位。他們並非完美無缺；要牢記，你不希望鏡像模仿他們所有的行為，也不希望在他們舉止失措時感到失望。喜愛並欣賞他們的「優點」，以及那些模仿有益的面向，但是不要奢求他們是完人。他們也是普通人。要記得，雖然你嚮往成為他們，但你是身處不同環境下的不同個人。努力成為自己最好的模樣，而且也要深究表面下的實情。前英格蘭橄欖球員強尼．威金森（Jonny Wilkinson）以射球能力聞名，而這不是只靠運氣或才能就能辦到的。他投入了大量時間努力練習，就在最近他說，他太耽溺於做到完美射球，所以對他的心理健康而言，這變成一種問題。事情並不總是如表象一樣。

對於任何來自螢幕上的榜樣，不要全盤接受他們的行事為人。正如我們在第十章所談論的，我們的自然傾向是，看到某人的某項成就，就代表他們所做的一切，以及他們的一切都值得效法。你所看到的，其中一部份是由公關公司和經紀人所打造的，另一些則是由想要促銷產品的廣告商所編造的；並非所有的一切都是真實的，也不是所有的一切都和他們成功的理由有關。更何況，你不會知道他們為了當前的表象所做的犧牲。

為了找出真正值得模仿的事物，看看讓他們成功的實際面——他們對目標的付出、決心、與對他人的體諒。如果你選擇一個不是藉由特殊才藝或成就而成名的名人，要特別牢記這點。他們在一個進化的社會中不可能會成功，雖然我們的社會不斷往前推進，但是我們的大腦和做為人的方式卻沒有改變。某些 Instagram、YouTube 或實境秀的明星，可能是很棒的人，值得鏡像模仿。他們或許很善於與人溝通——也許這就是他們能有今日成就的原因——如果這符合你的個性類型、喜好與目標，那可能值得鏡像模仿。但是，如果你是希望透過和他們相似而致成功，那是完全不同的另一回事。即使你想成為電視實境秀的明星或是網紅，單靠鏡像模仿他們或許會徒勞無功。環境變化如此之快，所涉及的因素和機遇之窗不斷變換。把現下的運動明星、領導者、或是任何領域的傑出人物，與過去五十年、一百年或更久遠年代的人物相比較，你會看到，獲得成功的基本原則並無二致；若只是為了想成名而成名，那通常就會欠缺成功的內涵。如果你真的想鏡像模仿名人，那就要瞭解他們所作所為的目的，是否和你的價值觀一致。想清楚，和他們如出一轍的行徑，是否真能幫助你達成你的想望，並且要剖析你認為有幫助的面向，進而和那些無所助益的面向區隔開來。

榜樣人物定位

以下的練習可以幫助你，依據自己人生希望專注的特定領域，來定位榜樣人物。端視你的核心驅力與需求而自行決定這些領域。每個部分都有一些範例，但是這些例子只是粗略的指標，不是讓你遵循的嚴格模式。

專注領域

你將來想成為什麼樣的人，你想在不同的生活領域中，發展什麼個人優勢或特質呢？這些領域可以是如下所列，或是其他任何你選擇用來定義自己的領域：

教養子女——你想如何教育自己的孩子？你期望誰來指點你的教養課題，幫助你在教養子女的某些方面做得更好？

個人成長——你景仰什麼人，以期在個人的價值觀、態度、個人發展和精神生活方面，有所成長？

休閒——說到休閒時光、休閒活動、嗜好、對休閒的態度方面，你想效法或鏡像模仿誰？你希望如何運用自己的創造力，放鬆並有樂趣？你想從事何種活動？你想要有哪種假期？

健康——在活出健康的生活型態方面，過著一種抱持積極對健身、健康飲食、健康生活的正向態度，誰是讓你想要模仿的榜樣呢？

工作——工作或職業的未來走向為何？在你的領域或更廣的範圍，你景仰何人？在你希望改進的特定行為上，有誰能當你的榜樣？誰是你所敬重、可以學習的人？

學習——誰渴望知識，對學習充滿好奇心與渴望？誰在遭遇困難後，力圖振作，並且繼續努力？誰渴望活到老學到老？

社區——在你認識或所見的人當中，誰有讓你尊敬或景仰的社區意識？有沒有什麼事情是你可以向他們效法的？誰對社區或更廣的社會議題所持立場是你所敬佩的？

環境——是否有人在愛護環境、氣候、和大自然的做法上引起你的共鳴？你想借鏡或模仿他們任何的行為、態度或方法嗎？

家庭關係——有誰對待他們的伴侶、父母、子女和親戚的方式，是你想模仿的？論及家庭關係時，你有什麼能夠改進的地方？家人中你想效法誰的行為呢？

社會關係——你所認識的人當中，有誰善於建立正向且具建設性的社會關係？有誰會維繫大家的關係？誰可以使大家對自己的感覺良好呢？誰是大家的好朋友？

圖 1

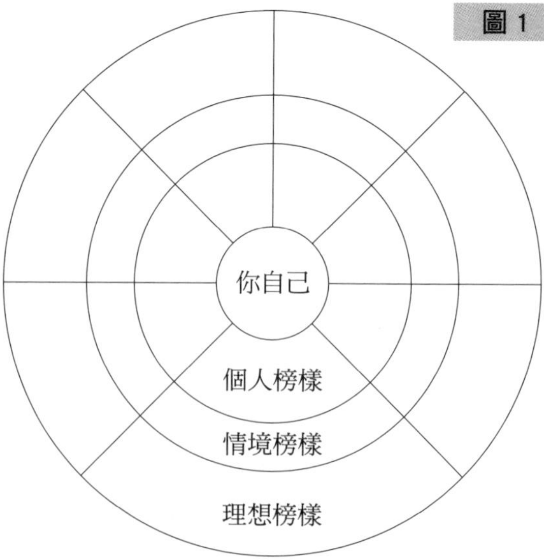

專注領域

教養子女
個人成長
休閒
健康
工作
學習
社區
環境
家庭關係
社會關係
日常生活

一般生活——你尊重或敬佩哪個人的價值觀、對待生活的取向和態度，並且想要效法？

選擇你想專注的領域。或許只是某一種領域，例如家庭關係，或者也可能是更為細分的部份，如圖2的範例所示。

或者也可以是好幾個領域，如圖3所示。

把你想鏡像模仿的人的名字寫在每個圓圈中，將個人榜樣放在第一圈，情境榜樣放在第二圈，理想榜樣放在第三圈。在圖3，我把父親放在理想榜樣，而不是個人榜樣，因為他去世多年，所以無法再和他維持個人關係。對於你仍然會想起，且希望效法的親戚或親近的朋友來說，也可能是這種狀況。

增加細節

然後，你可能會想要填寫表格1，增加更多細節。這可以讓你清楚列出你想要鏡像模仿的內容，或者甚至是你想反鏡像模仿的內容，以及如何評估自己的進展。

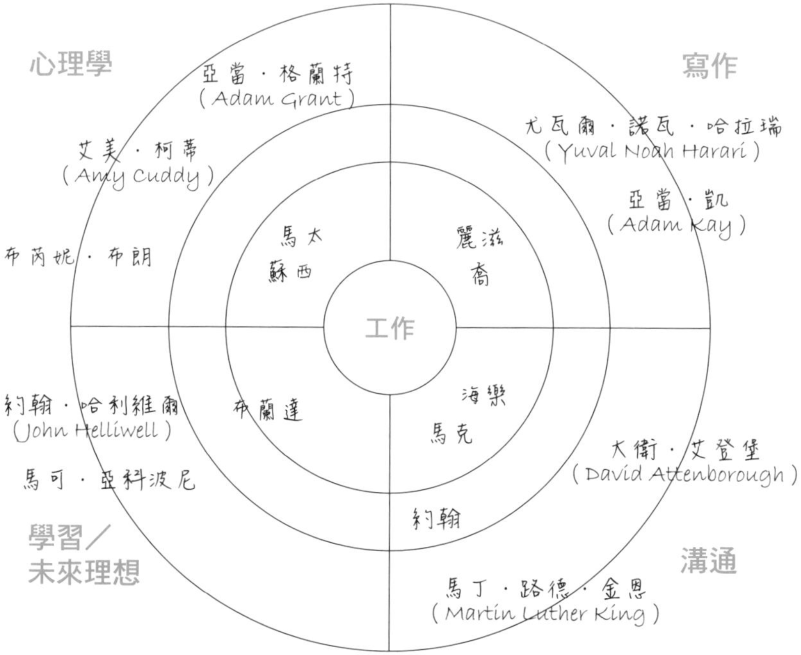
心理學
寫作
亞當·格蘭特
(Adam Grant)
艾美·柯蒂
(Amy Cuddy)
布芮妮·布朗
尤瓦爾·諾瓦·哈拉瑞
(Yuval Noah Harari)
亞當·凱
(Adam Kay)
馬太
蘇西
麗滋
喬
工作
約翰·哈利維爾
(John Helliwell)
馬可·亞科波尼
布蘭達
海樂
馬克
大衛·艾登堡
(David Attenborough)
約翰
學習／
未來理想
溝通
馬丁·路德·金恩
(Martin Luther King)

圖 2

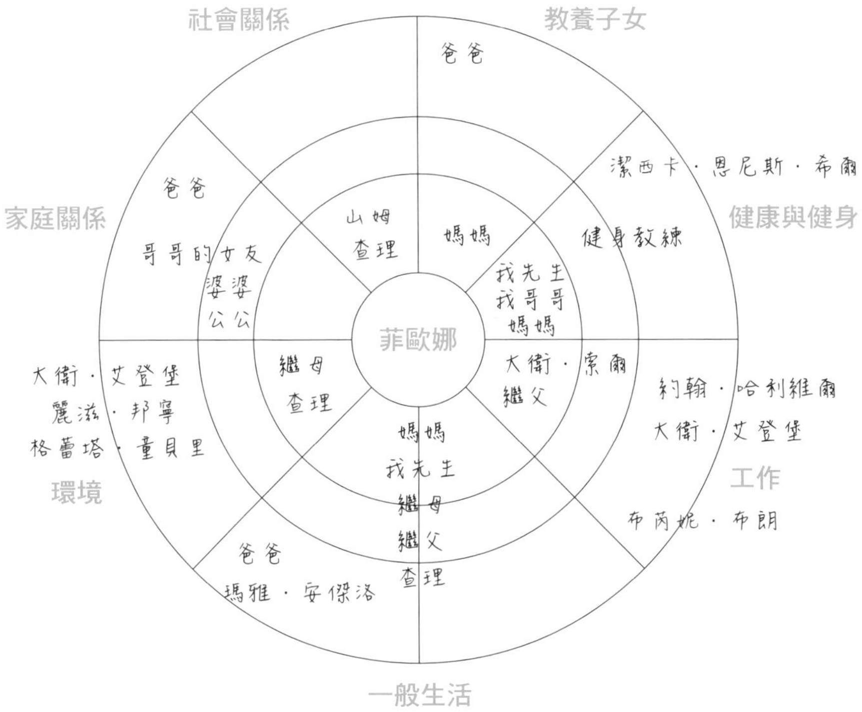
社會關係
教養子女
爸爸
潔西卡·恩尼斯·布爾
健康與健身
家庭關係
爸爸
哥哥的女友
婆婆
公公
山姆
查理
媽媽
健身教練
我先生
我哥哥
媽媽
菲歐娜
繼母
查理
大衛·索爾
繼父
大衛·艾登堡
麗滋·邦寧
格蕾塔·童貝里
環境
約翰·哈利維爾
大衛·艾登堡
工作
媽媽
我先生
繼母
繼父
查理
布芮妮·布朗
爸爸
瑪雅·安傑洛
一般生活

圖 3

表 1

專注領域	榜樣人物的名字（榜樣類型）	鏡像模仿項目	反鏡像模仿項目	如何評估成效
例如，工作（做簡報時的溝通技巧）	哈利（情境榜樣——不同部門的同事）	對技術細節的理解，簡化資訊使人易懂的能力	急促的說話風格	對自己嘗試新方法之前與之後的溝通風格，請自己信任的人給予回饋意見

結語　借鏡與為人

鏡像神經元使我們得以為人。它讓我們得以交談、學習、傳遞知識、與他人聯結、相親相愛、建立有意義的人際關係。它容許我們體會周遭人的喜悅與悲愁。沒有它，我們無法具有創造力；我們將無法做白日夢、無法幻想、無法說故事，也無法創作偉大的藝術作品、樂章、電影、與文學巨著。我們根本不可能從史前的洞穴居民，發展成今日的人類。鏡像神經元的確成就了我們今日之樣貌。

這同時意味著，鏡像神經元也要對那些我們所不樂見的事情負責。榜樣人物與鏡像模仿造成了許多我們所承受的問題，包括恐怖主義興起、青少年暴力增加、飲食失調攀升、以及經由社交媒體而加劇的心理健康危機。

著名的英裔美國歷史學家大衛．克里斯欽（David Christian）以開創被稱為「大歷史」（Big History）的科際整合方法而著稱，他認為使人類與其他萬物不同的是人類集體學習的能力。

他將其定義為「分享、儲存、與運用資訊的能力」。[1] 當人類的大腦在五萬年前停止演化，我們過去以覓食求生的祖先開始集體學習。我們的祖先傳承了使他們得以適應在不同天候下生存的訊息，分享有關食物來源的知識，並且改進器具開發。知識代代傳承。在每一時期，在每一世代，有關如何在環境中蓬勃發展的知識都有所修正、更臻完善、日益進步。約於四萬四千年前，我們開始以洞穴壁畫的形式，留下我們的故事，向世世代代的子孫揭示過往的生活，建立了跨世代鏡像模仿的平臺。

畢竟，學習的傳遞乃透過觀察、實做、與說故事，傳授予下一代，在過去與現代，仍舊有賴鏡像系統。思想進展的一小步，得花上數個世代的時間。人類一直到大約公元前三千三百年才發展出書寫的能力。突然間，這讓集體學習有了驚人的躍進；思想能被記錄下來，更快速的交流，並集思廣益。我們的先祖不再完全依賴鏡像系統。然而，許多的進步仍然有賴鏡像思考——社會結構的建立、正義、共同的宗教信仰、人權與普世持守的人類價值。

短短的幾十年間，像網路這類的科技，使資訊傳輸的速度和數量，得以急遽提升。在數百年前要花上某個村落一整個世代才能學會的事物，現在數秒內就傳遍全球——集體學習的規模和速度，呈指數增長。

像這類學習的可能性，令人歎為觀止。以美國國家航空暨太空總署（NASA）的開放式創新計劃為例，該計劃利用來自全球公民的知識，來解決特定問題。美國國家航空暨太空總署的太空應用程式競賽（Space Apps Challenge），被形容為「為期兩天的駭客馬拉松，在此競賽中，來自全球各地的科技人員、科學家、設計師、藝術家、教育家、企業家、開發人員、以及學生所組成的團隊，互相合作，利用公開資料，為世界各地的問題，設計出創新的解決方案」。[2] 該計劃召集了來自九十一個不同地區的八千多位人士，在48個小時內，解決了四十個全球性的挑戰，他們的主要目標在於「幫助改善地球上的生活」。

解決方案包括像是稱為農作物應用程式（CROPP）的行動應用程式之類的科技，透過程式收集資訊，以提供農民即時的農作物風險評估，幫助他們提高收成。蝗蟲、疾病和其他蟲害破壞高達30％的農作物，直接影響到農民的生計。這項創新科技使用裡面裝有感應器的簡單塑膠瓶。感應器從田野收集資料，之後資料會被發送到雲端的伺服器，再與衛星影像的資料結合，以便向農民提供預警訊號，好讓農民為潛在的威脅做好準備。這樣可以大幅減低農作物歉收的風險。像這類可以澈底改變農業的奇妙科技，僅僅花費不到兩天的時間，就跨越洲際大陸，設計完成。有愈來愈多的企業組織，以和美國國家航空暨太空總署相同的方式合作，讓跨越全球疆界的知識與創新的交流成為可能，加快找到解決辦法的時間，積極尋找食品安全、能源產出、及醫學研究的解決方案。問題是，儘管我們有這麼奇妙先進的方式來分享科學，但為什麼世界上仍然有事情會出錯？為什麼會有貧窮、犯罪、虐待、恐怖主義、肥胖症及其他錯謬呢？我們是否專注於錯誤的事情上呢？我們是否根本錯看借鏡了？

做為一個物種，人類正處於關鍵時刻：儘管我們大肆提高了解決問題的能力，但我們也經由損害自然的社會共享、模仿、與觀察機會，而扼殺自己的鏡像系統。我們正以前所未有的速度創造解決問題的方案，但是我們同樣可以說，我們正以更快的速度製造問題。我們生活的步調正在消滅每個人在其一生中充分發揮的機會，抑制我們為人的潛力。例如，一項由密西根大學（University of Michigan）公益慈善研究的副教授莎拉．孔瑞斯（Sara Konrath）在二〇一〇年進行的研究，調查了將近一萬四千人，結果顯示，同理心的程度在一九七九年到二〇〇九年之間下降了48％，下降幅度最大的是在二〇〇〇年到二〇〇九年[3]之間，而這主要是由於科技的關係，人們和自己本能的運作方式相去日遠。我們像社會情緒殭屍一般遊走，太過忙碌又不專心，無法投注於一些能發展我們的同理心、處事、或嫻熟人情能力的生活細節上。我們的腦袋迷失於觀看 Twitter 和 Instagram，而不是環顧四周，尋思如何能更好地發揮自己的潛力。如果你我無法發揮自己的潛力，那麼很可能另一個人也沒辦法。而且，令人擔憂的是，缺乏同理心，我們就無法建立有效的人際關係。這樣一來，整個社會該何去何從？

不幸的是，問題並不止於此。我們的鏡像系統被更快的生活步調所抑制，且科技進步通常是傾向圖利商業集團，而非造福社會或人類的關心議題。雖然創造出像 CROPP 之類很棒的解決方法，但這些進展更常被利用於製作運算法，以在商業平臺上促銷商品，而不是用來使世界成為更加美善之地。甚至我們在行為科學中所獲得的知識，也往往被用於消費我們，而不是為人類的好處效力。

舉例而言，科技鉅子從最享盛譽的學府聘用一些最傑出的學者，利用他們對行為的洞察力來獲取商業利益。世界上一些最具創意的頭腦，費盡心思在於如何讓我們使用他們的行動應用程式，或是神奇地在社交媒體置入顯示購買某項商品的建議。有人甚至聲稱，社交媒體可以在當事人察覺之前就可預測情侶分手，然後開始利用這項知識「推銷」因應而生的新生活方式。而同時，政府卻反應遲鈍，甚至不願意採納這些相同的洞見，以訂定更有效的政策，解決其他的社會問題。這種錯置與失衡意味著，在人道考量上，文明的確有倒退的風險，研究也支持此項說法。

當我們坐下來看新聞報導時，我們看到的是感覺上愈來愈多的大規模槍擊事件，憂鬱症和自殺率上升，仇恨和激進主義更嚴重，我們都想做點什麼事——卻無能為力。我們試圖大聲疾呼，使用現代科技來呼籲，每天在網路上貼出以千百萬計的訊息，但這只會讓我們終日惶惶，損及我們為人的能力。我們利用科技的進步，創造解決辦法。例如，像憂鬱症這種令人頹喪的疾病，現在可以用藥物治療，但在一個世紀之前，這是不可能的。此外，我們也利用科技的進步，加快生活步調，通常是為了商業利益，這造成了大腦與環境之間不協調的情況愈來愈嚴重。這反而是代表，雖然我們現在可以治療憂鬱症，但整體心理健康惡化程度正在急劇上升。美國的自殺率從二〇〇一年以來增加了31%。[4] 換言之，藥物顯然無法解決問題。

我們需要預防而非治療

神經科學已經產生了一些令人難以置信的洞見，將來還會有更多發現。下一步就是利用這些知識，將其以適合並充分發揮我們為人本質的方式，與其他先進科技整合——例如人工智慧科技。所有證據顯示，當我們以大腦最自然的方式加以運用，就是利用榜樣人物與集體鏡像思考，做為分享社會情緒學習的基礎時，我們就有潛力做出令人驚奇的事情。再加上運用科技進步來造福人類，我們將使世界變得更為美善。

如果我們善用大腦，而不是反其道而行，並且利用這類科技知識，就能打破我們生活中的許多負面循環，並且改善下一代的生活。注意這些因素，不要讓世界的先進科技抑制我們為人的能力，將有助於確保每個人都更能實現他們的充分潛能。

重要的是，證據顯示，建立孩子行為技能的優先次序極其重要。確保孩子在學校接受社會情緒的學習，會帶來正向效果，其中包括更佳的心理健康、提升體能健康，並且較可能獲得良好工作與有意義的生活方式。為達到這個目標，我們需要賦予老師能力來傳授這些技能，而不要因為受指定考試的阻撓而失能。或許最重要的是，孩子們需要擺脫社交媒體冷酷又容易上癮的困境。如果我們能夠增進年輕孩子的鏡像思考，研究顯示，這將有助於削減虐待、暴力、與犯罪代代相傳的趨勢。

在集體層面，更注重自己的社會情緒狀況，對自己的本質建立更好的理解，有助於緩解無數的全球性課題，包括選出拙劣的領導人、經濟危機、肥胖症的流行、所面對的恐怖主義危機、國際間的衝突、全球氣候暖化、甚至是減輕貧困。

所以我們該如何做以確保這個願景能實現呢？當我們看到科技對社會的負面影響時，我們該如何對科技的使用加以規範呢？酗酒、賭博、吸毒、甚至糖攝取量都該受到規範，因為它們會傷害個人的生活與社區。很少有人會批評這些規定。對這些問題的解決辦法不一定得是創舉才可能回復我們自然的生存方式——容許兒童使用社交媒體平臺的年齡或許可以提高一些，或是按照年齡設限每天使用社群媒體的時間。這樣可以確保孩子花更多時間在面對面學習他們所生活世界中的社會情緒細微之處。把對行為的洞見運用在行善而非營利，應被政府與那些從中獲取暴利的企業視為優先事項，而不是事後補救。

你現在可能對我們人類彼此之間休戚相關的程度有更深入一點的瞭解。問題是——你如何回應？你要做一名對社交與感受無動於衷的人，還是要去認識這個世界及你周遭的人呢？你是一位獨一無二的人，但是只有當我們與他人互動時，你的獨特性才有其意義，由內而外激勵你周遭人的生活。我們對這個世界擁有共同的經驗，這種共同的理解再加上彼此的依存，以及蓬勃發展的能力。就像我們需要吃喝才能存活——我們需要與其他人互動。就像水的品質與食物的營養成分會影響我們的身體一樣，我們彼此間的互動也會影響我們的心智與精神層面。沒有這種聯結，我們的道德感與價值觀都將面臨喪失的危機。

如果你選擇試著去「觀察」周遭所發生的事情，哪些是你能接受的行為，以及你如何回應，那麼你可以在某種程度上控制自己的大腦所受到的影響。你也可以選擇把自己理想中的世界反映在自己的行為上，雖然你我可能無法改變整個社會，但我們當然可以開啟一種自我的良性循環。我們每個人一生中大約會遇到八萬人，如果他們能從我們身上領受某些良善的德行，然後將其傳遞給另外八萬個人，那我們理論上能夠影響六十四億人口。如果這些人也能接續下去，那麼數字自己會說話。

想像一下，如果下次你買咖啡的時候不再盯著手機看，而是在點咖啡之前，抬頭對著咖啡店的店員微笑——一個簡單的互動，就能夠產生連鎖反應。想像一下，如果全神貫注看著孩子玩耍，不回覆簡訊，那麼你會透過鏡像映射，教會他們關愛與讚美的重要性。

每一次互動的品質會改善一段人際關係，增加我們傳遞知識的機會，並且強力提升我們對人際關係的理解。一個正向互動不可見的骨牌效應，會是巨大的——事實上，它將會影響全人類。

致謝

感謝裘．迪．佛瑞斯（Jo de Vries）不懈的支持，讓我的想法終能付梓。感謝艾瑪（Emma）從最初就開始幫忙。謝謝安娜（Anna），她是一位有求必應的編輯總監；謝謝愛蜜麗（Emily），她是一位溫柔的文字編輯。謝謝安東尼．佛斯特（Anthony Forster）教授許多發人深省的對話，這些對話總是激起令人興奮的思潮。感謝教導我理解鏡像神經元功能的所有學者，特別是馬可．亞科波尼教授，他慷慨、謙虛、聰明絕頂。

感謝布蘭達（Brenda），妳是一位正能量的榜樣，感謝伊莉（Izzi）閱讀我思路尚不清晰的文稿，感謝媽媽做我們所有人的支柱。謝謝我的女兒——我太愛妳們了，還有克里斯（Chris），你的確是使我變得完整的另一半。

感謝我一生中所鏡像模仿的每一個人，特別是影響我童年的所有家人——彼得、媽媽、爸爸、蓋兒（Gail）與麥爾坎（Malcolm）。

參考資料

前言

1 Hofman, M. A. 2014. Evolution of the human brain: when bigger is better. *Frontiers in neuroanatomy* 8, 15.

2 Maclean, P. 1985. Evolutionary psychiatry and the triune brain. *Psychological Medicine* 15(2): 219–221.

3 www.lexico.com/en/definition/role_model

4 Ramachandran, V. S. (2000). Mirror neurons and imitation learning as the driving force behind 'the great leap forward' in human evolution. www.edge.org/3rd_culture/ramachandran/ramachandran_index. html

5 Cannon, E. N. & Woodward, A. L. 2008. Action anticipation and interference: a test of prospective gaze. CogSci Annual Conference of the Cognitive Science Society Vol. 2008, p. 981.

6 Rhodes, J. E. & DuBois, D. L. 2008. Mentoring relationships and programs for youth. *Current Directions in Psychological Science* 17(4): 254–258.

第一章

1 www.developingchild.harvard.edu/science/key-concepts/brain-architecture

2 www.developingchild.harvard.edu/science/key-concepts/brain-architecture

3 There is currently disagreement over whether we are born with or develop the aspects of the mirror system, but I personally ascribe to the latter.

4 Užgiris, I. Č., Benson, J. B., Kruper, J. C. & Vase"k, M. E. 1989. Contextual influences on imitative interactions between mothers and infants. *Action in social context*. Springer, Boston, 103–127.

5 Fogel, A., Toda, S., & Kawai, M. 1988. Mother-infant face-to-face interaction in Japan and the United States: a laboratory comparison using three-month-old infants. *Developmental Psychology* 24(3): 398.

6 www.developingchild.harvard.edu/resources/inbrief-science-of-ecd

7 McNeil, M. C., Polloway, E. A. & Smith, J. D. 1984. Feral and isolated children: Historical review and analysis. *Education and training of the mentally retarded* 70–79.

8 Meltzoff, A. N. & Moore, M. K. 1977. Imitation of facial and manual gestures by human neonates. *Science* 198(4312): 75–78.

9 Heyes, C. 2018. *Cognitive Gadgets: The cultural evolution of thinking*. Harvard University Press, Cambridge, MA.

10 Ramachandran, V. S. (2000). Mirror neurons and imitation learning as the driving force behind 'the great leap forward' in human evolution. www.edge.org/3rd_culture/ramachandran/ramachandran_index.html

11 Epigenetics refers to the environmental influences that lead to a gene being switched on or off, which results in each person's mirror system developing and adapting through exposure to different experiences, relying heavily on these interactions with the social environment.

12 Pawlby, S. J. 1977. *Imitative Interaction: Studies in mother-infant interaction*. New York Academic Press, 203–224.

13 Haviland, J. M. & Lilac, M. 1987. The induced after affect response: 10-week-old infants responses to three emotion expressions. *Developmental Psychology* 24: 223–229.

14 Lenzi, D., Trentini, C., Pantano, P., Macaluso, E., Iacoboni, M., Lenzi, G. L. & Ammaniti, M. 2009. Neural basis of maternal communication and emotional expression processing during infant preverbal stage. *Cerebral Cortex* 19(5): 1124–1133.

15 Ebisch, S. J., Aureli, T., Bafunno, D., Cardone, D., Romani, G. L., & Merla, A. 2012. Mother and child in synchrony: thermal facial imprints of autonomic contagion. *Biological psychology* 89(1): 123–129.

16 Yang, C. 2006. *The Infinite Gift: How children learn and unlearn the languages of the world*. Scribner, New York.

17 Hoff, E., Core, C., Place, S., Rumiche, R., Señor, M. & Parra, M. 2012. Dual language exposure and early bilingual development. *Journal of Child Language* 39(1): 1–27.

18 Plante-Hébert, J. & Boucher, V. J. 2015. Effects of nasality and utterance length on the recognition of familiar speakers. International Congress of Phonetic Science, Glasgow, United Kingdom.

19 Von Kriegstein, K. & Giraud, A. L. 2006. Implicit multisensory associations influence voice recognition. *PLoS biology* 4(10).

20 Tettamanti, M., Buccino, G., Saccuman M. C., Gallese, V., Danna, M., Scifo, P., Fazio, F., Rizzolatti, G., Cappa, S. F. & Parani, D. 2005. Listening to action-related sentences activates fronto-parietal motor circuits. *Journal of Cognitive Neuroscience* 17: 273–281.

21 Fazio, P., Cantagallo, A., Craighero, L., D'ausilio, A., Roy, A. C., Pozzo, T., Calzolari, F., Granieri, E. & Fadiga, L. 2009. Encoding of human action in Broca's area. *Brain* 132(7): 1980–88.

22 www.developingchild.harvard.edu/resources/inbrief-science-of-ecd

23 www.hunewsservice.com/news teens-look-up-to-parents-not-celebrities-andathletes-as-role-models

24 Madhavan, S. & Crowell, J. 2014. Who would you like to be like? Family, village and national role models among black youth in rural South Africa. *Journal of Adolescent Research* 29(6): 716–737.

25 www.scmp.com/magazines/post-magazine/long-reads/article/2169346/one-year-adopted-girl-reunited-birth-parents

26 Widom, C. S., Czaja, S. J. & DuMont, K. A. 2015. Intergenerational transmission of child abuse and neglect: real or detection bias? *Science* 347(6229): 1480–1485.

27 Kandel, D. B., Griesler, P. C. & Hu, M. C. 2015. Intergenerational patterns of smoking and nicotine dependence among US adolescents. *American Journal of Public Health* 105(11):e63–e72.

28 Murden, F. 2018. *Defining You: How to profile yourself and unlock your full potential*. Nicholas Brealey, London.

29 https://www.goodreads.com/quotes/492199-my-parents-raisedme-to-never-feel-like-i-was
30 Murden, F. 2018. *Defining You: How to profile yourself and unlock your full potential*. Nicholas Brealey, London.
31 Lindquist, M. J., Sol, J. & Van Praag, M. 2015. Why do entrepreneurial parents have entrepreneurial children?. *Journal of Labor Economics* 33(2): 269–296.
32 www.telegraph.co.uk/culture/film/starsandstories/11395314/Fifty-Shades-Dakota-Johnson-on-sex-scenes-and-her-famous-parents.html
33 Beede, D. N., Julian, T. A., Langdon, D., McKittrick, G., Khan, B. & Doms, M. E. 2011. Women in STEM: a gender gap to innovation. *Economics and Statistics Administration Issue Brief* 4–11.
34 Olsson, M. I. T. & Martiny, S. E. 2018. Does exposure to counterstereotypical role models influence girls' and women's gender stereotypes and career choices? A review of social psychological research. *Frontiers in Psychology* 9: 2264.
35 Olsson, M. I. T. & Martiny, S. E. 2018. Does exposure to counterstereotypical role models influence girls' and women's gender stereotypes and career choices? A review of social psychological research. *Frontiers in Psychology* 9, 2264.
36 www.time.com/4821462/melinda-gates-advice-from-father
37 www.evoke.org/articles/june-2019/Data-Driven/Fresh_Takes/the-difference-a-dad-can-make
38 Geher, G. 2000. Perceived and actual characteristics of parents and partners: a test of a Freudian model of mate selection. *Current Psychology* 19(3): 194–214.
39 Vaughn, A. E., Martin, C. L. & Ward, D. S. 2018. What matters most – what parents model or what parents eat?. *Appetite* 126: 102–107.
40 Reicks, M., Banna, J., Cluskey, M., Gunther, C., Hongu, N., Richards, R., Topham, G. & Wong, S. S. 2015. Influence of parenting practices on eating behaviors of early adolescents during independent eating occasions: implications for obesity prevention. *Nutrients* 7(10): 8783–8801.

第11章

1 www.telegraph.co.uk/health-fitness/body/alistair-brownlee-mum-wouldnthave-been-happy-if-id-left-jonny-b
2 www.telegraph.co.uk/health-fitness/body/alistair-brownlee-mum-wouldnthave-been-happy-if-id-left-jonny-b
3 www.joshuas.io/brownlee-brothers-brotherhood-beyond
4 Alba, R. D. & Kadushin, C. 1976. The intersection of social circles: a new measure of social proximity in networks. *Sociological Methods & Research* 5(1): 77–102.
5 Tukahirwa, J. T., Mol, A. P. J. & Oosterveer, P. 2011. Access of urban poor to NGO/CBO-supplied sanitation and solid waste services in Uganda: the role of social proximity. *Habitat International* 35(4): 582–591.
6 McHale, S. M. & Crouter, A. C. 1996. *The family contexts of children's sibling relationships*. Ablex Publishing, New York.
7 Nicoletti, C. & Rabe, B. 2019. Sibling spillover effects in school achievement. *Journal of Applied Econometrics* 34(4): 482–501.
8 Tucker, C. J., Updegraff, K. A., McHale, S. M. & Crouter, A. C. 1999. Older siblings as socializers of younger siblings' empathy. *The Journal of Early*

Adolescence 19(2): 176–198.
9 Jambon, M., Madigan, S., Plamondon, A., Daniel, E. & Jenkins, J. 2018. The development of empathic concern in siblings: a reciprocal influence model. *Child Development*.
10 Pollack, W. S. 2006. The 'war' for boys: hearing 'real boys' voices, healing their pain. *Professional Psychology: Research and Practice* 37(2): 190.
11 Iacoboni, M. 2009. Imitation, empathy and mirror neurons. *Annual Review of Psychology* 60: 653–670.
12 Pfeifer, J. H. & Dapretto, M. 2011. Mirror, mirror, in my mind: empathy, interpersonal competence and the mirror neuron system. *The Social Neuroscience of Empathy* 183.
13 Rizzolatti, G. 2005. The mirror neuron system and its function in humans. *Anatomy and Embryology* 210(5–6): 419–421.
14 Slomkowski, C., Rende, R., Novak, S., Lloyd-Richardson, E. & Niaura, R. 2005. Sibling effects on smoking in adolescence: evidence for social influence from a genetically informative design. *Addiction* 100(4): 430–438.
15 Wall-Wieler, E., Roos, L. L. & Nickel, N. C. 2018. Adolescent pregnancy outcomes among sisters and mothers: a population-based retrospective cohort study using linkable administrative data. *Public Health Reports* 133(1): 100–108.
16 Lyngstad, T. H. & Prskawetz, A. 2010. Do siblings' fertility decisions influence each other? *Demography* 47(4): 923–934.
17 www.fortune.com/2013/03/22/the-hatred-and-bitterness-behind-two-of-the-worlds-most-popular-brands
18 www.adidassler.org/en/life-and-work/chronicle
19 Smit, B. 2008. *Sneaker Wars: The enemy brothers who founded Adidas and Puma and the family feud that forever changed the business of sport*. CCCO/HarperCollins, New York.
20 www.bundesligafanatic.com/20160817/adidas-vs-puma-part-2-key-battles
21 www.thesun.co.uk/sport/1642200/ed-brownlee-tells-the-sunwhat-its-like-to-be-the-big-burly-one-following-olympic-triathlonbrothers-jonny-and-alistairs-win
22 Bank D. P. & Kahn M. D. 1997. *Adult Sibling Relationship. The Sibling Bond*. Basic Books, New York.
23 Yang, J., Hou, X., Wei, D., Wang, K., Li, Y. and Qiu, J. 2017. Only-child and non-only-child exhibit differences in creativity and agreeableness: evidence from behavioral and anatomical structural studies. *Brain Imaging and Behaviour* 11(2): 493–502.
24 McHale, S. M., Updegraff, K. A. & Whiteman, S. D. 2012. Sibling relationships and influences in childhood and adolescence. *Journal of Marriage and Family* 74(5): 913–930.
25 Society for Research in Child Development. Younger and older siblings contribute positively to each other's developing empathy. *ScienceDaily* 20 February 2018.
26 Chambers, S. A., Rowa-Dewar, N., Radley, A. & Dobbie, F. 2017. A systematic review of grandparents' influence on grandchildren's cancer risk factors. *PloS One* 12(11).
27 www.ox.ac.uk/research/research-impact/grandparents-contributechildrens-wellbeing

28 Profe, W. & Wild, L. G. 2017. Mother, father and grandparent involvement: associations with adolescent mental health and substance use. *Journal of Family Issues* 38(6): 776–797.
29 Zeng, Z. & Xie, Y. 2014. The effects of grandparents on children's schooling: evidence from rural China. *Demography* 51(2): 599–617.
30 www.gla.ac.uk/news/archiveofnews/2017/november/headline_559766_en.html
31 Elias, N., Nimrod, G. & Lemish, D. 2019. The ultimate treat? Young Israeli children's media use under their grandparents' care. *Journal of Children and Media* 13(4): 472–483.
32 Nimrod, G., Elias, N. & Lemish, D. 2019. Measuring mediation of children's media use. *International Journal of Communication* 13: 17.
33 The opening sentences from Mandela's statement from the dock at the Rivonia Trial, April 1964.
34 Johnson, S. K., Buckingham, M. H., Morris, S. L., Suzuki, S., Weiner, M. B., Hershberg, R. M., Fremont, E. R., Batanova, M., Aymong, C. C., Hunter, C. J. & Bowers, E. P. 2016. Adolescents' character role models: exploring who young people look up to as examples of how to be a good person. *Research in Human Development* 13(2): 126–141.
35 Beam, M. R., Chen, C. & Greenberger, E. 2002. The nature of adolescents' relationships with their 'very important' non-parental adults. *American Journal of Community Psychology* 30(2): 305–325.
36 Hurd, N. M., Zimmerman, M. A. & Reischl, T. M. 2011. Role model behavior and youth violence: a study of positive and negative effects. *The Journal of Early Adolescence* 31(2): 323–354.
37 www.nytimes.com/1984/04/09/style/relationships-the-roles-of-unclesand-aunts.html

第三章

1 Guinn, J., 2010. *Go Down Together: The true, untold story of Bonnie and Clyde*. Simon and Schuster, New York. 59.
2 www.theatlantic.com/magazine/archive/2003/09/people-like-us/302774
3 Telzer, E. H., Fuligni, A. J., Lieberman, M. D. & Galván, A. 2013. Ventral striatum activation to prosocial rewards predicts longitudinal declines in adolescent risk-taking. *Developmental Cognitive Neuroscience* 3: 45–52.
4 Klucharev, V., Munneke, M. A., Smidts, A. & Fernández, G. 2011. Downregulation of the posterior medial frontal cortex prevents social conformity. *Journal of Neuroscience* 31(33): 11934–11940.
5 Campbell-Meiklejohn, D. K., Bach, D. R., Roepstorff, A., Dolan, R. J. & Frith, C. D. 2010. How the opinion of others affects our valuation of objects. *Current Biology* 20(13): 1165–1170.
6 Christakis, N. A. & Fowler, J. H. 2007. The spread of obesity in a large social network over 32 years. *New England Journal of Medicine* 357(4): 370–379.
7 Christakis, N. A. & Fowler, J. H. 2007. The spread of obesity in a large social network over 32 years. *New England Journal of Medicine* 357(4): 370–379.
8 Katzenbach J. R. & Khan, Z. 2010. Positive peer pressure: a powerful ally to change. *Harvard Business Review* 6 April 2010.

9 Paluck, E. L., Shepherd, H. & Aronow, P. M. 2016. Changing climates of conflict: a social network experiment in 56 schools. Proceedings of the National Academy of Sciences 113(3): 566–571.

第四章

1 www.independent.co.uk/voices/aylan-kurdi-death-three-yearanniversary-child-refugee-home-office-a8518276.html
2 www.thegua rdian.com/world/2015/dec/22/abdul l ah-kurdifather-boy-on-beach-alan-refugee-tragedy
3 www.theguardian.com/world/2015/sep/02/shocking-image-of-drowned-syrian-boy-shows-tragic-pl ight-ofrefugees
4 www.independent.co.uk/voices/aylan-kurdi-death-three-yearanniversary-child-refugee-home-office-a8518276.html
5 Hein, G., Engelmann, J. B., Vollberg, M. C. & Tobler, P. N. 2016. How learning shapes the empathic brain. *Proceedings of the National Academy of Sciences* 113(1): 80–85.
6 www.theguardian.com/society/2018/oct/04/increasing-numberof-britons-think-empathy-is-on-the-wane
7 Konrath, S. H., O'Brien, E. H. & Hsing, C. 2011. Changes in dispositional empathy in American college students over time: a meta-analysis. *Personality and Social Psychology Review* 15(2): 180–198.
8 Ferrari, P. F., Gallese, V., Rizzolatti, G. & Fogassi, L. 2003. Mirror neurons responding to the observation of ingestive and communicative mouth actions in the monkey ventral premotor cortex. *European Journal of Neuroscience* 17(8): 1703–1714.
9 Hutchison, W. D., Davis, K. D., Lozano, A. M., Tasker, R. R. & Dostrovsky, J. O. 1999. Pain-related neurons in the human cingulate cortex. *Nature Neuroscience* 2(5): 403.
10 Hutchison, W. D., Davis, K. D., Lozano, A. M., Tasker, R. R. & Dostrovsky, J. O. 1999. Pain-related neurons in the human cingulate cortex. *Nature Neuroscience* 2(5): 403–405.
11 Mukamel, R., Ekstrom, A. D., Kaplan, J., Iacoboni, M. & Fried, I. 2010. Single-neuron responses in humans during execution and observation of actions. *Current Biology* 20(8): 750–756.
12 Christov-Moore, L., Simpson, E. A., Coudé, G., Grigaityte, K., Iacoboni, M. & Ferrari, P. F. 2014. Empathy: gender effects in brain and behavior. *Neuroscience & Biobehavioral Reviews* 46: 604–627.
13 Krevans, J. R. & Benson, J. A. 1983. Evaluation of humanistic qualities in the internist. *Annals of Internal Medicine* 99(5): 720–724.
14 Osgood, V. *New Medical Education and Training Standards*. General Medical Council meeting, 2 June 2015.
15 Newton, B. W., Barber, L., Clardy, J., Cleveland, E. & O'Sullivan, P. 2008. Is there hardening of the heart during medical school? *Academic Medicine* 83(3): 244–249.
16 Neumann, M., Edelhäuser, F., Tauschel, D., Fischer, M. R., Wirtz, M., Woopen, C., Haramati, A. & Scheffer, C. 2011. Empathy decline and its reasons: a systematic review of studies with medical students and residents. *Academic Medicine* 86(8): 996–1009.

17 Neumann, M., Edelhäuser, F., Tauschel, D., Fischer, M. R., Wirtz, M., Woopen, C., Haramati, A. & Scheffer, C. 2011. Empathy decline and its reasons: a systematic review of studies with medical students and residents. *Academic Medicine* 86(8): 996–1009.

18 Hojat, M., Vergare, M. J., Maxwell, K., Brainard, G., Herrine, S. K., Isenberg, G. A., Veloski, J. & Gonnella, J. S. 2009. The devil is in the third year: a longitudinal study of erosion of empathy in medical school. *Academic Medicine* 84(9): 1182–1191.

19 Mirani, S. H., Shaikh, N. A. & Tahir, A. 2019. Assessment of clinical empathy among medical students using the Jefferson Scale of Empathy – student version. *Cureus* 11(2).

20 Mostafa, A., Hoque, R., Mostafa, M., Rana, M. M. & Mostafa, F. 2014. Empathy in undergraduate medical students of Bangladesh: psychometric analysis and differences by gender, academic year and specialty preferences. *ISRN Psychiatry* 375439.

21 Triffaux, J. M., Tisseron, S. & Nasello, J. A. 2019. Decline of empathy among medical students: dehumanization or useful coping process?. *L'Encéphale* 45(1): 3–8.

22 Pagano, A., Robinson, K., Ricketts, C., Cundy Jones, J., Henderson, L., Cartwright, W. & Batt, A. M. 2019. *Empathy levels in Canadian paramedic students: a longitudinal study.*

23 Ameh, P. O., Uti, O. G. & Daramola, O. O. 2019. Empathy among dental students in a Nigerian institution. *European Journal of Dental Education* 23(2): 135–142.

24 Devi, N. A., Eapen, A. A. & Manickam, L. S. S. 2018. A comparative cross-sectional study on the level of empathy between the freshmen to senior undergraduate student nurses. *International Journal for Advance Research and Development* 3(9): 10–14.

25 Nunes, P., Williams, S., Sa, B. & Stevenson, K., 2011. A study of empathy decline in students from five health disciplines during their first year of training. *International Journal of Medical Education* 2: 12–17.

26 Singh, S. 2005. Empathy: lost or found in medical education?. *Medscape General Medicine* 7(3): 74.

27 Namely the anterior cingulate cortex, anterior insular cortex, periaqueductal gray.

28 Newton, B. W., Barber, L., Clardy, J., Cleveland, E. & O'Sullivan, P. 2008. Is there hardening of the heart during medical school?. *Academic Medicine* 83(3): 244–249.

29 Bauer J. 2005. *Why I Feel What You Feel. Communication and the Mystery of Mirror Neurons* [in German]. Hoffmann und Campe; Hamburg, Germany.

30 Nielsen, H. G. & Tulinius, C. 2009. Preventing burnout among general practitioners: is there a possible route?. *Education for Primary Care* 20(5): 353–359.

31 Thirioux, B., Birault, F. & Jaafari, N. 2016. Empathy is a protective factor of burnout in physicians: new neuro-phenomenological hypotheses regarding empathy and sympathy in care relationship. *Frontiers in Psychology* 7: 763.

32 Goldman, A. I. 2011. Two routes to empathy: insights from cognitive neuroscience *Empathy: Philosophical and Psychological Perspectives*, eds A. Coplan and P. Goldie. Oxford University Press, 31–44.

33 Heyes, C. 2018. Empathy is not in our genes. *Neuroscience & Biobehavioral Reviews* 95: 499–507.

34 As neuroscientists are understanding more about these functions in the brain they are realising that they may not be clearly separable, *e.g.* Christov-Moore, L., Reggente, N., Douglas, P. K., Feusner, J. & Iacoboni, M. 2019. Predicting empathy from resting brain connectivity: a multivariate approach *bioRxiv*: 539551. However, there is agreement that this is a useful way of explaining the functions.

35 Greimel, E., Schulte-Rüther, M., Fink, G. R., Piefke, M., Herpertz-Dahlmann, B. & Konrad, K. 2010. Development of neural correlates of empathy from childhood to early adulthood: an fMRI study in boys and adult men. *Journal of Neural Transmission* 117(6): 781–791.

36 Christov-Moore, L. & Iacoboni, M. 2016. Self-other resonance, its control and prosocial inclinations: brain–behavior relationships. *Human Brain Mapping* 37(4):1544–1558.

37 Benbassat, J. 2014. Role-modeling in medical education: the importance of a reflective imitation. *Academic Medicine* 89(4): 550.

38 Passi, V., Doug, M., Peile, J. T. & Johnson, N. 2010. Developing medical professionalism in future doctors: a systematic review. *International Journal of Medical Education* 1: 19–29.

39 Passi, V. & Johnson, N. 2016. The hidden process of positive doctor role modelling. *Medical Teacher* 38(7):700–707.

40 www.bma.org.uk/advice/career/progress-your-career/teaching

41 Smith, L. S. 2005. Joys of teaching nursing. *Nursing* 2019 35: 134–135.

42 Maudsley, R. F. 2001. Role models and the learning environment: essential elements in effective medical education. *Academic Medicine* 76(5): 432–434.

第五章

1 www.apbspeakers.com/speaker/louanne-johnson

2 www.people.com/archive/boot-camp-candy-vol-44-no-10

3 Olson, K. 2014. *The Invisible Classroom. Relationships, neuroscience and mindfulness in school*. Norton & Co, New York.

4 Johnson, S. K., Buckingham, M. H., Morris, S. L., Suzuki, S., Weiner, M. B., Hershberg, R. M. & Bowers, E. P. 2016. Adolescents' character role models: exploring who young people look up to as examples of how to be a good person. *Research in Human Development* 13(2): 126–141.

5 Jackson, C. K. 2018. What do test scores miss? The importance of teacher effects on non-test score outcomes. *Journal of Political Economy* 126(5): 2072–2107.

6 Jackson, C. K. 2018. What do test scores miss? The importance of teacher effects on non-test score outcomes. *Journal of Political Economy* 126(5): 2072–2107.

7 www.people.com/archive/boot-camp-candy-vol-44-no-10

8 Sakiz, G., Pape, S. J. & Hoy, A. W. 2012. Does perceived teacher affective support matter for middle school students in mathematics classrooms? *Journal of School Psychology* 50(2): 235–255.

9 DuBois, D. L. & Silverthorn, N. 2005. Natural mentoring relationships and adolescent health: evidence from a national study. *American Journal of Public*

Health 95(3): 518–524.

10 Allee-Smith, P. J., Im, M. H., Hughes, J. N. & Clemens, N. H. 2018. Mentor Support Provisions Scale: measure dimensionality, measurement invariance and associations with adolescent school functioning. *Journal of School Psychology* 67: 69–87.

11 Rhodes, J. E. & DuBois, D. L. 2008. Mentoring relationships and programs for youth. *Current Directions in Psychological Science* 17(4): 254–258.

12 Oberle, E. & Schonert-Reichl, K. A. 2016. Stress contagion in the classroom? The link between classroom teacher burnout and morning cortisol in elementary school students. *Social Science & Medicine* 159: 30–37.

13 Murden, F. 2018. *Defining You: How to profile yourself and unlock your full potential*. Nicholas Brealey, London.

14 Tomova, L., Majdandžić, J., Hummer, A., Windischberger, C., Heinrichs, M. & Lamm, C. 2017. Increased neural responses to empathy for pain might explain how acute stress increases prosociality. *Social Cognitive and Affective Neuroscience* 12(3): 401–408.

15 Murden, F. 2018. *Defining You: How to profile yourself and unlock your full potential*. Nicholas Brealey, London.

16 Tomova, L., Majdandžić, J., Hummer, A., Windischberger, C., Heinrichs, M. & Lamm, C. 2017. Increased neural responses to empathy for pain might explain how acute stress increases prosociality. *Social Cognitive and Affective Neuroscience* 12(3): 401–408.

17 Oberle, E. & Schonert-Reichl, K. A. 2016. Stress contagion in the classroom? The link between classroom teacher burnout and morning cortisol in elementary school students. *Social Science & Medicine* 159: 30–37.

18 DuBois, D. L. & Silverthorn, N. 2005. Natural mentoring relationships and adolescent health: evidence from a national study. *American Journal of Public Health* 95: 518.

19 Rhodes, J. E. & DuBois, D. L. 2008. Mentoring relationships and programs for youth. *Current Directions in Psychological Science* 17(4): 254–258.

20 Feinstein, L. 2015. *Social and Emotional Learning: Skills for life and work*. Early Intervention Foundation, UK.

21 I prefer to call emotional intelligence emotional wisdom. Intelligence gives the impression of a fixed capability, whereas whatever our age we can improve our social and emotional skills.

22 Cherniss, C., Extein, M., Goleman, D. & Weissberg, R. P. 2006. Emotional intelligence: what does the research really indicate?. *Educational Psychologist* 41(4): 239–245.

23 Feinstein, L. 2015. *Social and Emotional Learning: Skills for life and work*. Early Intervention Foundation, UK.

24 Feinstein, L. 2015. *Social and Emotional Learning: Skills for life and work*. Early Intervention Foundation, UK.

25 www.bbc.co.uk/scotland/sportscotland/asportingnation/article/0062/ page02.shtml

26 www.telegraph.co.uk/sport/rugbyunion/11099705/Scotland-rugbylegend-reveals-abuse-over-Scottish-independence-No-statement.html

27 www.bbc.co.uk/sport/live/rugby-union/31807582

28 www.telegraph.co.uk/sport/rugbyunion/11099705/Scotland-rugbylegend-reveals-abuse-over-Scottish-independence-No-statement.html

29 Bath, R. 2003. *Rugby Union: The Complete Guide*. Carlton Books, UK.

30 www.smithsonianmag.com/innovation/why-are-finlands-schools-successful-49859555
31 www.siliconrepublic.com/careers/finland-education-schools-slush
32 Lohman, M. C. 2006. Factors influencing teachers' engagement in informal learning activities. *Journal of Workplace Learning* 18: 141–156.
33 Lunenberg, M., Korthagen, F. & Swennen, A. 2007. The teacher educator as a role model. *Teaching and Teacher Education* 23(5): 586–601.
34 Eurich, T. 2017. *Insight: Why we're not as self-aware as we think, and how seeing ourselves clearly helps us succeed at work and in life*. Crown Books, US.
35 www.fionamurden.com/2018/02/12/knowing-you-knowing-me
36 Geeraerts, K., Tynjälä, P., Heikkinen, H. L., Markkanen, I., Pennanen, M. & Gijbels, D. 2015. Peer-group mentoring as a tool for teacher development. *European Journal of Teacher Education* 38(3): 358–377.
37 Geeraerts, K., Tynjälä, P., Heikkinen, H. L., Markkanen, I., Pennanen, M. & Gijbels, D. 2015. Peer-group mentoring as a tool for teacher development. *European Journal of Teacher Education* 38(3): 358–377.

第六章

1 www.christianheadlines.com/news/these-are-the-12-pastors-who-aremost-effective-preachers.html
2 http://content.time.com/time/specials/packages/article/0,28804,1993235_1993243_1993257,00.html
3 King Jr, M. L. 1950. *An Autobiography of Religious Development: The papers of Martin Luther King Jr* 1: 360–361.
4 http://en.wikipedia.org/wiki/Benjamin_Mays
5 Hansen, D. D. 2003. *The Dream: Martin Luther King Jr and the Speech that Inspired a Nation*. HarperCollins, New York.
6 www.nationalarchives.gov.uk/education/heroesvillains/transcript/g6cs3s4t.htm
7 *A 'Dream' Remembered*. NewsHour. August 28, 2003. Retrieved July 19, 2006
8 Decety, J. & Grèzes, J. 2006. The power of simulation: imagining one's own and others' behavior. *Brain Research* 1079(1): 4–14.
9 González, J., Barros-Loscertales, A., Pulvermüller, F., Meseguer, V., Sanjuán, A., Belloch, V. & Ávila, C. 2006. Reading cinnamon activates olfactory brain regions. *Neuroimage* 32(2): 906–912.
10 Lacey, S., Stilla, R. & Sathian, K. 2012. Metaphorically feeling: comprehending textural metaphors activates somatosensory cortex. *Brain and Language* 120(3): 416–421.
11 Katuscáková, M. 2015. Sharing scientific knowledge through telling stories and digital storytelling. European Conference on Knowledge Management 408.
12 Stephens, G. J., Silbert, L. J. & Hasson, U. 2010. Speaker–listener neural coupling underlies successful communication. *Proceedings of the National Academy of Sciences* 107(32): 14425–14430.
13 Stephens, G. J., Silbert, L. J. & Hasson, U. 2010. Speaker–listener neural coupling underlies successful communication. *Proceedings of the National Academy of Sciences* 107(32): 14425–14430.

14 Hasson, U., Ghazanfar, A. A., Galantucci, B., Garrod, S. & Keysers, C. 2012. Brain-to-brain coupling: a mechanism for creating and sharing a social world. *Trends in Cognitive Sciences* 16(2): 114–121.
15 Yuan, Y., Major-Girardin, J. & Brown, S. 2018. Storytelling is intrinsically mentalistic: a functional magnetic resonance imaging study of narrative production across modalities. *Journal of Cognitive Neuroscience* 30(9): 1298–1314.
16 www.greatergood.berkeley.edu/article/item/how_stories_change_brain
17 www.greatergood.berkeley.edu/article/item/how_stories_change_brain
18 http://news.berkeley.edu/berkeley_blog/the-science-of-the-story
19 www.campaignlive.co.uk/article/case-study-always-likeagirl/1366870
20 www.adidas-group.com/en/media/news-archive/press-releases/2004/impossible-nothing-adidas-launches-new-global-brandadvertising-
21 Tyng, C. M., Amin, H. U., Saad, M. N. & Malik, A. S. 2017. The influences of emotion on learning and memory. *Frontiers in Psychology* 8: 1454.
22 McMillan, R., Kaufman, S. B. & Singer, J. L. 2013. Ode to positive constructive daydreaming. *Frontiers in Psychology* 4: 626.
23 McMillan, R., Kaufman, S. B. & Singer, J. L. 2013. Ode to positive constructive daydreaming. *Frontiers in Psychology* 4: 626.
24 www.psycom.net/schizophrenia-hallucinations-delusions
25 Allen, K. 2015. Hallucination and imagination. *Australasian Journal of Philosophy* 93(2): 287–302.
26 McCormick, L. M., Brumm, M. C., Beadle, J. N., Paradiso, S., Yamada, T., Andreasen, N. 2012. Mirror neuron function, psychosis and empathy in schizophrenia. *Psychiatry Research* 201(3): 233–239.
27 Mehta, U. M., Thirthalli, J., Aneelraj, D., Jadhav, P., Gangadhar, B. N. & Keshavan, M. S. 2014. Mirror neuron dysfunction in schizophrenia and its functional implications: a systematic review. *Schizophrenia Research* 160(1-3): 9–19.
28 McMillan, R., Kaufman, S. B. & Singer, J. L. 2013. Ode to positive constructive daydreaming. *Frontiers in Psychology* 4: 626.
29 Hansen, D. D. 2003. *The Dream: Martin Luther King Jr and the speech that inspired a nation*. HarperCollins, New York.
30 Beaty, R. E., Benedek, M., Silvia, P. J. & Schacter, D. L. 2016. Creative cognition and brain network dynamics. *Trends in Cognitive Sciences* 20(2): 87–95.
31 Mula, M., Hermann, B. & Trimble, M. R. 2016. Neuropsychiatry of creativity. *Epilepsy & Behavior* 57: 225–229.
32 www.web.archive.org/web/20110919034257/http://www.independent. co.uk/news/obituaries/john-nelson-729400.html
33 www.bbc.co.uk/newsbeat/ar t icle/36107807/12-incredible-andslightly-crazy-things-about-prince
34 www.bbc.co.uk/newsbeat/ar t icle/36107807/12-incredible-andslightly-crazy-things-about-prince
35 www.star tr ibune.com/dancers-recal l-pr ince-as-a-hard-workingdarling-in-tights-and-ballet-slippers/378179261
36 Beaty, R. E., Benedek, M., Wilkins, R. W., Jauk, E., Fink, A., Silvia, P. J., Hodges, D. A., Koschutnig, K. & Neubauer, A. C. 2014. Creativity and the default network: a functional connectivity analysis of the creative brain at rest. *Neuropsychologia* 64: 92–98.
37 King, E. & Waddington, C. (Eds.). 2017. *Music and Empathy*. Taylor & Francis, London.

38 Molnar-Szakacs, I. & Overy, K. 2006. Music and mirror neurons: from motion to 'e'motion. *Social Cognitive and Affective Neuroscience* 1(3): 235–241.
39 Molnar-Szakacs, I. & Overy, K. 2006. Music and mirror neurons: from motion to 'e'motion. *Social Cognitive and Affective Neuroscience* 1(3): 235–241.
40 Preiss, D. D., Ibaceta, M., Ortiz, D., Carvacho, H. & Grau, V. 2019. An exploratory study on mind wandering, metacognition and verbal creativity in Chilean high school students. *Frontiers in Psychology* 10: 1118.
41 Immordino-Yang, M. H., Christodoulou, J. A. & Singh, V. 2012. Rest is not idleness: implications of the brain's default mode for human development and education. *Perspectives on Psychological Science* 7: 352–364.
42 Dewey, J. 1933. *How We Think: A restatement of reflective thinking to the educative process*. D. C. Heath, Boston. (Original work published in 1910.)
43 www.fionamurden.com/2019/03/22/the-power-of-reflection
44 Di Stefano, G., Gino, F., Pisano, G. P. & Staats, B. R. 2016. Making experience count: the role of reflection in individual learning. *Harvard Business School NOM Unit Working Paper* 14–93.
45 Immordino-Yang, M. H., Christodoulou, J. A. & Singh, V. 2012. Rest is not idleness: implications of the brain's default mode for human development and education. *Perspectives on Psychological Science* 7: 352–364.
46 Immordino-Yang, M. H., Christodoulou, J. A. & Singh, V. 2012. Rest is not idleness: implications of the brain's default mode for human development and education. *Perspectives on Psychological Science* 7: 352–364.
47 McMillan, R., Kaufman, S. B. & Singer, J. L. 2013. Ode to positive constructive daydreaming. *Frontiers in Psychology* 4: 626.
48 Trapnell, P. & Sinclair, L. 2012, January. *Texting frequency and the moral shallowing hypothesis*. Poster presented at the Annual Meeting of the Society for Personality and Social Psychology, San Diego, CA.

第七章

1 www.independent.co.uk/sport/general/boxing-ali-v-frazier-it-waslike-death-closest-thing-to-dyin-that-i-know-of-316051.html
2 Dower, John. *Thrilla in Manila*. 2008. HBO Documentary Films.
3 Dower, John. *Thrilla in Manila*. 2008. HBO Documentary Films.
4 www.independent.co.uk/sport/general/boxing-ali-v-frazier-it-waslike-death-closest-thing-to-dyin-that-i-know-of-316051.html
5 www.independent.co.uk/sport/general/boxing-ali-v-frazier-it-waslike-death-closest-thing-to-dyin-that-i-know-of-316051.html
6 54 Facts you probably don't know about Don King. 14 January 2008. *Boxing News* 24.
7 www.worldatlas.com/articles/what-are-the-most-popular-sports-in-theworld.html
8 Iacoboni, M. 2009. *Mirroring People: The new science of how we connect with others*. Farrar, Straus and Giroux, New York.
9 www.washingtonpost.com/sports/ali-frazier-f ights-were-colossalevents-on-theradio/2011/11/08/gIQAO1c62M_story.html
10 Gazzola, V., Aziz-Zadeh, L. & Keysers, C. 2006. Empathy and the somatotopic auditory mirror system in humans. *Current Biology* 16: 1824–1829.

11 Cannon, E. N. & Woodward, A. L. 2008. Action anticipation and interference: a test of prospective gaze. CogSci Annual Conference of the Cognitive Science Society. Vol. 2008: 981.

12 Kumar, A., Killingsworth, M. A. & Gilovich, T. 2014. Waiting for merlot: anticipatory consumption of experiential and material purchases. *Psychological Science* 25(10): 1924–1931.

13 Mukamel, R., Ekstrom, A. D., Kaplan, J., Iacoboni, M. & Fried, I. 2010. Single-neuron responses in humans during execution and observation of actions. *Current Biology* 20(8): 750–756.

14 www.tenniscompanion.org/serve-toss

15 Zetou, E., Tzetzis, G., Vernadakis, N. & Kioumourtzoglou, E. 2002. Modeling in learning two volleyball skills. *Perceptual and Motor Skills* 94(3): 1131–1142.

16 Hendriks, M., & Treur, J. (November 2010). Modeling super-mirroring functionality in action execution, imagination, mirroring and imitation. *International Conference on Computational Collective Intelligence* 330–342.

17 Fryling, M. J., Johnston, C. & Hayes, L. J. 2011. Understanding observational learning: an interbehavioral approach. *The Analysis of Verbal Behavior* 27(1): 191–203.

18 Raiola, G., Tafuri, D. & Gomez Paloma, F. 2014. Physical activity and sport skills and its relation to mind theory on motor control. *Sport Science* 7(1): 52–56.

19 Raiola, G., Tafuri, D. & Gomez Paloma, F. 2014. Physical activity and sport skills and its relation to mind theory on motor control. *Sport Science* 7(1): 52–56.

20 Zhang, L., Pi, Y., Zhu, H., Shen, C., Zhang, J. & Wu, Y. 2018. Motor experience with a sport-specific implement affects motor imagery. PeerJ 6:e4687.

21 www.telegraph.co.uk/men/active/10568898/Sports-visualisation-how-toimagine-your-way-to-success.html

22 www.telegraph.co.uk/men/active/10568898/Sports-visualisation-how-toimagine-your-way-to-success.html

23 www.smithsonianmag.com/history/phineas-gage-neurosciences-most-famous-patient-11390067

24 Harlow, J. M. 1993. Recovery from the passage of an iron bar through the head. *History of Psychiatry* 4(14): 274–281.

25 Harlow, J. M. 1993. Recovery from the passage of an iron bar through the head. *History of Psychiatry* 4(14): 274–281.

26 Lamm, C., Bukowski, H. & Silani, G. 2016. From shared to distinct selfother representations in empathy: evidence from neurotypical function and socio-cognitive disorders. *Philosophical Transactions of the Royal Society B: Biological Sciences* 371(1686): 20150083.

27 Decety, J., Chen, C., Harenski, C. & Kiehl, K. A. 2013. An fMRI study of affective perspective taking in individuals with psychopathy: imagining another in pain does not evoke empathy. *Frontiers in Human Neuroscience* (7): 489.

28 Knight, M. 2014. Psychopaths' broken empathy circuit. SA Mind 25,1,19.

29 Iacoboni, M. 2009. *Mirroring People: The new science of how we connect with others*. Farrar, Straus and Giroux, New York.

30 Kahl, S., & Kopp, S. 2018. A predictive processing model of perception and action for self-other distinction. *Frontiers in Psychology* 9: 2421.
31 Christov-Moore, L., Sugiyama, T., Grigaityte, K. & Iacoboni, M. 2017. Increasing generosity by disrupting prefrontal cortex. *Social Neuroscience* 12(2): 174–181.
32 Christov-Moore, L., Sugiyama, T., Grigaityte, K. & Iacoboni, M. 2017. Increasing generosity by disrupting prefrontal cortex. *Social Neuroscience* 12(2): 174–181.
33 Hamlin, J. K., Wynn, K. & Bloom, P. 2007. Social evaluation by preverbal infants. *Nature* 450(7169): 557.
34 Hare, B. 2017. Survival of the friendliest: Homo sapiens evolved via selection for prosociality. *Annual Review of Psychology* 68: 155–186.
35 Singer, T. & Fehr, E. 2005. The neuroeconomics of mind reading and empathy. *American Economic Review* 95(2): 340–345.
36 Rand, D. G., Greene, J. D. & Nowak, M. A. 2012. Spontaneous giving and calculated greed. *Nature* 489(7416): 427.
37 Christov-Moore, L., Sugiyama, T., Grigaityte, K. & Iacoboni, M. 2017. Increasing generosity by disrupting prefrontal cortex. *Social Neuroscience* 12(2): 174–181.

第八章

1 www.theguardian.com/world/2007/nov/10/schools.schoolsworldwide
2 Langman, P. 2012. Two Finnish school shooters. www. schoolshooters.info.
3 www.theguardian.com/world/2007/nov/10/schools.schoolsworldwide
4 www.theguardian.com/world/2007/nov/10/schools.schoolsworldwide
5 http://news.bbc.co.uk/1/hi/world/europe/7082795.stm
6 Langman, P. 2012. Two Finnish school shooters. www. schoolshooters.info.
7 Strenziok, M., Krueger, F., Deshpande, G., Lenroot, R. K., van der Meer, E. & Grafman, J. 2010. Fronto-parietal regulation of media violence exposure in adolescents: a multi-method study. *Social Cognitive and Affective Neuroscience* 6(5): 537–547.
8 Koolhaas, J. M., Coppens, C. M., de Boer, S. F., Buwalda, B., Meerlo, P. & Timmermans, P. J. 2013. The resident-intruder paradigm: a standardized test for aggression, violence and social stress. *Journal of Visualized Experiments* (77): e4367.
9 Langman, P. (2013). Thirty-five rampage school shooters: Trends, patterns, and typology. In School shootings (pp. 131–156). Springer, New York, NY.
10 Langman, P. (2013). Thirty-five rampage school shooters: Trends, patterns, and typology. In School shootings (pp. 131–156). Springer, New York, NY.
11 Langman, P. 2018. Different types of role model influence and fame seeking among mass killers and copycat offenders. *American Behavioral Scientist* 62(2): 210–228.
12 Langman, P. 2018. Different types of role model influence and fame seeking among mass killers and copycat offenders. *American Behavioral Scientist* 62(2): 210–228.

13 Björkqvist, K. 2015. White rage: bullying as an antecedent of school shootings. *Journal of Child Adolescent Behavior* 3(175): 2–6.
14 Iacoboni, M. 2009. *Mirroring People: The new science of how we connect with others*. Farrar, Straus and Giroux, New York.
15 Comstock, G. 2005. Media violence and aggression, properly considered. *Perspectives on imitation: from neuroscience to social science* 2: 371–380.
16 Guadagno, R. E., Lankford, A., Muscanell, N. L., Okdie, B. M. & McCallum, D. M. 2010. Social influence in the online recruitment of terrorists and terrorist sympathizers: implications for social psychology research. *Revue Internationale de Psychologie Sociale* 23(1): 25–56.
17 Decety, J., Pape, R. & Workman, C. I. 2018. A multi-level social neuroscience perspective on radicalization and terrorism. *Social Neuroscience* 13(5): 511–529.
18 Guadagno, R. E., Lankford, A., Muscanell, N. L., Okdie, B. M. & McCallum, D. M. 2010. Social influence in the online recruitment of terrorists and terrorist sympathizers: implications for social psychology research. *Revue Internationale de Psychologie Sociale* 23(1): 25–56.
19 Iacoboni, M. 2009. *Mirroring People: The new science of how we connect with others*. Farrar, Straus and Giroux, New York. 147.
20 Nagle, A. 2017. *Kill All Normies: Online culture wars from 4chan and Tumblr to Trump and the alt-right*. John Hunt Publishing, UK.
21 www.economist.com/open-future/2018/08/03/how-the-grotesqueonline-culture-wars-fuel-populism
22 www.revealnews.org/article/they-spewed-hate-then-they-punctuated-itwith-the-presidents-name
23 Rushin, S., & Edwards, G. S. 2018. The effect of President Trump's election on hate crimes. www.ssrn.com 3102652.
24 From @realDonaldTrump Twitter feed, 14 July 2019, 12: 27pm
25 https://time.com/3923128/donald-trump-announcement-speech
26 Wilson, R. A. 2019. HATE: Why we should resist it with free speech, not censorship by Nadine Strossen. *Human Rights Quarterly* 41(1): 213–217.
27 Losin, E. A. R., Iacoboni, M., Martin, A., Cross, K. A. & Dapretto, M. 2012. Race modulates neural activity during imitation. *Neuroimage* 59(4): 3594–3603.
28 Losin, E. A. R., Iacoboni, M., Martin, A., Cross, K. A. & Dapretto, M. 2012. Race modulates neural activity during imitation. *Neuroimage* 59(4): 3594–3603.
29 www.revealnews.org/blog/hate-report-the-presidents-inspiring-schoolyardbullies
30 Forster, M., Grigsby, T. J., Unger, J. B. & Sussman, S. 2015. Associations between gun violence exposure, gang associations and youth aggression: implications for prevention and intervention programs. *Journal of Criminology*: 1-8.
31 Lenzi, M., Sharkey, J., Vieno, A., Mayworm, A., Dougherty, D. & Nylund-Gibson, K. 2015. Adolescent gang involvement: the role of individual, family, peer and school factors in a multi-level perspective. *Aggressive Behavior* 41(4): 386–397.
32 Lenzi, M., Sharkey, J., Vieno, A., Mayworm, A., Dougherty, D. & Nylund-Gibson, K. 2015. Adolescent gang involvement: the role of individual, family, peer and school factors in a multi-level perspective. *Aggressive Behavior* 41(4): 386–397.
33 Lenzi, M., Sharkey, J., Vieno, A., Mayworm, A., Dougherty, D. & Nylund-Gibson, K. 2015. Adolescent gang involvement: the role of individual, family,

peer and school factors in a multi-level perspective. *Aggressive Behavior* 41(4): 386–397.
34 Rush, E. & La Nauze, A. 2006. Corporate paedophilia: sexualisation of children in Australia. www.tai.org.au/documents/downloads/DP90. pdf.
35 Jackson, S. & Vares, T. 2015. Too many bad role models for us girls: girls, female pop celebrities and sexualization. *Sexualities* 18(4): 480–498.
36 www.elle.com/uk/life-and-culture/culture/news/a39643/miley-cyruspsychological-damage-of-playing-hannah-montana
37 Dijksterhuis, A. 2005. Why we are social animals: the high road to imitation as social glue. *Perspectives on Imitation: From neuroscience to social science* 2: 207–220.
38 Dijksterhuis, A. 2005. Why we are social animals: the high road to imitation as social glue. *Perspectives on Imitation: From neuroscience to social science* 2: 207–220.
39 Kilford, E. J., Garrett, E. & Blakemore, S. J. 2016. The development of social cognition in adolescence: an integrated perspective. *Neuroscience & Biobehavioral Reviews* 70: 106–120.
40 Rosen, M. L., Sheridan, M. A., Sambrook, K. A., Dennison, M. J., Jenness, J. L., Askren, M. K., Meltzoff, A. N. & McLaughlin, K. A. 2018. Salience network response to changes in emotional expressions of others is heightened during early adolescence: relevance for social functioning. *Developmental Science* 21(3): p. 12571.
41 Rosen, M. L., Sheridan, M. A., Sambrook, K. A., Dennison, M. J., Jenness, J. L., Askren, M. K., Meltzoff, A. N. & McLaughlin, K. A. 2018. Salience network response to changes in emotional expressions of others is heightened during early adolescence: relevance for social functioning. *Developmental Science* 21(3): p.e12571.
42 www.nypost.com/2017/09/23/how-a-decade-of-the-kardashians-radically-changed-america
43 Ingham, H. 1995. The portrayal of women on television. Lawrence Erlbaum Associates, Mahwah, New Jersey.
44 Michael, N. 2013. Is feminism keeping up with the Kardashians? Female celebrities' portrayal of beauty and its influence on young females today. Doctoral dissertation, University of Pretoria.
45 www.cbsnews.com/news/parents-need-to-drastically-cut-kids-screen-time-evices-american-heart-association
46 Juarez, L., Soto, E. & Pritchard, M. E. 2012. Drive for muscularity and drive for thinness: the impact of pro-anorexia websites. *Eating Disorders* 20(2): 99–112.
47 Cheng, H. & Mallinckrodt, B. 2009. Parental bonds, anxious attachment, media internalization and body image dissatisfaction: exploring a mediation model. *Journal of Counseling Psychology* 56: 365–375.
48 Lokken, K. L., Worthy, S. & Trautmann, J. 2004. Examining the links among magazine preference, levels of awareness and internalization of sociocultural appearance standards, and presence of eating-disordered symptoms in college women. *Family and Consumer Sciences Research Journal* 32: 361–381.
49 Giles, D. C. & Close, J. 2008. Exposure to 'lad magazines' and drive for muscularity in dating and non-dating young men. *Personality and Individual Differences* 44: 1610–1616.

50 www.bbc.co.uk/news/magazine-23046602
51 www.bbc.co.uk/news/magazine-23046602
52 www.bbc.co.uk/news/magazine-23046602

第九章

1 www.sbs.com.au/topics/life/culture/article/2018/10/23/jameela-jamil-i-wasbeaten-senseless-kids-being-pakistani-family
2 www.sbs.com.au/topics/voices/culture/article/2018/10/23/jameela-jamil-i-wasbeaten-senseless-kids-being-pakistani-family
3 www.oz y.com/provocateurs/jameela-jamil-is-not-afraidto-go-there/95338
4 www.medium.com/@petersonestee/the-good-place-actress-jameelajamil-is-not-here-for-the-kardashians-antics-169864c86aa3
5 www.telegraph.co.uk/triathlon/2016/10/18/meet-john-mcavoy-theformer-criminal-who-is-aiming--to-become-th
6 www.youtube.com/watch?v=4gqk4WPnrpM
7 Johnson, S. K., Buckingham, M. H., Morris, S. L., Suzuki, S., Weiner, M. B., Hershberg, R. M., Fremont, E. R., Batanova, M., Aymong, C. C., Hunter, C. J. & Bowers, E. P. 2016. Adolescents' character role models: exploring who young people look up to as examples of how to be a good person. *Research in Human Development* 13(2): 126–141.
8 Bricheno, P. & Thornton, M. 2007. Role-model, hero or champion? Children's views concerning role-models. *Educational Research* 49(4): 383–396.
9 www.bbc.co.uk/sport/football/46897512
10 http: //blog.nationalgeographic.org/2013/12/06/nelson-mandela-and-the-power-of-forgiveness
11 www.time.com/2865972/angelina-jolie-humanitarian
12 www.unhcr.org/541ad18c9.html
13 Hilmert, C. J., Kulik, J. A. & Christenfeld, N. J. 2006. Positive and negative opinion modeling: the influence of another's similarity and dissimilarity. *Journal of personality and social psychology* 90(3): 440.
14 www.harvardpolitics.com/united-states/youth-demandclimate-action-in-global-school-strike
15 www.independent.co.uk/environment/greta-thunberg-trump-latest-threat-climate-change-un-summit-speecha9121111.html
16 www.bbc.co.uk/newsbeat/article/40580286/stormzy-chosen-as-person-of-the-year-by-university-of-oxfords-afro-caribbean-society
17 www.theguardian.com/music/2019/oct/10/stormzy-makes-cover-of-time-magazine-as-next-generation-leadergreat-thunberg-annual-list
18 Owen, D. & Davidson, J. 2009. Hubris syndrome: an acquired personality disorder? A study of US Presidents and UK Prime Ministers over the last 100 years. *Brain* 132(5): 1396.
19 Owen, D. & Davidson, J. 2009. Hubris syndrome: an acquired personality disorder? A study of US Presidents and UK Prime Ministers over the last 100 years. *Brain* 132(5): 1396.

20 Mandela, N. 2011. *Conversations with Myself*. Anchor, Canada.
21 Frankl, V. E. 1985. *Man's search for meaning*. Simon and Schuster, New York
22 Murden, F. 2018. *Defining You: How to profile yourself and unlock your full potential*. Nicholas Brealey, London.
23 Błażek, M., Kaźmierczak, M. & Besta, T, 2015. Sense of purpose in life and escape from self as the predictors of quality of life in clinical samples. *Journal of Religion and Health* 54(2): 517–523.
24 Westerhof, G. J., Bohlmeijer, E. T., Van Beljouw, I. M. & Pot, A. M. 2010. Improvement in personal meaning mediates the effects of a life review intervention on depressive symptoms in a randomized controlled trial. *The Gerontologist* 50(4): 541–549.
25 Smith, B. W., Tooley, E. M., Montague, E. Q., Robinson, A. E., Cosper, C. J. & Mullins, P. G. 2009. The role of resilience and purpose in life in habituation to heat and cold pain. *The Journal of Pain* 10(5): 493–500.
26 Koizumi, M., Ito, H., Kaneko, Y. & Motohashi, Y. 2008. Effect of having a sense of purpose in life on the risk of death from cardiovascular diseases. *Journal of Epidemiology*: 0808270028–0808270028.
27 Boyle, P. A., Buchman, A. S., Wilson, R. S., Yu, L., Schneider, J. A. & Bennett, D. A. 2012. Effect of purpose in life on the relation between Alzheimer disease pathologic changes on cognitive function in advanced age. *Archives of General Psychiatry* 69(5): 499–504.
28 Bamia, C., Trichopoulou, A. & Trichopoulos, D. 2008. Age at retirement and mortality in a general population sample: the Greek EPIC study. *American Journal of Epidemiology* 167(5): 561–569.
29 Murden, F. 2018. *Defining You: How to profile yourself and unlock your full potential*. Nicholas Brealey, London.
30 @jameelajamil official Twitter handle

第十章

1 www.bbc.co.uk/news/world-asia-49968836
2 www.bbc.co.uk/news/world-asia-50009944
3 www.bbc.co.uk/news/world-asia-50009944
4 www.nytimes.com/2006/01/10/science/cells-that-read-minds.html
5 Vos, T., Barber, R. M., Bell, B., Bertozzi-Villa, A., Biryukov, S., Bolliger, I., Charlson, F., Davis, A., Degenhardt, L., Dicker, D. & Duan, L. 2015. Global, regional and national incidence, prevalence and years lived with disability for 301 acute and chronic diseases and injuries in 188 countries, 1990–2013: a systematic analysis for the Global Burden of Disease Study 2013. *The Lancet* 386(9995): 743–800.
6 www.psychiatrictimes.com/mental-health/mental-illness-will-cost-world-16-usd-trillion-2030
7 www.mentalhealth.org.uk/blog/what-new-statistics-show-about-childrens-mental-health
8 www.headstogether.org.uk/about

9 www.telegraph.co.uk/news/2017/04/16/prince-harrysought-counselling-death-mother-led-two-years-total
10 Iacoboni, M. 2009. *Mirroring People: The new science of how we connect with others*. Farrar, Straus and Giroux, New York. 267.
11 Mesoudi, A. & Thornton, A. 2018. What is cumulative cultural evolution? *Proceedings of the Royal Society B: Biological Sciences* 285(1880): 20180712.
12 Eaude, T. 2009. Happiness, emotional well-being and mental health – what has children's spirituality to offer?. *International Journal of Children's Spirituality* 14(3): 185–196.
13 www.nytimes.com/2013/05/14/opinion/my-medical-choice.html
14 www.sciencedaily.com/releases/2016/12/161214213749.htm
15 Evans, D. G. R., Barwell, J., Eccles, D. M., Collins, A., Izatt, L., Jacobs, C., Donaldson, A., Brady, A. F., Cuthbert, A., Harrison, R. & Thomas, S. 2014. The Angelina Jolie effect: how high celebrity profile can have a major impact on provision of cancer related services. *Breast Cancer Research* 16(5): 442.
16 Roberts, H., Liabo, K., Lucas, P., DuBois, D. & Sheldon, T. A. 2004. Mentoring to reduce antisocial behaviour in childhood. *BMJ* 328(7438): 512–514.
17 http://archive.nytimes.com/www.nytimes.com/learning/teachers/featured_articles/19990505wednesday.html
18 http://users.nber.org/~rdehejia/!@$devo/Lecture%2009%20Gender/gender%20and%20politics/HKS763-PDF-ENG2.pdf
19 http://censusindia.gov.in/2011-prov-results/paper2/data_f iles/india/Rural_Urban_2011.pdf
20 Kaul, S. & Sahni, S. 2009. Study on the participation of women in Panchayati Raj Institution. *Studies on Home and Community Science* 3(1): 29–38.
21 http://archive.nytimes.com/www.nytimes.com/learning/teachers/featured_articles/19990505wednesday.html
22 Beaman, L., Duflo, E., Pande, R. & Topalova, P. 2012. Female leadership raises aspirations and educational attainment for girls: a policy experiment in India. *Science* 335(6068): 582–586.
23 http://archive.nytimes.com/www.nytimes.com/learning/teachers/featured_articles/19990505wednesday.html
24 www.arlingtoncemetery.net/ekcoulter.htm
25 Freedman, M. 1999. *The kindness of strangers: adult mentors, urban youth, and the new voluntarism*. Cambridge University Press, UK.
26 www.arlingtoncemetery.net/ekcoulter.htm
27 www.evidencebasedprograms.org/document/big-brother s-bigsisters-evidence-summary
28 www.bbbs.org/2017/07/meet-2017-big-brother-year-terencecincinnati
29 www.bbbs.org/2017/07/meet-2017-big-brother-year-terencecincinnati
30 Grossman, J. B. & Tierney, J. P. 1998. Does mentoring work? An impact study of the Big Brothers Big Sisters program. *Evaluation Review* 22(3): 403–426.
31 DuBois, D. L., Holloway, B. E., Valentine, J. C. & Cooper, H. 2002. Effectiveness of mentoring programs for youth: a meta-analytic review. *American Journal of Community Psychology* 30(2): 157–197.
32 Bird, J. D., Kuhns, L. & Garofalo, R. 2012. The impact of role-models on health outcomes for lesbian, gay, bisexual, and transgender youth. *Journal of Adolescent Health* 50(4): 353–357.

33 Bird, J. D., Kuhns, L. & Garofalo, R. 2012. The impact of role-models on health outcomes for lesbian, gay, bisexual, and transgender youth. *Journal of Adolescent Health* 50(4): 353–357.
34 Craig, S. L. & McInroy, L. 2014. You can form a part of yourself online: the influence of new media on identity development and coming out for LGBTQ youth. *Journal of Gay & Lesbian Mental Health* 18(1): 95–109.
35 www.bbc.co.uk/news/uk-48742850
36 Lines, G. 2001. Villains, fools or heroes? Sports stars as role-models for young people. *Leisure Studies* 20(4): 285–303.
37 Saunders, J., Hume, C., Timperio, A. & Salmon, J. 2012. Cross-sectional and longitudinal associations between parenting style and adolescent girls' physical activity. *International Journal of Behavioral Nutrition and Physical Activity* 9(1): 141.
38 Young, J. A., Symons, C. M., Pain, M. D., Harvey, J. T., Eime, R. M., Craike, M. J. & Payne, W. R. 2015. Role-models of Australian female adolescents: a longitudinal study to inform programmes designed to increase physical activity and sport participation. *European Physical Education Review* 21(4): 451–466.
39 Vescio, J. A. & Crosswhite, J. J. 2002. Sharing good practices: teenage girls, sport and physical Activities. *ICHPER-SD Journal* 38(3): 47–52.
40 Stronach, M., Maxwell, H. & Taylor, T. 2016. 'Sistas' and aunties: sport, physical activity, and indigenous Australian women. *Annals of Leisure Research* 19(1): 7–26.
41 Meier, M. 2013. Sporting role models as potential catalysts to facilitate empowerment and tackle gender issues. Doctoral dissertation, Technische Universität München.
42 Biskup, C. & Pfister, G. 1999. I would like to be like her/him: are athletes role models for boys and girls? *European Physical Education Review* 5(3): 199–218.
43 www.ft.com/content/70e92e3c-e38b-11e8-a6e5-792428919cee
44 Cheng, A., Kopotic, K. & Zamarro, G. 2017. Can Parents' Growth Mindset and Role-modelling Address STEM Gender Gaps? *EDRE Working Paper* 2017–07.
45 Incidentally the softer skills such as creative thinking, problem-solving and negotiating are heavily reliant on having a well-developed mirror system.
46 www.weforum.org/agenda/2018/02/does-gender-equality-result-infewer-female-stem-grads
47 Stoet, G. & Geary, D. C. 2018. The gender-equality paradox in science, technology, engineering, and mathematics education. *Psychological Science* 29(4): 581–593.
48 http: //news.microsoft.com/europe/features/girls-in-stem-the-importance-of-role-models
49 Personal interview with Amy Cuddy and Fiona Murden, November 2019.

1 www.theguardian.com/uk-news/2019/mar/08/howa-survivor-of-knife-crime-became-a-role-model-for-children

2 www.theguardian.com/uk-news/2019/mar/08/how-a-survivor-of-knife-crime-became-a-role-model-for-children

3 www.bbbs.org/2017/09/big-motivated-mistakes

4 Meier, M. 2013. Sporting role models as potential catalysts to facilitate empowerment and tackle gender issues. Doctoral dissertation, Technische Universität München.

5 Nelson, S. K., Layous, K., Cole, S. W. & Lyubomirsky, S. 2016. Do unto others or treat yourself? The effects of prosocial and self-focused behavior on psychological flourishing. *Emotion* 16(6): 850.

6 Nelson, S. K., Della Porta, M. D., Jacobs Bao, K., Lee, H. C., Choi, I. & Lyubomirsky, S. 2015. It's up to you: experimentally manipulated autonomy support for prosocial behavior improves well-being in two cultures over six weeks. *The Journal of Positive Psychology* 10(5): 463–476.

7 Crocker, J., Canevello, A. & Brown, A. A. 2017. Social motivation: costs and benefits of selfishness and otherishness. *Annual Review of Psychology* 68: 299–325.

8 Crocker, J., Canevello, A. & Brown, A. A. 2017. Social motivation: costs and benefits of selfishness and otherishness. *Annual Review of Psychology* 68: 299–325.

9 Whitbourne, S., Sneed, J. R. & Skultety, K. M. 2002. Identity processes in adulthood: theoretical and methodological challenges. *Identity: An International Journal of Theory And Research* 2(1): 29–45.

10 www.psychologytoday.com/us/blog/fulf illment-any-age/201003/mentoring-and-being-mentored-win-win-situation

11 Greenfield, E. A. & Marks, N. F. 2004. Formal volunteering as a protective factor for older adults' psychological well-being. *The Journals of Gerontology Series B: Psychological Sciences and Social Sciences* 59(5): S258–S264.

12 www.dur.ac.uk/hr/mentoring/mentoringguidelines/mentoringbenefits

13 Bayley, H., Chambers, R. & Donovan, C. 2018. *The Good Mentoring Toolkit for Healthcare*. CRC Press, Florida, US.

14 MacCallum, J. & Beltman, S. 2002. Role-models for young people: What makes an effective role-model program. The National Youth Affairs Research Scheme.

15 Meier, M. 2013. Sporting role models as potential catalysts to facilitate empowerment and tackle gender issues. Doctoral dissertation, Technische Universität München.

16 Murden, F. 2018. *Defining You: How to profile yourself and unlock your full potential*. Nicholas Brealey, London.

17 Fineman, S. 1993. *Organizations as Emotional Arenas*. Sage Publications, California.

18 Murden, F. 2018. *Defining You: How to profile yourself and unlock your full potential*. Nicholas Brealey, London.

19 www.bbbs.org/2017/09/big-motivated-mistakes

20 www.episcenter.psu.edu/sites/default/f iles/ebp/Implementation%20Manual%20BBBS%20Sec7%20Aug2013%20TL-RLS.pdf

21 Benard, B. & Marshall, K. 2001. Big Brothers/Big Sisters mentoring: the power of developmental relationship. National Resilience Resource Center, University of Minnesota.

22 www.hbr.org/2014/10/a-refresh-on-storytelling-101

23 www.nationalarchives.gov.uk/education/heroesvillains/transcript/g6cs3s4t.htm

24 Martela, F. & Ryan, R. M. 2016. Prosocial behavior increases well-being and vitality even without contact with the beneficiary: causal and behavioral evidence. *Motivation and Emotion* 40(3): 351–357.

第十二章

1 In order to do this I would recommend looking at a books such as Defining You (which I wrote to help people explore these areas), taking courses or finding a personal coach, or even role model, to help you.

2 https://www.cnbc.com/2017/06/23/4-ways-comic-books-shaped-elonmusks-vision-of-the-future.html

3 https://www.cnbc.com/2017/06/23/4-ways-comic-books-shaped-elonmusks-vision-of-the-future.html

4 https://www.cnbc.com/2017/06/23/4-ways-comic-books-shaped-elonmusks-vision-of-the-future.html

結語

1 Christian, D. 2012. Collective learning. *Berkshire Encyclopaedia of Sustainability*. Berkshire. 10: 49–56. Great Barrington, MA, US.

2 https://2019.spaceappschallenge.org/locations/larisa

3 Konrath, S. H., O'Brien, E. H. & Hsing, C. 2011. Changes in dispositional empathy in American college students over time: a meta-analysis. *Personality and Social Psychology Review* 15(2): 180–198.

4 www.nami.org/learn-more/mental-health-by-the-numbers

國家圖書館出版品預行編目（CIP）資料

大腦的鏡像學習法／菲歐娜・默登（Fiona Murden）著；
游綉雯譯. -- 初版. -- 臺北市 : 遠流出版事業股份有限公司,
2021.02　面；　公分

譯自 : Mirror Thinking

ISBN 978-957-32-8961-6（平裝）

1. 學習心理學　2. 腦部

521.1　109022276

大腦的鏡像學習法
MIRROR THINKING

作　者　菲歐娜・默登（Fiona Murden）
譯　者　游綉雯

副總編輯　陳莉苓
特約編輯　周琳霓
封面設計　江儀玲

發 行 人　王榮文
出版發行　遠流出版事業股份有限公司
100 臺北市南昌路二段 81 號 6 樓
電話／ 02-2392-6899・傳真／ 02-2392-6658
郵政劃撥／ 0189456-1
著作權顧問　蕭雄淋律師

2021 年 2 月 1 日　初版一刷
售價新臺幣 480 元（缺頁或破損的書，請寄回更換）

YLib 遠流博識網
http://www.ylib.com
e-mail:ylib@ylib.com

大腦的鏡像學習法

MIRROR THINKING

How Role Models Make Us Human

大腦的鏡像學習法

MIRROR THINKING

How Role Models Make Us Human